撫夏奏議

〔明〕黃嘉善　撰

胡玉冰　姚玉婷　整理

上海古籍出版社

朔方文庫

主編　胡玉冰

圖書在版編目(CIP)數據

撫夏奏議／（明）黄嘉善撰；胡玉冰，姚玉婷整理.
—上海：上海古籍出版社，2022.8
（朔方文庫）
ISBN 978－7－5732－0333－5

Ⅰ.①撫⋯　Ⅱ.①黄⋯　②胡⋯　③姚⋯　Ⅲ.①奏議－
彙編－中國－明代　Ⅳ.①K249.065

中國版本圖書館 CIP 數據核字(2022)第 112427 號

朔方文庫

撫夏奏議

〔明〕黄嘉善　撰　　胡玉冰　姚玉婷　整理

上海古籍出版社出版發行

（上海市閔行區號景路 159 弄 1－5 號 A 座 5F　郵政編碼 201101）

（1）網址：www.guji.com.cn

（2）E-mail：guji1@guji.com.cn

（3）易文網網址：www.ewen.co

上海展强印刷有限公司印刷

開本 710×1000　1/16　印張 13.25　插頁 6　字數 173,000

2022 年 8 月第 1 版　2022 年 8 月第 1 次印刷

ISBN 978－7－5732－0333－5

K·3192　定價：78.00 元

如有質量問題，請與承印公司聯繫

電話：021－66366565

國家社會科學基金重大項目

"《朔方文庫》編纂"（批准號：17ZDA268）經費資助出版

寧夏回族自治區"十三五"重點學科

"中國語言文學"學科建設經費資助出版

寧夏大學"民族學"一流學科群之"中國語言文學"學科

（NXYLXK2017A02）建設經費資助出版

《朔方文庫》委員會名單

總　序

陳育寧

　　寧夏古稱"朔方"，地處祖國西部地區，依傍黄河，沃野千里，有"塞上江南"之美譽。她歷史悠久，民族衆多，文化積澱豐厚。在這片土地上産生並留存至今的古代文獻檔案數量衆多、種類豐富，有傳統的經史子集文獻、地方史志文獻、西夏文等古代民族文字文獻、岩畫碑刻等圖像文獻，以及明清、民國時期的公文檔案等，這些文獻檔案記述了寧夏歷朝歷代人們在思想、文化、史學、文學、藝術等各方面的成就，蘊含着豐富而寶貴的、具有地域和民族特色的歷史文化内涵，是中華各民族人民共同的精神和文化財富，保護好、傳承好這批珍貴的文化遺産，守護好各民族共有的精神家園，扎實推進新時期文化的繁榮發展，是寧夏學者義不容辭的擔當。

　　黨和國家歷來高度重視和關心文化傳承與創新事業，積極鼓勵和支持古籍文獻的收集、保護和整理研究工作，改革開放以來，批准實施了一批文化典籍檔案整理與研究重大項目，取得了一大批重要成果。2017 年 1 月，中共中央辦公廳、國務院辦公廳印發《關於實施中華優秀傳統文化傳承發展工程的意見》，把中華優秀傳統文化的傳承和發展推上了新的歷史高度。《意見》指出，要"實施國家古籍保護工程"，"加强中華文化典籍整理編纂出版工作"。這給地方文獻檔案的整理研究，帶來了新的機遇。

　　寧夏作爲西部地區經濟欠發達省份，一直在積極努力地推進優秀傳統文化傳承發展事業。2018 年 5 月，《寧夏回族自治區實施中華優秀傳統文化傳承發展工程方案》和《寧夏回族自治區"十三五"時期文化發展改革規劃綱要》正式印發，爲寧夏文化事業的發展繪就了藍圖。寧夏提出了"小省區也能辦大文化"的理念，決心在地方文化的傳承發展上有所作爲，有大作爲。在地方文獻檔案整理研究方面，寧夏雖資源豐富，但起步較晚，力量不足，國家級項目少。

這種狀況與寧夏對文化事業的發展要求差距不小，亟須迎頭趕上。在充分論證寧夏地方文獻檔案學術價值及整理研究現狀的基礎上，以寧夏大學胡玉冰教授爲首席專家的科研團隊，依托自治區"古文獻整理與地域文化研究"人文社科重點研究基地以及自治區重點學科"中國語言文學"、重點專業"漢語言文學"的人才優勢，全面設計了寧夏地方歷史文獻檔案整理研究與編纂出版的重大項目——《〈朔方文庫〉編纂》，並於 2017 年 11 月申請獲批立項爲國家社科基金重大項目，這一項目的啓動，得到了國家的支持，也有了更高的學術目標要求。

　　編纂這樣一部大型叢書，涉及文獻數量大、種類多，時間跨度長，且對學科、對專業的要求高，既是整理，更是研究，必須要有長期的學術積累、學術基礎和人才支持。作爲項目主持人，胡玉冰教授 1991 年北京大學畢業後，一直在寧夏從事漢文西夏文獻、西北地方（陝甘寧）文獻、回族文獻等爲主的古文獻整理研究工作，他是寧夏第一位古典文獻專業博士，已主持完成了 4 項國家社科基金項目，包括兩項重點項目，出版學術專著 10 餘部。從 2004 年主持第一項國家社科基金項目開始，到 2017 年"《朔方文庫》編纂"作爲國家社科基金重大項目立項，十多年來，胡玉冰將研究目標一直鎖定在地方文獻與民族文獻領域。其間，他完成的國家社科基金項目結項成果《寧夏古文獻考述》，是第一部對寧夏古文獻進行分類普查、研究，具有較高學術價值的成果，爲全面整理寧夏古文獻提供了可靠的依據；他完成的《傳統典籍中漢文西夏文獻研究》入選《國家社科基金成果文庫》，爲《朔方文庫·漢文西夏史籍編》奠定了研究基礎；他完成出版的《寧夏舊志研究》，基本摸清了寧夏舊志的家底，梳理清楚了寧夏舊志的版本情況，爲《朔方文庫·寧夏舊志編》奠定了研究基礎。在項目實施過程中，胡玉冰注重與教學結合，重視青年人才培養，重視團隊建設。在寧夏大學人文學院，胡玉冰參與創建的西北民族地區語言文學與文獻博士學位點、中國古典文獻學碩士學位點，成爲寧夏培養古典文獻專業高級專門人才的重要陣地。他個人至今已培養研究生 40 多人，這些青年專業人員也成爲《朔方文庫》項目較爲穩定的團隊成員。關注相關學術動態，加強與兄弟省區和高校地方文獻編纂同行的學術交流，汲取學術營養，也是《朔方文庫》在實施過程中很重要的一則經驗。

　　《朔方文庫》是目前寧夏規模最大的地方文獻整理編纂出版項目，其學術意義與社會意義重大。第一,有助於發掘和整合寧夏地區的文化資源,理清寧夏文脈,拓展對寧夏區情的認識,有利於增强寧夏文化軟實力,提升寧夏的影響力,促進寧夏經濟社會全面發展;第二,有助於深入研究寧夏歷史文化的思想精髓和時代價值,具有歷史學、文學、文獻學、民族學等多學科學術意義,推動寧夏人文學科的建設與發展;第三,有助於推進寧夏高校"雙一流"建設,帶動自治區人文社科重點研究基地、重點學科、重點專業以及學位點建設,對於培養有較高學術素質的地方傳統文化傳承與創新的人才隊伍有積極意義;第四,在實施"一帶一路"倡議大背景下,深入探討民族地區文獻檔案傳承文明、傳播文化的價值,可以更好地爲西部地區擴大對外文化交流提供決策支持。

編纂《朔方文庫》,既是堅定文化自信、鑒古開新、傳承和弘揚中華優秀傳統文化的需要,也是服務當下經濟社會文化發展的需要,是一項功在當代、澤溉千秋的文化大業。截至 2019 年 7 月,本重大項目已出版大型叢書兩套、研究著作,依托重大項目完成碩士研究生學位論文 9 篇。叢書《朔方文庫》爲影印類古籍整理成果,按專題分爲《寧夏舊志編》《歷代人物著述編》《漢文西夏史籍編》《寧夏典藏珍稀文獻編》《寧夏專題文獻和文書檔案編》共五編。首批成果共 112 册,收書 146 種。其中《寧夏舊志編》32 册 36 種,《歷代人物著述編》54 册 73 種,《漢文西夏史籍編》15 册 26 種,《寧夏典藏珍稀文獻編》10 册 7 種,《寧夏專題文獻和文書檔案編》1 册 4 種。《寧夏珍稀方志叢刊》共 16 册,爲點校類古籍整理成果,由中國社會科學出版社、上海古籍出版社分別於 2015 年、2018 年出版。《朔方文庫》出版時,恰逢寧夏回族自治區成立 60 周年,這也説明,在寧夏這樣的小省區是可以辦成、而且已經辦成了不少文化大事,對於促進寧夏文化事業的發展、提升寧夏知名度起到了重要作用。同時也要看到,由於基礎薄弱,條件和力量有限,我們還有許多在學術研究和文化建設上想辦、要辦而還未辦的大事在等待着我們。

國內出版過多種大型地方文獻的影印類成果,但尚未見相應配套的點校類整理成果。即將由上海古籍出版社推出的《朔方文庫》點校類整理成果,是胡玉冰及其學術團隊在影印類成果的基礎上的再拓展、再創新。從這一點來説,國家社科基金重大項目"《朔方文庫》編纂"開創了一個很好的先例,即在基本完成影印任務的情況下,依托高質量的研究成果,及時推出高質量的點校類整理成果,將極大地便於學界的研究與利用。我相信,《朔方文庫》多類型學術成果的編纂與出版，再一次爲我們提供了經驗，增强了信心，展現了實力。祇要我們放開眼界，集聚力量，發揮優勢，精心設計，培養和選擇好學科帶頭人，一個項目一個項目堅持下去，一個個單項成績的積累，就會給學術文化的整體面貌帶來大的改觀，就會做成"大文化"，我們就會做出無愧於寧夏這片熱土、無愧於當今時代的貢獻！

2020 年 7 月於銀川

（陳育寧，教授，博士生導師，寧夏自治區政協原副主席，寧夏大學原黨委書記、校長）

目　　録

整 理 説 明

　　《撫夏奏議》六卷，明朝黄嘉善撰。該書是黄嘉善於萬曆二十九年至三十八年(1601—1610)巡撫寧夏的十年間，圍繞寧夏的政治、經濟、軍事、民族關繫等問題上呈皇帝的一百一十四篇奏議彙編。明代刻本爲本書的初刻本，後又有清抄本及二卷本傳世。明刻本藏於國家圖書館，六卷，每卷一册，分“禮”“樂”“射”“御”“書”“數”六册。每半頁十行，行二十字。四周單邊，白口，單、黑魚尾。版心鎸“撫夏奏議”四字及卷數、頁碼。每卷卷首各有目録，卷末有“撫夏奏議卷之×終”字樣，刊刻精良，是明代刻本中的精品。清抄本藏於首都圖書館、北京大學圖書館等，此本將内容析爲十二卷，行款同明刻本。二卷本藏於首都圖書館、南京圖書館、山東大學圖書館、吉林大學圖書館、中山大學圖書館等，僅收奏議十篇。《撫夏奏議》清抄本抄録質量較爲粗糙。以明刻本卷二《報小池撈鹽分數疏》爲例，清抄本録編入其卷三。“寧夏理刑同知”之“刑”，清抄本誤作“行”；“卷查”清抄本倒作“查卷”；“及增重參治之例”，清抄本“增”字前衍一“增”字；“今准前因”之“今”，清抄本誤作“會”；等等。清抄本質量遠遜於明刻本。

　　黄嘉善(1549—1624)，字維尚，號梓山，山東萊州府膠州(今山東省青島市即墨區)人。萬曆五年(1577)進士及第，授河南葉縣知縣，九年(1581)十月陞蘇州府同知，二十年(1592)八月陞大同知府，二十七年(1599)正月陞陝西參政、按察使，二十九年(1601)六月陞都察院右僉都御史，巡撫寧夏等處地方。黄嘉善巡撫寧夏十年，休養生息，烽火不驚。三十八年(1610)，以都察院右都御史兼兵部左侍郎，總督陝西三邊。天啓四年(1624)病逝，寧夏人立祠祀之。其生平參見《明神宗實録》卷三六〇，《〔萬曆〕朔方新志》卷二，《〔乾隆〕寧夏府志》卷十二，《〔同治〕即墨縣志》卷七、卷九等。

　　《撫夏奏議》正文前有明神宗萬曆二十九年(1601)六月的敕諭一篇。卷一録《到任謝恩疏》《議套虜乞款疏》《條議復款善後疏》等奏議十四篇,卷二録《繳報買完征播馬匹文册疏》《催補河東道疏》《查参貪肆將領疏》等奏議二十篇,卷三録《秋防薦舉監司疏》《甄別練兵官員疏》《年終議薦將材疏》等奏議十八篇,卷四録《議復衛所官員職級疏》《請補兵備官員疏》《報鹽分數并議查覈疏》等奏議十九篇,卷五録《議覆邊務疏》《叙参營堡各官經理馬匹椿朋疏》等奏議十三篇,卷六録《守備患病併議就近推補疏》《查参馬匹椿朋疏》《請補兵備官員疏》等奏議三十篇。奏議内容涉及安邊、鹽政、互市、馬政、官員選派、灾異等方面,對明代整治軍隊、邊關防禦、治理國家等都有積極的意義,同時也是研究明代寧夏經濟、政治、軍事、職官制度的原始資料。

《撫夏奏議》有較爲獨特的學術價值。第一,一定程度上彌補了寧夏萬曆二十九年至三十八年史料的不足,對研究這十年間寧夏邊防穩固、官員增補、經濟建設、古建維修等問題提供了重要史料。第二,爲研究黄嘉善其人其事提供了一手文獻。第三,其傳世的明刻本具有較高的版本價值,代表了明代刻本的較高水平。

《撫夏奏議》明刻本流傳不廣,文獻所載黄嘉善史料亦較少,故黄嘉善及其《撫夏奏議》的整理研究成果很少。因黄嘉善家族在明代爲山東望族,有學者對其家族及所作詩歌等進行過較爲全面的研究,其中部分内容涉及黄嘉善其人其書。姚玉婷撰《明朝黄嘉善及〈撫夏奏議〉整理與研究》(寧夏大學中國古典文獻學專業 2016 級碩士學位論文,指導教師趙彦龍教授)係《撫夏奏議》第一篇專題研究成果本次整理《撫夏奏議》,以明刻本爲底本,輔以清抄本等其他歷史文獻。

敕　　諭

　　皇帝敕諭：都察院右僉都御史黃嘉善，今特命爾巡撫寧夏地方，贊理軍務，訓練兵馬，整飭邊備，防禦賊寇。務令衣甲齊備，器械鋒利，城堡墩臺修治堅完，屯田糧草督理完足，地方水利設法疏通。禁約管軍頭目，不許貪圖財物，科剋下人，及役占軍餘，私營家產，違者輕則量情發落，重則奏聞區處。凡一應邊務事情、軍民詞訟及利有當興、弊有當革者，悉聽爾便宜處置。該與鎮守總兵等官會同者須從長計議而行；凡遇戰陣之際，其副、參、游、守等官如有逗遛退怯者，悉聽爾以軍法從事。爾宜攄誠效忠，嚴明賞罰，振揚威武。用兵之事，須與各官同心協力，相機而行，務俾醜虜讋服，反側安靖，庶稱任使，毋得乖方誤事，自取罪愆，爾其敬之慎之！故諭。萬曆二十九年六月日。①

----

　　①　《敕諭》原件在時間落款上鈐蓋有印章，本刻本僅錄其文"敕命之寶"。"敕命""之寶"分別刻於時間落款左右。

撫夏奏議卷之一

到任謝恩疏

欽差巡撫寧夏等處地方、贊理軍務、都察院右僉都御史臣黄嘉善謹奏爲恭謝天恩事。

臣先任山西按察司按察使，萬曆二十九年六月初十日，准吏部咨，該本部等衙門會推題奉聖旨："黄嘉善陞都察院右僉都御史，巡撫寧夏等處地方，贊理軍務，寫敕與他。欽此。欽遵。"備咨到臣，臣即日望闕叩謝天恩。因念時值秋防，正當戒備，遂將兵備印務交代訖，依限遄征，於八月二十五日前到本鎮地方。

准先任巡撫右都御史楊時寧咨，送"巡撫寧夏關防"一顆，"達"字一百十四號，雙馬符驗一道，令旗、令牌各六面副，及一應吏卷到臣，接管任事外，伏念臣一介草茅，荷蒙恩育。歷官郡邑，慚建豎之未能；暨備兵戎，尤馳驅之罔效。通籍雖餘廿載，計功實無寸長。曠瘝之虞，臣方凜凜是懼，詎意皇上軫念邊陲，用人惟器，而以臣疏庸，誤蒙任使。顧朔方當套虜之衝，在九邊最稱險要，而物力值凋殘之後，於此時尤貴調停。即使授以通才，猶恐未易，如臣駑鈍，驅策何勝？臣敢不矢竭忠勤，仰酬高厚。集思廣益，圖戰守以悉機宜；恤士訓戒，結人和而精兵技。瘡痍甫起，務安輯以多方，何忍爲煩苛之擾；夷情狡僞，宜防閑於未雨，何敢緩桑土之謀。蓋臣所自盟者，惟此神明可質之衷；臣所自效者，亦惟此犬馬宜竭之力。而勉圖奮勵，以求無負於疆場，此臣所以忠於陛下之職分也。臣無任瞻天仰聖，激切屏營之至。緣係恭謝天恩，并交代事理，爲此具本，專差千户萬永慶齎捧，謹具奏聞。奉聖旨："禮部知道。"

議套虜乞款疏

題爲套虜畏威悔禍，輸誠納款。懇乞聖明，早定大計，以安重鎮事。

先准兵部咨，該陞任巡撫寧夏右都御史楊時寧題前事，揭報到部，案查，先該巡撫延綏右僉都御史王見賓題套虜乞款緣由，奉聖旨："兵部會同九卿科道官詳議來説。欽此。"隨該兵科左給事中桂有根題"爲黠虜復款匪輕，事權不宜分任。懇乞聖明緩會，議急責成，以慎制馭，以保封疆事"。等因。奉聖旨："這本説的是。着兵部便行與新任撫臣詳議來奏。欽此。"已經遵行訖。今寧鎮事同一體，必須酌議妥當，庶可永久。遵行合咨前去，煩照來文內事理，會同總督衙門，與延鎮新任撫院從長計議，務期彼此停妥，作速具奏施行。等因。備咨到臣。一面咨會延鎮撫臣計議，一面轉行寧夏東、西二道，及總兵衙門議報去後。

二十九年十二月二十日，據寧夏河東兵備道右參政兼僉事王登才、河西兵糧道僉事高世芳會呈：遵依會同鎮守寧夏總兵官、都督同知蕭如薰，協守副總兵鄧鳳及督同靈州營管參將事都司僉書麻濟邦，撫夷守備趙維翰等俱至橫城，差人復調着力兔、宰僧并賓妻大小台吉，俱於本年十月十七日齊至橫城。撫夷臺下各官，宣布朝廷德威，且稱："先時爾等自本年三月以來，悔禍輸誠，哀懇乞款，陞任撫院見爾等連年積罪多端，不肯允從。爾等鑽刀説誓，甘認罰服，方爲具題。今朝廷因爾等昔年生事，復令再加查議。如果內附情真，永爲恭順，方准款市。"各酋回稱："向來乞款，委屬真切，原無詐僞，其前此罪逆，情願甘罰。"隨復於本月二十五日，歃血訂盟，鑽刀説誓，仍立禁約合同，舊賞之外，毫不加增。至約束事宜，一一遵照原題。各酋俯首受羈，舉無異詞。看得中國之馭夷狄，來不拒，去不追，古今長策。且三邊之勢，脉絡共貫，順則同爲撫處以示恩，逆則協謀搗剿以示創，此又自來相聯之聲勢也。套虜久受款市，後因背盟西犯，遂革賞專征，屢遭大創，是以畏威悔禍，易慮求盟，其真誠輸服已無可疑。似應牢籠准款，養我威銳，如後有別情，不妨相機剿殺。除市賞錢糧，與夫一應款約另行呈報外，合無請乞會題。等因。

又准鎮守寧夏地方總兵官、都督同知蕭如薰手本，回報大略相同。各緣由到臣。該臣嘉善，以議款在臣未任之先，而決款在臣既任之後，乞請若爲尋盟之舊，而區畫實同創始之難。緣本鎮自罷兵變，卷案焚毀，一切市賞數目，查無的據，若不從今裁定，難使後來無嘩，復行各道。逐一查議間，准延綏撫臣孫維城回咨，謂先准部咨，已經會同軍門議得，套虜卜失兔、莊禿賴等各委效款，情堅當許，業已具疏會題訖，無容會議。等因。前來。先是，臣接管任事之後，聞虜中傳言着、宰二酋謀西犯松疆，臣心竊詫之。謂諸酋請續前盟，已非旦夕，督臣暨前任撫臣察其懇切，方始會疏題請，虜即狙詐，不應反覆若是。繼而節據偵探，毫無前項情形，且屢差夷使進馬叩見。彼時秋防甫竣，鎮道諸臣尚駐河東。臣隨移檄，就便調取，再加審察間，又准部咨，責成臣等從長計議。臣復催行各官查議，速報去後。

今據前因，該臣會同總督陝西三邊軍務、兼理糧餉、少傅、兼太子太傅、兵部尚書、兼都察院左副都御史李汶議照：夷狄有順有逆，若循環之固然，制馭或討或懷，每弛張之互用。松套諸酋，向嘗受我羈索，自助虐哱、劉，乃復侵叛，而我師屢剿屢捷，其勢遂孤。迨後謀阻松山，大遭剉衄，覆巢毀卵，鼠竄魚驚，於是氣益沮喪，日虞陷危。而叩關乞憐之使，源源相繼。聞之往歲，求盟者有矣，而堅懇且久則未有如今日者。故溯其往逆，則鴟張豕突之罪當誅；而據其自新，則獸伏鳥馴之情可與。蓋制虜原無定衡，當機在乎審勢。着、宰等之在本鎮，雖套中之一枝流，而東聯卜、莊，西合流虜，雄據塞外，時肆跳梁，固向之所稱桀驁難制其死命者。今懾我兵威，化其驕逸，率彼族類，願就皋牢,委命服辜,輸誠非僞。若復過逆其將來,拒之而不容,追責其既往,麾之而不納,則搖尾者將變而狂顧,勢窮者必激其咆哮,而邊鄙日聳,孰與夫獻琛解辮者之爲安也。此勢在虜情者,不可不與之更始。本鎮瘡痍甫起,反側未安,軍士坐甲防胡,迄無寧歲。而我邊垣不得修,屯政不得舉。

近年以來,雖數獲首功,而鋒鏑之下,動亦耗病,若不及時而培元氣,乘暇而固本根,則凋殘未振之區,豈堪多事。而干戈相尋,孰與夫休養生聚者之爲得也。此勢在本鎮者,不可不因之而自治。延、寧勢屬輔車,虜則情關狐兔,若彼款而此不款,彼許而此不許,則麋散於此者癢噬於彼,東徼撫賞者西恣搶掠,是虜收兩利,而我坐兩困,非計之得也。故款則俱款,相爲犄角,而一彼一此,孰與夫同舟共濟者之爲切也。此勢在兩鎮者,又不可不聯而爲一。矧延綏市賞,猶添銀貨八百兩,月馬一千二百兩,皆前撫臣舊許而未能頓却。今寧鎮悉照原額,前此革過之賞,毫不准給,則夷情大可睹矣,夫亦何憚而不許耶!夫執羮吹齏,膠固難於達變;未雨桑土,繕修得於因時。督臣、撫臣前疏,蓋已籌之熟矣。臣非有他謬巧,何能別爲計畫。十人樹楊,一人拔之,臣不忍爲也。臣驗之夷情,參之輿論,竊謂許之便。

抑臣又有説焉。狼子野心,從來叵測,觀釁而動,其性則然。臣今日之所議者,據此時夷情之恭順,而不能必後日之必不寒盟。今日之所圖者,在因款以修備,而不當恃款以忘戰。故款可也,而以款爲不易之籌,則臣之説爲自愚。復款可也,而以款爲可恃之常,則臣之罪爲誤國。惟戰乃所以成款,惟不忘戰乃可以堅款。臣請自既盟之後,亟圖内治,無問夷情。如一年不侵軼,則可息一年之肩,數年不狂逞,則可蓄數年之艾。臣即至庸,必不敢玩愒時日,貽燕雀處堂之憂也。其或事變靡常,匪茹再肆,臣又請自今歲議撫,而他歲議剿,不必咎今計款之不周。即臣主款,復自臣主戰,亦幸無罪臣謀始之未慎。

臣嘉善莊誦二十四年,欽奉聖諭,所謂一年無犯准一次款市者,何嘗不以羈縻爲權。所謂革賞毋輕補,陪約毋掩飾者,何嘗不以向背爲慮。即近日督臣題議,亦謂一有蠢動,即批亢搗虛,無以啓釁。爲嫌爲懼,臣固不敢左畫方,右畫圓,跂於戰款之間,逃於利害之表,若規規焉。唯敗款是兢,勢必飾選,蠕以偷安,鑿比鄰而自固,慎守疆場之謂何,而臣必不敢也。

總之,服則柔之於以示懷,叛則討之於以示威,威懷迭施於以示德,使太阿無倒置,而國體有常尊。臣愚,竊謂馭虜者當如是耳。所據各酋乞款,委宜准從。昭漢過不先之信,擴王者無外之仁,寬往過以包容,假新盟而控馭,計無有便於此者。

相應具題。伏乞敕下兵部,再加查議。如果臣等所言不謬,即爲題覆行下,臣等遵奉施行。緣係套虜畏威悔禍,輸誠納款,懇乞聖明,早定大計,以安重鎮事理,臣等未敢擅便,爲此具本,專差承差劉明齋捧,謹題請旨。奉聖旨:"兵部知道。"

條議復款善後疏

題爲套虜復款,善後宜圖,謹陳一二要務,以慎制馭,以堅款約事。

本鎮着、宰諸酋,輸誠內附。臣等查照部咨覆議,業已另疏具題矣。竊照今日之款,雖續舊盟,而事舉於兵燹之後,實與創始無異。其有一應事宜,合當詳慎。臣備行寧夏東、西二道,細加酌議,查報去後。今據議呈到臣。該臣會同總督陝西三邊軍務、兼理糧餉、少傅、兼太子太傅、兵部尚書、兼都察院左副都御史李汶議照:犬羊異類,每野性之難馴;羈縻微權,在機宜之善用。今款市之盟既復,則戶牖之防宜周。若狃一時眉睫之安,而冥冥從事,則款事未可知也。何者?款以羈虜,彼或要而我狗之,則媚而長驕,非所以爲惠。款以臣虜,彼或嫚而我容之,則縱而示瑕,非所以爲武。款以圖修守,彼或緩我,而我顧怠之,隳軍實而長寇讎,非所以爲智。故必威惠并用,惟持我必不可干,征繕預防,勿輕敵而不設備,則庶乎戎心不啓,而款乃可常。臣等今日既主其議,則凡所爲保終慮者,安得不爲之兢兢哉?

臣等備將各道會開事宜逐加參酌,除防市口、給夷貨、禁挑釁、杜交通,與夫申嚴約束等項,臣等得以徑行者,不敢輕瀆聖聽外,其有事關緊要、下難專擅者,謹抒一得之愚,臚列上請。伏乞敕下户、兵二部,一并查議。如果臣等所言不謬,早爲題覆行下,臣等遵奉施行。臣等幸甚,疆場幸甚。緣係套虜復款,善後宜圖,謹陳一二要務,以慎制馭,以堅款約事理,臣等未敢擅便,爲此具本,專差承差劉明齋捧,謹題請旨。奉聖旨:"該部知道。"

計開:

一,議錢糧,以充歲額。臣等竊謂,夷狄欲難盈厭,市賞易爲濫觴,若非限制之有常,將使增加之無已。查得本鎮自隆慶四年互市以來,向無定額。至萬曆九年,該前任巡撫都御史蕭大亨題定經制,歲額銀三萬八千八百兩,内户部客餉銀一萬兩,兵部馬價銀二萬兩,陝西行太僕寺馬價銀二千五百兩,本鎮椿朋、地畝銀六千三百兩。迨後歲用不敷,復題增馬價銀二千四百兩。此向來市賞之額數也。自二十年以後,黜虜渝盟,罷款主戰,兵部馬價停而未發。其在本處馬價椿朋、地畝俱歷年徵解,買馬及借放布花支用不復存積矣。唯是户部客餉又題增一萬兩,連前一萬兩,俱增入歲額,以爲兵馬調遣之用。蓋款則前發一萬者抵市本,不款則後發二萬者備秋防。今款事既定,續增客餉,例當停寢。但虜雖受盟,而狡謀叵測。兩河防秋兵馬恐未可遽停,所支糧草勢難頓減。況前餉既作年例,則軍需亦屬喫緊。本鎮庫藏空虛,民運自二十年至今共欠三十餘萬。且又連年荒歉,收穫甚薄,屯糧日加,比并完納不前,鹽糧開派斗頭減往歲十之三四,若再減發前餉,則内呼庚癸,外得睥睨,捉襟露肘,後益費處。似應將户部二萬兩照數全發,内一萬兩抵充市本,一萬兩與原發客兵鹽引召買糧草,聽調防兵馬支用。容臣等徐察夷情,酌量漸減,以省客餉,似爲得策。臣等又查得庫貯昔年存剩市貨,除節年操賞,暨二十三年并今次講處夷情支用外,見在貨物,臣等行寧夏東、西二道,轉行理刑同知李大謙、監收通判劉分桂逐一查驗,共估抵原價銀二萬一千五百二十兩。此撫夷正項,應儘復賞。年分支銷,似應於兵部額發馬價內照數扣除以後,仍照全數解發。以上歲額,容臣等嚴飭各官着實遵守,不許額外毫有增添,致滋難繼,亦不許故爲減縮,以拂夷情。伏乞敕下兵部,查照先前事例,將二十九年分馬價止補發銀八百八十兩以後,照數全發,戶部二萬兩仍全數解發,通候事完造冊,奏報青冊,咨送二部查考。庶市賞有定制,而款議可堅久矣。伏乞聖裁。

　　一,議市期,以明約束。臣等竊謂,互市原有定期,而欇柄未宜倒置。查得先年開市,各官慮恐遲緩,俱預至市口,分差通丁,催各頭目赴邊。而彼中狡夷遂因而挾索,甚至赴邊猶不領賞,必滿其欲而後已,以致虜志日驕,每多厚求於額外,而我氣日索,不能堅持於額中,是入數而反受輕欺者也。今當遵照二十四年題奉明旨,一年恭順,方准一年市賞。第舊日市期原定春月,近日延鎮題款,議自二十九年冬月爲始。彼中講款在先,故復賞宜畨。寧鎮款事決於去年冬月,則市期無嫌異同。顧兩鎮一體,若年分各殊,必致援例饒舌,似應亦以二十九年爲始。惟是乞款未幾,難謂之一年恭順。若以今歲復去歲之賞,明歲開今歲之市,時日少遲,而年分不爽,此正聖諭之所謂恭順在先,給賞在後者也。臣等以爲,本鎮市期當以十月爲限,以後俱隔年市賞,著爲定例。至於開市之日,俱預傳各酋,使齊集赴邊,務期數日竣事,不得仍前差人,致長驕嫚。如臨時某酋來,則與某枝市,某枝市則給某枝賞,不來則不市,不市則不賞,明白停止,以待其討補,則彼何所恃而要挾之。倘猶循習故智,如前挾索,不有明旨,所謂若有違犯,即便停革者乎?操縱自我,而不爲彼所制。庶虜欣喜於我之德,而警懼於我之威,即有狂心,將斂戢而不敢肆矣。伏乞聖裁。

　　一,議責成,以肅戎心。臣等竊謂,事渙散者無統,而有責成者則專。況開市之日,點虜紛集,安危所係,一切操馭,誠不可不長慮而却顧者。本鎮市分清水、中衛、平虜三廠,其應市各夷,實繁有徒。舊時陸續開市,故止以撫夷守備往來撫處。今既約令齊至,則顧此失彼,勢必難兼。臣等查得，前三市廠唯清水爲最衝，而中衛次之，平虜又次之。應以撫夷守備專管清水一廠，與該營將官公同協理，而中、東二路通判則輪管錢糧。其中衛、平虜則專責路將，而中衛錢糧則以西路通判、平虜錢糧則以鎮城通判司之，是經理之責成也。夫市務雖有分理，而該道不親蒞，則事無把捉。應以河東道駐清水營，河西道駐中衛，鎮城副總兵駐平虜，於凡綜核出納，操縱主持，皆各官任之，是彈壓之責成也。夷情變幻多端，隄備無妨過慎。各該市口固有設防兵馬，而相機調度，則總兵官與有責焉。顧市在河之東、西，相距數百里而遙，倘猝有不虞，恐難策應。臣等以爲，本官宜於玉泉營適中駐劄，庶便調度。及照疆場之事，未款則重戰守，既款則重羈縻，而一切講讐皆於撫夷官係之，責任亦云重矣。顧以卑卑一守備任焉，其何以振懾夷心？似應將撫夷守備量改都司職銜，以便撫馭。伏候敕下兵部，再加查議。將前責成各官，准以爲例，使臨時查照赴事，撫夷守備量改都司，庶事有專責，而我無瑕隙，又何戎心之敢逞耶？伏乞聖裁。

　　一，議虜額，以防冒濫。臣等竊謂，夷性靡常，未易懷結。狥其欲則溪壑難盈，拂其情則豺狼反噬。而況二三酋首尤非可以空言縻之者。本鎮各酋自乞款以來，開報名數不一。臣嘉善以舊卷焚毀，既無案籍可憑，新增數多，又恐錢糧溢額，遂經移文總兵衙門，及檄行各道細加查議。續據開報，河東清水市廠舊有黃婦切盡妣吉等一枝、着力兔等一枝、打正等一枝、先年已故䩉馬兔母來安哈屯一枝，共二十五名口。河西中衛廠舊有賓妻等一枝、炒哭兒等一枝、克太等一枝，共十三名口。平虜廠舊有丑氣把都兒等一枝、捨剌乞探一枝、脫計等一枝、苦素一枝，共七名口。內除來安哈屯故絕，所遺部落已分屬着、宰二酋，例應開除外，其已故指揮僉事捨剌乞探、正千户脫計例該各伊男承襲。第向潰盟已久，今方乞款，難遽擅議。但各該部落若不責成管束，又恐貢馬互市漫無歸着。似應將捨剌乞探准伊大男打兒沙，脫計准伊大男屋逆貴，各暫統領，俟一二年後，果能堅心恭順，再爲照例具題，准其襲授。至各告增男婿，如黃婦枝下孫男喇叭斯哈、侄孫卜打奈、奔布三名,着力兔枝下男刀兒、計土罷二名,打正枝下婿把拜、全真二名,賓妻枝下婿克列慶一名,炒哭兒枝下侄男土門、大兒婿董谷二名,丑氣把都兒枝下男寨賽、徒昧、苦素大三名,捨剌乞探枝下男明大沙、他主剌、阿吉大、業克氣、喇叭什、漢婿同還、石留七名,脫計枝下男依實實、班打兒、矗答大三名,苦素枝下男垛計、沙阿二名。通共二十五名,皆非虛冒,應准撫賞。及稱各酋罷款有年,昔日幼小者今皆長大,舊例原該加增,非自今日創議,業與各酋講明,馬數不加,惟撫賞量給不得以昔年賞額爲例。總之名數雖增,而市賞通融,不出原數。等情。到臣。該臣等看得各酋男婿撫賞既有往例,則今難獨裁。虜雖貪利,亦多好名。彼既各有部落,豈肯下同散夷。所據告增名數,似難峻拒。況馬不加添,歲額仍舊,就彼衰益,於計亦屬變通。及查各枝數內見在虜官,其應得欽賞舊有成例者,臣等無容復議。惟已故指揮僉事捨剌乞探、正千戶脫計,皆係貢馬名數,似應將伊男打兒沙、屋逆貴各令代貢監市,鈐束部夷,待後查果忠順,另行照例議襲。臣等又查得克太并男阿吉大等,向在中衛互市,今住牧西海,雖舊冊有名,不敢概入款數。若後赴邊請盟,方可照舊復賞,如或在彼生事,即宜議革示懲。容臣等審察向背,續爲議處,務期外不媚虜,而內不損威。臣等之畢力疆場者知有此耳。伏乞聖裁。

　　一,議馬價,以充市本。臣等竊謂,易馬一事,雖曰羈縻,然以我金帛歲費不貲,蓋亦欲得胡馬之用也。若徒取盈馬數,而不暇計其無良,市馬不爲空名乎。本鎮貢馬八匹,留邊馬六十五匹,向有成例,遵循已久,臣等不敢別議。唯是市馬未有定數。自開市以來,每歲增減不一,初議易過馬匹俱給軍騎操,倒損照例追樁,而虜情日狡,馬多易斃,官軍累歲追陪,不勝煩苦。迨後閱視,條議始從寬減,軍每十八名或二十名領馬三匹,隔月扣折色銀二分,官十五員亦領馬三匹,止月扣折俸銀二分五釐,以抵充馬價。此向來市馬之大較也。臣等斟酌二例,追樁滋累,勢必難行,終歲扣糧,亦非長便。似應將歲易夷馬定以三千五百匹,每於開市之日,容臣等嚴行各官,逐加揀驗,必須膘壯堪用方准收留。其有老瘦不堪、僅存皮骨者，勿令一概充數。仍每一枝完，即將一枝易馬解該道估驗，除堪騎操者分發營堡外，其餘俱即估價，分別印烙。責令領馬官軍就便貨賣，委官收貯交庫，務限三月內通完。第易馬原分上、中、下三等，則價難齊一，若議數過多，必至苦軍遺累，漫無定例，又恐滋弊因循。合無將前馬價通融估筭，每歲以三千二百兩爲額，多不妨加，而少不得減，總俟估變完日，挨年報部，明於年例馬價內扣除，不必再扣糧俸，重貽科擾，庶馬有定數，不至浮額添增，而積累可蘇，且於市本有接濟矣。伏乞聖裁。

　一，議市貨，以清弊竇。臣等竊謂，市貨易爲滋弊，委用要在得人。本鎮先年買貨，類委軍職經歷等官。此輩自愛者少，染指者多，一經委用，輒視爲奇貨，恣意侵漁，莫可究詰，以故貨物濫惡，多不合式。每致臨期開市，各夷不甘收領，耽延時日，糜費反多，未可盡咎夷欲之難厭也。今次講款，額外既不加增，其中應給之數又安可以無用者強之。今查歲用市貨，除皮張買自湖廣，糖果、皮金之類買自三原等處，所費不多，應照前廉委外，其綢段、布疋計歲費二萬餘金，似應於四路通判中輪委一員，再選小委經歷一員，同往江南置買。每次備將市貨銀數移文彼處，該管衙門轉委府佐一員，公同委官，分發機戶，以防扣剋。其承委各官果能悉心幹濟，一無濡染，容臣等叙錄優處。如或粗惡不堪，仍前剋落者，即從重參究。及照本鎮陡絕河外距江南數千里，委官往返，動輒經年。聞先年每遇市期，苦無正項，東那西借，權了目前，直待馬價至日，方始補還。今極敝之後庫藏如洗，即正支軍餉猶且不繼，又安有二萬餘金以那充市用耶？若不預爲計處，終恐臨時無措。合無將應發馬價，預於隔年數月前解發，以便委官收買，事完備細奏報。以後年分，通照此例，庶事一轉移，而款可長久，不至有周章難繼之虞矣。伏乞聖裁。

　一，議防閑，以示牽制。臣等竊謂，夷狄狡獪，蓋其天性，東窺西伺，乃彼故智。大小松山，實我內地，自昔年淪於胡，而虜寢處其間，遂爲已有。邇年以來，始克恢復，彼耽耽故巢，動以爲詞。即今議款之日，臣等諭以利害，彼雖唯唯奉約，而興言墮淚，意未嘗一日不在松山也。又聞西海諸酋，常約套虜謀奪，而觀望趑趄，不敢阻兵西向者，懼我師之襲其後也。今款盟既復，可以已出塞之師矣，安知受羈於此者不思逞於彼，而如向者之糾結而西也。臣嘉善如今日不言，直待其蠢動而始諉之於別鎮，疆場脣齒之謂何？縱之門庭，將窺堂奧，臣又安得不過計而曲防之。自今以往，虜若守信遵約，當與相安無事，倘陽順陰逆，別有西訌情形，容臣等出兵搗剿，牽其內顧。蓋封疆一體，原自相關，我無示瑕，彼焉乘隙？若秦越異視，而他不遑恤，則彼之款爲愚我，而我計左矣。臣等又查得，先年開市，本鎮中衛原有賓兔市賞，今當仍令賓妻於中衛互市，惟少示寬假，自可羈縻。松疆雖非本鎮，而虜則在本鎮，今日雖無他説，而不得不逆料其將來要之求一，當以報國而撫剿，非所拘也。各鎮聯首尾之勢，則邊關多虎豹之威，而伐其狡謀，正所以堅其內向，故臣等敢并及之。伏乞聖裁。

一，議住牧，以杜窺伺。臣等竊謂，夷夏有大限，而越焉則起爭，馭夷有大防，而疏焉則養寇。本鎮東則黃河之套，西則賀蘭之陰，一望草莽，皆爲虜藪。聞昔年款市，虜朵頤豢養，住近邊徼，迨後叛約內侵，懼我搗剿，方徙而遠去。今款事既定，得無有藉口內附貪緣闌入者乎？虜恃款而日以近，官軍恐壞款而不敢逐，勢必出入無忌，而我之虛實險易爲彼所熟知矣，不貽他日之隱憂耶？本鎮各邊，在河東則有邊墙，河西、東北雖因河爲塞，然冬深冰結，隨處可渡。西北沿山一帶，如平虜之北邊馬頭、西闇門、歸德、大小宿嵬、黃硤等口，玉泉之赤木、雙山、南北磨石、柳泉兒、大沙溝、臨泉、靈武、永寧等口，廣武之紅山兒、三山、大佛寺、石溝等口，中衛之雒陽川、三塘、暖泉兒，皆爲險要。往年修有邊關，足堪防禦，後因兵變，悉爲坦途。夷人趁逐水草，間復潛入。臣等自議款以來，即通行驅逐，第恐各官勇於持款而怯於抗虜，畏首畏尾，不以實應，將使鼾榻者生心，養癰者遺患，而款事之壞，終必因之。合無容臣等分別，如或漫不禁戢，縱容內牧，以致殺擄人口、搶掠頭畜者，輕則酌量懲治，重則盡法參究。其或力能擔當，偶致他虞，則寧寬文罔，庶不墮虜狡計。總俟歲終，備查各該邊口有無失事，及雖失事，而情有重輕者，一一報部查處，使將吏曉然，知今之款在繫虜而非畏虜。耳目一新，則藩籬自固，未必非疆場之永利也。伏乞聖裁。

秋防薦舉監司疏

題爲循例薦舉監司官員，以裨安攘，以重邊務事。

准總督陝西三邊軍務、兼理糧餉、少傅、兼太子太傅、兵部尚書、兼都察院左副都御史李汶會稿，查得舊例，兵備等官每歲秋畢年終，該職軍門會同各撫臣甄別具題。續准兵部咨，內稱：練兵一事，俱照遼東疏例開注，各司道果能加意整理，一體從優叙錄。又准該部咨"爲分布防秋兵馬，以禦虜患，以奠衝疆事"。該職題二十九年秋防事宜，俱本部議覆，題奉欽依，備咨前來，通行欽遵外，今照該年秋畢歲終，所據在事各官，俱應照例錄叙。等因。會稿到臣。該臣會同總督陝西三邊軍務、兼理糧餉、少傅、兼太子太傅、兵部尚書、兼都察院左副都御史李汶查得：寧夏河東兵備道右參政王登才，任事排山，力量籌邊，借箸忠猷。繕塞除戎，而一路長城屹立；伐謀却敵，而三秋羽檄全銷。河西兵糧道僉事高世芳，遠略夙弘，安攘虛襟，莫可澄撓。持惇大以撫凋殘，歡騰醪纊；握機宜而圖戰守，謀寢游裝。以上二臣，悉於兵防有賴，俱應薦揚，以備擢用。

又查得陝西布政司左布政使顧其志，才鉅可解絲紛，識凝并高山立。督杼柚，即寸縑靡弗，熟計度財。賦雖顆粒，總皆詳籌。士馬賴以飽騰，軍民資以寧壹。督糧道左參政于仕廉，經國籌邊，遠略批却，導竅長才。督六郡之逋餉以洽，三陸士免脫巾待哺；核數載之積奸以蘇，全陝民無啼饑號寒。此二臣者，雖無兵防之責，然四鎮軍儲皆其程督，統應并薦者也。伏乞敕下吏部，再加查核。如果臣等所舉不謬，將王登才等、顧其志等紀錄擢用，庶激勸明而臣工益勵矣。緣係循例薦舉監司官員，以裨安攘，以重邊務事理，臣等未敢擅便，爲此具本，專差承差徐完齋捧，謹題請旨。奉聖旨："吏部知道。"

甄別練兵官員疏

題爲甄別練兵官員，以昭勸懲，以勵人心事。

准總督陝西三邊軍務、兼理糧餉、少傅、兼太子太傅、兵部尚書、兼都察院左副都御史李汶會稿，案照，先准兵部咨前事。該本部題，合無通行薊昌、保定、宣大、山西、延寧、甘固各督撫衙門，自萬曆二十三年春防爲始，就於年終甄別疏內，將本鎮額定、實在主客官兵，及馬、贏、軍火、器械有無增損，召補果否，修舉廢弛，俱照《遼東甄別練兵疏》例開注，以議功罪、定賞罰。等因。題奉欽依，備行遵依外，續准兵部咨"爲分布防秋兵馬，以禦虜患，以奠衝疆事"。該職題二十九年秋防事宜，本部覆議，合候命下，移咨各該督撫衙門，照依題議事理，相機戰守。防秋完日，查果信地無失，應援有功，破格優薦，題請陞賞。若或自分彼此，退縮觀望，僨事貽殃，督臣即照欽奉璽書，查其失事輕重，總鎮題參究治，副、參以下按法重處。等因。覆奉欽依，移咨前來，通行遵照去後。今准四鎮撫臣，各將二十九年分防練各官，與兵馬、軍火、器械實數開報到職，會稿到臣。臣謹會同總督陝西三邊軍務、兼理糧餉、少傅、兼太子太傅、兵部尚書、兼都察院左副都御史李汶，備將本鎮防練各官，嚴加甄核，爲我皇上陳之。

除任淺勞未、踔樹過細、尚堪策勵者，臣等徑行獎戒，及兵馬器械實數咨送督臣，類冊轉咨兵部查考外，如協守寧夏副總兵鄧鳳，料敵明如指掌，當機捷若轉丸。誓九死以吞胡，功多蹀血；鼓三軍而用命，威振揮戈。協守東路管副總兵事參將雷安，矯騰意氣，磊落才華。提孤軍以解重圍，勛勞居最；屈群策而清多壘，勇略無雙。廣武營游擊季永芳，陷陣摧鋒，虜每聞名齚指；絕甘分少，士多鼓氣從風。興武營游擊武威，屬兵每廑先憂，享士概沾實惠。雄心敢戰，勇膽絕倫。西路管參將事游擊石棟,殲虜功高,冠軍望重。區畫目無強敵,指麾胸有沉機。靈州管參將事都司僉書麻濟邦,機智靈瑩,雄姿矯健。繕防計先陰雨,摧陷氣振英風。臣標下中軍都司僉書沈應蛟,直諒不隨時態,清修雅得人心。技可空群,文能濟武。坐營守備江應詔,歡騰部曲,風屬戎行。論兵時見訏謨,植節恥同債帥。石空寺守備劉國禎,勇足犁庭掃穴,才裕破浪乘風。薪膽常懷,櫪槍遠靖。撫夷守備趙維翰,久歷行間,習知邊事。氣機足籠犬豕,口舌可代戈矛。安定堡守備韓世業,決眥矢無虛發,衝鋒刀有餘腥。控險多勞,振頹可紀。以上諸臣,飭防訓練,克效勤勞,俱應薦揚,以備擢用。內江應詔資俸已及三年,薦獎復經數次,應改坐營都司職銜,行令久任責成,用勵後效者也。

又查得平虜城管參將事游擊李經,屢被謫而全不省愆,橐囊益急;久負罠而通無悔禍,溪壑已盈。尾瑣無爲,惏汙獨甚。點夷打死人命,例應有懲,乃罰服外索馬八匹、駝一隻。犬羊之懷忿生事,豈曰無因重役。私采木株,情在當恤,乃窮力外加派民,車增松板,閭閻之心,怨口謠實。惟自屬嫠政,係年例所需也。竊撈二千餘石,給散所部軍丁一斗,收價五分,所得無筭。灘草隨畛封有別也,刈取二萬餘束,分派所轄伍列,每束扣銀分半,行騙不貲。從蜀帶來筆、茶,是篋中私物,盡散衙門員役,值一而數倍索之,甘蹈商賈之行。原籍販到絨帽,豈閫外餘墻,悉頒全伍。羽林價微,而竭澤徵之,何異穿窬之類。陰與虜部交通,節取各行王天祿等布疋、酒肉,該價銀數十餘兩,并不給價。强占民田耕種,每撥各軍賀見等管理耘收,獲秋糧八百餘石,所在聲累。差夜役往屬堡買米買絨,原價送還,非白望乎?縱家人入穹廬,掠牛赶馬,本夷訐索,誠階厲也。此一臣者,士卒憤其多求,怨違日積;驕酋輕如無物,釁隙時開。所當革任回衛,以警官邪者也。

伏乞敕下兵部,再加查議。如果臣等甄別不謬,將鄧鳳等循資擢用,江應詔查照加銜,李經革任回衛。員缺就近,速爲推補,行令勒限任事,庶甄別明而人心知勵,任使當而衝徼有賴矣。緣係甄別練兵官員，以昭勸懲，以勵人心事理，臣等未敢擅便，爲此具本，專差承差徐完齋捧，謹題請旨。奉聖旨："兵部知道。"

年終議薦將材疏

題爲議薦將材，以備擢用事。

案查，先准兵部咨，該本部具題，各邊缺多人少，合候命下，移咨各督撫衙門，會行巡按御史，各將所屬衛所指揮、鎮撫、千百戶及各營路中軍、千把總等官，加意諮訪。如果年力精强，才猷諳練，謀勇兼長，緩急可恃者，即於年終酌量奏薦，遂名注考。要見某某宜於衝邊，某某宜於次衝，某某堪任大將，某某堪任偏裨，另爲一疏。惟其人無拘名，數貴乎精，勿當冒濫。等因。題奉聖旨："是。各衛所武官，材勇堪任的著督撫等官博訪精核，從公奏薦，與武舉相兼備用，不許冒濫。欽此。欽遵。"移咨前來。又准總督軍門咨同前事。准此。今照萬曆二十九年已終，隨行該道博訪，開報到臣。臣復悉心考核，擇其謀勇可用者，謹會同總督陝西三邊軍務、兼理糧餉、少傅、兼太子太傅、兵部尚書、兼都察院左副都御史李汶，巡按陝西監察御史徐僑，爲我皇上陳之。

查得寧夏中屯衛掌印左屯衛指揮同知施大顯，軒昂勁氣，卓犖修聞。賈餘勇直欲空庭，假偏師終當樹績。正兵營千總、寧夏左屯衛指揮僉事馬允登，控弦有破的之能，橫槊奮揚徽之氣。壯懷激烈，幹局精詳。寧夏衛掌印本衛指揮僉事張曙，雄姿岳峙，偉略淵涵。當鋒獨仗前茅，握篆盡釐諸蠹。河東道中軍靈州所署所鎮撫盧養麟，諳龍韜胸多兵甲，統虎旅氣壯風雲。射策成名，當機能斷。標下前司把總、寧夏前衛右所正千戶楊湛，丰姿魁岸，技藝優長。撫軍不惜椎牛，迎敵敢先躍馬。河西道中軍寧夏左屯衛指揮僉事戴邦治，敬事心同捧玉，談兵志矢塗原。赫翰名流，邊關猛士。奇兵營中軍寧夏衛前所正千戶王問臣，七尺雄軀，一腔壯畫。砥行不忘袺革，防胡日切提戈。

靈州營中軍靈州所實授百户丁繼祖，縱橫久歷沙場，緩急可當旗鼓。貌雄虎視，氣奮鷹揚。奇兵營把總、寧夏中屯衛右所實授百户王嘉評，負材獨步，校藝不群。鳴劍欲馳關山，彎弧可懾轑幕。靈州營把總、寧夏衛左所正千户郭惟校，[1]力能開弓中鵠，才足攄策先人。名壯神駒，身堪勇爵。寧夏衛指揮僉事王聰，儀容駿發，意氣淵沉。慷慨欲請長纓，投超洵爲利器。靈州所管屯本所副千户陳重，繕兵不遺餘力，屬韝可備前驅。勇冠戎行，行高月旦。標下後司把總、寧夏右屯衛前所實授百户楊名顯，俊才英毅，銳氣峻嶒。練兵識奇正之宜，臨敵落犬羊之膽。靈州所都指揮僉事戴儒，河工殫胝足之勞，疆事嚴挈瓶之守。事機頗練，膽力稱雄。

以上諸臣，在施大顯、馬允登、張曙、盧養麟、王問臣俱宜衝邊，在楊湛、戴邦治、丁繼祖、王嘉評、郭惟校、王聰、陳重、楊名顯、戴儒俱宜次衝，皆可以備緩急之用者也。至若大將、偏裨，臣等未敢預擬。伏乞敕下兵部，再加查訪。如果臣等所舉不謬，將施大顯等酌量推用，庶將材不至乏人，而疆場有攸賴矣。緣係議薦將材，以備擢用事理，臣等未敢擅便，爲此具本，專差承差王元齎捧，謹題請旨。奉聖旨："兵部知道。"

會請停寢稅監鎮守疏

題爲西北重鎮，兵戎鹽法規制犁然，稅監妄意干求，撓亂邊政，關係重大，懇乞聖明，大奮乾斷，嚴杜釁萌，以安極塞地方事。

准總督陝西三邊軍務、兼理糧餉、少傅、兼太子太傅、兵部尚書、兼都察院左副都御史李汶會稿，職待罪西陲，已經八載，日皇皇以制虜安邊爲事，期盡犬馬朴忠，用紓皇上西顧之懷。忽聞督稅太監梁永上疏，以礦稅再奉明旨，照舊開采，有司止遵前論，不信新旨，欲冀得

---

① 郭惟校：本書下文多處又作"郭維校"。

鎮守職銜，以督稅務。又假稱土人劉奇供報，花馬池、慶陽府等處鹽池，其鹽見積如山，俱被奸徒侵漁，儻得軍伍親詣彼處，設法變價，可得萬金，以助大工。職一聞不勝錯愕，不勝駭嘆。惟皇上英毅，天縱無微弗徹，豈壬人所可熒惑哉？彼原陳之疏，職未睹其詳，茲以所涉風聽關係封疆安危，於勢萬難輕信者，亟應會題停寢。等因。會稿到臣。時巡鹽御史未至，臣謹會同總督陝西三邊軍務、兼理糧餉、少傅、兼太子太傅、兵部尚書、兼都察院左副都御史李汶，巡撫陝西、兵部尚書、兼都察院右副都御史賈待問，巡撫甘肅、兵部右侍郎、兼都察院右僉都御史徐三畏，巡撫延綏、都察院右僉都御史孫維城，巡按陝西監察御史徐僑、吳永裕，敬爲我皇上陳之。

夫榷稅，陝西通省每歲額派各府州縣正稅一十萬兩外，備土產、火耗等費又一萬九千二百兩，悉按季徵解，毫釐不敢干後。即正供邊餉，概以爲緩，而軍士嗷嗷，無所餬口，遠近閭閻，流離困頓，所至暴骨如莽。有司懼觸忤賈禍而敲骨椎髓，賣男鬻女，惟以稅銀爲急。頃奉明旨，礦榷俱罷，已而照舊徵采，臣等即行所司，星火催徵解運，并未有不信新旨之事。臣等思梁永不過假此妄覬兵柄，以撓亂邊政，貽國家莫大之憂。臣等敢剖瀝赤衷，備陳於君父之前。

夫西陲半壁之天，虜番環伺，干戈日尋。更人性獷悍，風俗薄惡，逖迤萬里，夙稱難制。總督聯絡於其間，四封撫鎮，各苞其境，兵、備、守、巡，副、參、游、守，各分其路，體統相維，犬牙相制。每遇警報，總督檄之撫鎮，撫鎮號之道將，雷動風馳，臂指互運，的可奠疆樹障，繇來遠矣。茲若假稅監鎮守，統軍名色，則當機動，必掣肘履障，誰效死綏。事體何所貫通，上下何以節制。總督、撫鎮、道將原頒璽書，何所奉行。彼推此諉，何所申令。且今套虜乞款未定，海酋釀亂方張，地方之揭竿袒臂者，蠭聚於山陬海澨間，皆未易以坐致消弭，乃欲冒昧不量，輒請鎮守操兵柄耶？昔春秋有請隧者，周天子靳之曰："非王章也。"有請繁纓者，孔夫子惜之曰："亂名器也。"隧與繁纓，事亦微細，尚不可假愒，夫罔極可干請兵戎之大柄哉？今秦中織造星嚴，礦稅燥急，茲復以榷鹽滋釁藂怨者，必梯禍懼。如楚中吳下近事，凜凜惕中，欲攬兵權以自衛，不知天下事必先其窾繫，何者爲安，何者爲危，何者爲利，何者爲害。庶無冥行府奉，不然不戢自焚，攬兵何爲焉。且殿齊師有夙沙衛，而最綽不返轅，觀容使爲魚朝恩，即郭李無全績，豈可漫爲嘗試，不惟蠱壞封疆，且階厲社稷。臣等不敢過爲危言激論，而知其勢之必至於此也。

至若鹽法一節，尤屬無謂。臣等查延綏定邊屬大鹽池，寧夏惠安堡屬小鹽池，二池所產鹽利、應徵課銀俱解延、寧、固原三鎮，抵充年例。向因額數過多，旱潦不常，鹽花少結，所撈不及十之五六，是以管鹽各官率被參罰，勢難取盈。自萬曆二十一年，該前任督臣葉夢熊目擊其累，會同延、寧兩鎮巡撫及巡鹽御史題請酌減原額，另定經制。戶部覆議，將大池原辦二十萬九千八百五十六石，於內減去五萬二千四百六十四石，止存一十五萬七千三百九十二石。徵銀一萬二百三十兩四錢八分爲額，內將七千二百五十一兩八錢四分，抵充該鎮主兵年例，餘銀二千九百七十八兩六錢四分，并裁省秤斗工食銀一百四十四兩，共三千一百二十二兩六錢四分，解固原鎮，抵充年例，尚有不敷。固鎮銀七百五十兩五錢二分一釐，仍在大小二池通融湊補。小池原辦二十六萬四千八百四十石，於內減去六萬四千八百四十石，止存二十萬石。徵銀一萬三千兩爲額，盡解寧夏，抵充年例。此題奉欽依，戶部卷案具在，可按而睹也。據該監所稱鹽積如山，變易得銀萬金。今每歲額鹽尚完，不及強半，安有積鹽堆之如山？凡鹺政稽核，上之有臣等督撫按臣，下之有鹽法，該道專之，有府州佐貳，所撈有數，掣放有單。每年終以多寡會疏具題，纖毫悉明，錙銖難爽，又安有奸棍侵漁於其間耶？不情之甚。

夫有一軍則有一軍之餉，計口論食，毫芒難缺。戶部盡將前課額撥三鎮年例，其在延、寧就近，或可少得接濟。如原撥固鎮三千八百七十三兩零，自二十一年迄今，計經十年，共該三萬八千七百三十餘兩，止解過二千五百兩，其餘悉屬虛懸。欲請之內帑，太倉匱詘如洗。

欲那借之外藏,礦稅、織造蒐刷一空。士卒每擁門告討,無詞楷梧,邊計軍情,萬分窘急。今却以勢不可得之正餉,復欲胲之不經之苛求,是軍食定額益無從出,將致啼饑怨憤,激有它變,誰任其咎。矧皇上四海九州,孰非外藏,乃欲括銀一萬兩爲自效耶!不過欲藉此以竊太阿之柄,而招權納賄,以濟己私。抱疏劉奇者,即先問死罪見監因犯劉有源家人,詐作土人。上動天聽,即此可欺,孰不可欺?不待臣等詞畢,而彼之奸僞情狀,皇上已洞燭之矣。

臣等叨任封疆專寄,凡此重鉅情節,實關邊鎮安危,用是不避斧鉞,竭虔上請。伏望皇上念保泰之大計,思戡亂之良圖,將梁永所陳鎮守鹽利前事,慨賜停寢。仍嚴敕以後安分效職,不得妄有陳乞,以扞文罔,實宗社億萬載無疆之福。臣等無任悚栗待命之至。緣係西北重鎮,兵戎鹽法規制犁然,稅鹽妄意干求,撓亂邊政,關係重大。懇乞聖明,大奮乾斷,嚴杜釁萌,以安極塞地方事理,臣等未敢擅便,爲此具本,專差承差王元齎捧,謹題請旨。奉聖旨。

請補兵備官員疏

題爲急缺兵備官員,乞賜亟補,以重邊疆事。

據靈州營管參將事都司僉書麻濟邦揭報,河東兵備道右參政兼僉事王登才,得患傷寒病證,於本年四月十七日寅時病故。等因。到臣。該臣會同總督陝西三邊軍務、兼理糧餉、少傅、兼太子太傅、兵部尚書、兼都察院左副都御史李汶,巡按陝西監察御史徐僑,看得寧鎮地方孤懸絕塞,而河東一帶尤當套虜出沒之衝,一應兵馬錢穀,全藉該道綜理。

據報右參政王登才既經病故,所遺員缺,亟宜推補,相應具題。

合無乞敕吏部,將河東道兵備員缺,速於練達邊務、精明强幹者,推補一員,勒限前來任事。庶邊備不致廢弛,而重鎮有攸賴矣。緣係急缺兵備官員,乞賜亟補,以重邊疆事理,臣等未敢擅便,爲此具本,專差承差王元齋捧，謹題請旨。奉聖旨："吏部知道。"

議覆衝邊設將疏

題爲議覆衝邊設將事宜，以安疆圉事。

據寧夏河西兵糧道僉事高世芳呈，據理刑同知李大謙、坐營守備江應詔會呈，查得洪廣堡添設游擊一員，日支廩給銀八分二釐五毫，歲該銀二十九兩七錢。戰馬四匹，夏秋牧放，不支料草。冬春六個月，每匹日支料三升、草一束。共料二十一石六斗，每一斗六升折銀一錢，該銀一十三兩五錢。共草七百二十束，每束折銀七釐，該銀五兩四分。中軍、把總官各一員，止支本等俸糧。軍丁除該堡舊有旗軍一百七十二名，查該堡係寧夏右衛所屬，應於右衛三營旗軍內抽撥一百六十四名，守城老伍軍內抽撥一百六十四名，及改撥平虜備禦軍二百二十名，共七百二十名，俱支原糧外，召募家丁三百五十名，每名安家銀二兩，共銀七百兩。游擊隨任家丁三十名，共家丁三百八十名。每名月支糧一石，該價銀六錢，本折兼支，歲計共銀二千七百三十六兩。買馬三百八十四，每匹價銀一十二兩，共銀四千五百六十兩。冬春六個月，每匹日支料三升，草一束。共料二千五十二石，該銀一千二百八十二兩五錢。共草六萬八千四百束，該銀四百七十八兩八錢。盔甲什物三百八十頂副，每頂副鐵料、甲面、匠作、工食等項，估銀一兩八釐，共銀三百八十三兩四分。以上通共銀一萬一百八十八兩五錢八分。

初議并請京運，後蒙本院批駁，將打造盔甲什物應用鐵料，於本鎮先年支剩數內，工食於倉糧內，安家銀於先年借支椿朋今陸續補還內，各照湊處，及應添馬匹數內，除一百九十四候市馬撥發、價銀不議外，其廩糧等項遵依查處間，蒙批，據本鎮備禦西安、漢中等衛所班軍韓鐸等告稱：每年赴班應役，在邊工作，十月以後，寒苦難堪。乞要比照延鎮事例，四月初一日上班，十月初一日放回，該放班六個月，情願每名納班價銀六錢。等情。該職等行移延鎮監收衙門，查得先年原有放班，每月納銀一錢事例，後因修築邊工，復令赴役。等因。今查河西備禦軍，共二千二百九十七名，舊規每名月支行糧五斗，每年至四月初旬新班來鎮，舊班換回。工作之際，固嘗藉其力役，寒冱之時，未免虛糜糧餉。今既告願納班總計六個月，該納銀一千三百七十八兩二錢，就令各該衛所徵解本鎮廣裕庫交收，於同節省口糧，歲計六千八百九十一石，該價銀四千一百三十四兩六錢，即抵新增廩糧料草之費。不但免討內帑，抑且體恤下情，實爲兩便。至於游擊衙宇、倉廠、軍房合用木植顏料之類，俱在本鎮采辦，另詳議行。

惟前項操馬尚該一百九十四，共價銀二千二百八十兩，應行請發，緣由呈報到道。看得平虜設臨極邊，夙稱要地，而邊長兵寡，策應爲難。委應於適中洪廣設將增兵，與平虜將官畫地分守，所據查議，各項錢糧及撥軍召丁等項，似已詳妥。惟是馬價銀兩，查本鎮例有椿朋、肉臟等銀，係備買馬之數，今節年徵收者，或正支買馬，或借放布花，見無存積。以後應納者又題充市本，即今庫藏空虛，委難湊處，合候裁酌具題，討發京運，一半以濟支用，餘候易到夷馬，陸續撥給。等因。轉報到臣。案查，先准兵部咨。該前任巡撫右都御史楊時寧款題爲恭陳邊備興革事宜，以少裨安攘事。本部覆議，看得議增將領一節，應行該鎮督撫查照前議，要見前項設將，雖分有信地，而所轄兵馬合用若干，或另行召募，或即於各堡抽撥。其糧料作何支給，逐一議妥具奏，以憑覆請定奪。等因。題奉欽依，備咨前來，隨行該道查議。續據呈報，議增糧料等項題討數多。臣愚，竊謂方今國費浩繁，供億不繼，而朔方年來多故，請發甚頻，懸知該部必難議覆。臣多方探括，除安家銀兩於補還椿朋銀內湊給，盔甲什物於先年支剩鐵料內動造外，惟馬價四千五百兩有奇，費不容已。若將前項馬匹，半發京運收買，半候市馬俵給，一轉移劑量之間，亦可少省內帑。

臣復批行該道詳議，并將備禦各軍告納班價事例行令移查，從長議報去後。今據報到前因，臣謹會同總督陝西三邊軍務、兼理糧餉、少傅、兼太子太傅、兵部尚書、兼都察院左副都御史李汶議照：平虜當鎮城以北之衝，三面受敵。所轄信地，東西四百餘里，而惟一將領是恃，捍遼闊之衝疆，雖鞭之長，不及馬腹，是以遇警蒼黃，動即無措。前任撫臣議於洪廣設將，誠爲得策。今據該道詳議，應添軍丁於右衛，并各營伍抽撥七百二十名。惟另召家丁三百八十名，所需糧料，舉取足班價，在班軍免寒冬戍守之苦，在本鎮獲增兵省餉之利。移緩備急，似於事體長便。惟是買馬一節，該臣計議，內除一百九十匹候互市之日，捶選膘壯者給發騎操，尚該一百九十匹，計價銀二千二百八十兩，若非請發收買，恐無濟緩急之用。

相應具題。伏乞敕下兵部，覆議上請，將洪廣堡增設游擊一員，請給敕書，欽遵行事。合用符驗旗牌，照例降發。其分管信地，自北邊西閘門迤西起，至鎮北堡、玉泉營界止，墩臺以唐渠迤西爲界，所轄洪廣、鎮朔、高榮、常信、桂文、虞祥、徐鶴、豐登、楊信、鎮北共十堡，與平虜參將畫地分守。如遇有警，不待調遣，協謀并剿，期保萬全。至於抽撥軍役及班軍納價等項，各准照行。安家動過椿朋等銀，准令開銷。馬價銀二千二百八十兩，速賜解發前來。委官前赴產馬地方，收買膘壯合式馬匹，給發騎操。事完，將召過家丁、給過馬匹并安家銀兩，各該名數造册，奏繳青册，送部查考。其市馬給發數目，候於市事竣日附册繳報，庶戰守有犄角之勢，而疆埸杜窺伺之虞矣。緣係議覆衝邊設將事宜，以安疆圉事理，臣等未敢擅便，爲此具本，專差承差徐元齎捧，謹題請旨。奉聖旨："兵部知道。"

議補衝邊將領疏

題爲秋防屆期，路將乏人，乞賜就近推補，以便責成，以保衝塞事。

據寧夏河西兵糧道僉事高世芳呈：遵依責差夜不收傅寧執文前去鎮海，守催新推廣武游擊祁德前來到任。今據本役齎准本官回文，內稱：本職舊有腰腿疼痛及內傷下血之疾，兼以設防海虜，前疾轉劇。見今醫藥罔效，勢在危篤，委難赴任。切思地方爲重，乞爲轉達，另行推補，庶不誤事。等因。前來。看得游擊祁德推補廣武，業已三月，屢次查催，皆稱病篤。及審去役，亦稱委果臥床，不能動移，并無託故別情。衝邊將領，勢難久缺，合無請乞具題，另行議補。緣由轉報到臣，案照，先准督臣咨，內開：本官以鎮海參將調補本鎮，管廣武游擊事。臣因時近秋防，缺難久待，屢行該道，差人守催本官作速到任。續據本官呈稱：舊病陡發，不能赴任，乞將前缺，另行議補。緣由到臣。臣恐情涉假託，又行該道，查報去後。

今據前因，爲照廣武一路，設在玉泉、中衛之中，爲鎮城肩臂，而一牆之外即爲虜藪。沿邊紅山、三山、大佛寺等口無處不衝，一切防禦修守全在路將，故將領得人，則彈壓藉以無恐，一不得人，則犬羊易以生心，其勢然也。矧今秋防伊邇，於時尤爲喫緊。據報新推廣武游擊祁德患病情真，難以任事，員缺亟應推補。但恐推自別鎮，未免赴任愆期，防範或疏，關係匪細，似應就近議補，以便責成。

該臣總督陝西三邊軍務、兼理糧餉、少傅、兼太子太傅、兵部尚書、兼都察院左副都御史李汶，查得寧夏坐營守備江應詔，才精詳而爽練，氣慷慨而奮揚。料敵悉塞外之情形，訓士得師中之節制。據其已試才力，極於此地相宜。本官調管坐營雖方年半，而前任清水則已二年半，前後皆守備之俸，例得通理。第近該臣等於甄別疏內題加都司職銜，該部以坐營俸淺，未蒙議加，無非慎重名器之意。然該路重地也，秋防急時也，臣等爲地擇人，不得不權衡於目前之急。合將本官量加都司職銜，管理廣武營游擊事務，則朝受命而夕任事，似便計也。

所遺坐營員缺，另行推補，相應具題。

伏乞敕下兵部，再加查議。如果臣等所言不謬，准令祁德回衛調理，將江應詔量加都司職銜，管廣武營游擊事務，所遺坐營員缺，另行查補。庶人地相宜，而衝邊有攸賴矣。緣係秋防屆期，路將乏人，乞賜就近推補，以便責成，以保衝塞事理，臣等未敢擅便，爲此具本，專差承差張禄齎捧，謹題請旨。奉聖旨："兵部知道。"

府佐患病疏

題爲患病不能供職，懇乞具題，准令休致事。

據寧夏河西帶管河東兵備道僉事高世芳呈，據管理中路糧鹽同知韓初命呈稱：覆查得慶陽府管理寧夏東路倉場通判閻厚，委因痰火宿疾不時舉發，兼以母老憂鬱，病轉增劇，見今頭目眩暈，手足痿痺，臥床不能動履，并無假託情故。合無轉達具題，准令致仕調理，以終孝養。等情。到道。看得本官先因患病，通詳乞休，該本道查係痰火時發時止，不妨在任調攝，因而議留供職。不期今復月餘，尚在杜門乞歸，情詞日益迫切。今查病勢委增，別無規避，若不俯順其請，不惟本官去志已決，終難挽回，且秋防屆期，料理亟須得人。合候會題，將本官准令致仕。所遺員缺，即於鄰近相應官內選補，勒限任事，庶不致誤邊防。等因。轉報到臣，案照，先據通判閻厚具呈前事，隨批該道，查稱本官壯年攖疾，難遽准從，已經批行調理，痊可即出視事。不謂本官病復危篤，堅意求去，政務一切廢閣。臣復牌行該道，再查去後。

今據前因，該臣會同總督陝西三邊軍務、兼理糧餉、少傅、兼太子太傅、兵部尚書、兼都察院左副都御史李汶，巡按陝西鹽察御史徐僑議照：寧鎮向無州縣，止有通判四員以分理糧餉，而東路一官尤當花馬池之衝地，視各路更急。通判閻厚，服官謹飭，向於地方相宜，然自三月患病，彌留未痊。衝邊錢穀，難以臥治。

既經該道查明，疾非假託，相應具題。

伏乞敕下吏部，再加查議。合無將通判閻厚准令致仕，回籍調理。遺下員缺，即於鄰近才望知縣內選補一員，勒限任事。庶幹理不至乏人，而邊政有攸賴矣。緣係患病不能供職，懇乞具題，准令休致事理，臣等未敢擅便，爲此具本，專差承差陳忠齎捧，謹題請旨。奉聖旨："吏部知道。"

會請調補邊道疏

題爲邊道員缺，勢難久待，懇乞聖明，就近調補，以重封疆事。

准總督陝西三邊軍務、兼理糧餉、少傅、兼太子太傅、兵部尚書、兼都察院左副都御史李汶會稿，照得寧夏一鎮，地列兩河。在河東，西起橫城，東接鹽場，邊長三百餘里，悉屬衝險。當兹秋高緊急之時，醜虜雖云俯首就羈，委命下吏，然夷性犬羊，情尚叵測。加以歲事不天，米珠草桂，人情洶洶，莫必其命。凡整飭兵戎，處辦芻餉，與夫綏輯邊甿，修繕塞堡，及着、宰諸酋屢乞絭市，交關賞物，事無鉅細，全藉該道經畫。自參政王登才病故，迄今數月，尚未推補。雖印篆責之河西道兼攝，然全鎮惟設兩道，地里緬邈，政務煩遝，安能周顧。適職乘障花馬池，目擊時勢艱虞，展轉思惟，無如就近調補，庶爲睫前有濟。等因。會稿到臣。

該臣會同總督陝西三邊軍務、兼理糧餉、少傅、兼太子太傅、兵部尚書、兼都察院左副都御史李汶，巡撫陝西、兵部尚書、兼都察院右副都御史賈待問，巡按陝西監察御史徐僑，查得陝西按察司分巡關南道副使李起元，安攘偉抱，經濟真才。當礦榷鴟張之秋，調停得計；值㓂敿蜂起之會，蕩定無虞。苽俸將及三年，論資當爲遷轉。且屢經陪推，政迹燁然，相應陞補前缺，以濟秋防。

伏乞敕下吏部，再加查議。合無將副使李起元加陞參政職銜，調補寧夏河東兵備，勒令星馳任事。所遺關南員缺，亦即速行推補，庶重地經理得人，捍禦有賴。緣係邊道員缺，勢難久待。懇乞聖明，就近調補，以重封疆事理，臣等未敢擅便，爲此具本，專差承差陳用齎捧，謹題請旨。奉聖旨："吏部知道。"

保留給由兵備官員疏

題爲保留邊方賢能，給由兵備官員事。

據陝西按察司呈，蒙臣批據寧夏河西兵糧道僉事高世芳呈爲給由事。內稱：本職見年四十歲，河南懷慶府河內縣人。由進士，萬曆十二年十月內除授山東兗州府曹州知州，十六年十二月內陞直隸鎮江府同知，二十一年四月內陞湖廣按察司僉事，本年閏十一月二十二日到任，二十二年五月二十二日丁繼母憂。計任六個月，服滿赴部，復除間，二十五年四月二十二日，復丁繼母憂，二十七年七月二十一日服滿赴部，本年十一月內復除今職，二十八年二月初九日到任，扣至三十年七月初八日，計任三十個月。二任通理，連閏實歷俸三十六個月。三年任滿，例應給由。等因。蒙批仰按察司查報，又蒙總督陝西三邊軍務、兼理糧餉、少傅、兼太子太傅、兵部尚書、兼都察院左副都御史李汶，巡撫陝西地方、兵部尚書、兼都察院右副都御史賈待問，批據該道，呈同前事，俱批仰按察司查報，又據經歷司呈抄，蒙巡按陝西監察御史徐僑、吳永裕批據該道，呈同前事，蒙批按察司查報，依蒙抄呈到司，該本司議照：寧夏河西兵糧道僉事高世芳，宏才卓磊，妙略英沉。前籌望鎖，龍沙偉樹。功標雁塞，茲當報最。允屬“稱職”，歷俸三年，例應考滿。但該道見任寧夏河西所轄地方與虜爲鄰，保障藩籬，全資籌策，整兵理餉，不可一日暫離。合無將僉事高世芳照例保留在任支俸管事，仍將行過事迹，查照造冊具結，差人齎部考驗。等因。通詳到臣。

案照，先據僉事高世芳呈前事，已經批行該司，查報去後。今據呈報前來，卷查，先准都察院咨，准吏部咨“爲酌議考課之法，以肅吏治事”。該本部題，在外方面照舊赴京，有事地方照舊保留，其給由聽撫按從公考核賢否，牌冊差人齎繳。其“稱職”經薦，應得誥命，照例請給。

　　又准吏部咨"爲酌議外官給由事宜，以一法守事"。該本部議覆，在外考滿官員，除方面照舊赴京，有事地方照舊保留。又准吏部咨，開考滿官員，前後歷任年月，不論多寡，俱得通理。又准兵部咨"爲極塞時事孔棘，敬陳切要事宜，懇乞聖明采納，以奠封疆事"。該陝西三邊督臣李汶款題，内稱：三年閱視，顯示旌別，東鎮諸邊，道計功程勞超，晋二級，獨三邊各司道乃僅僅一晋俸級，隆殺懸甚，何爲邊臣任事之勸。今後三年閱視，暨三年秩滿，在陝西三邊司道，一照雲谷、遼薊之例，庶功等勸同，此作起邊臣一大機括也。該本部覆議，考滿聽吏部優叙，不在閱視加恩之例，合容臣等移文吏部，以後九塞各衝邊司道，考滿之日，查其效有勞績，即照例加陞二級。等因。題奉欽依，備咨，各遵依在卷。

　　今據前因，該臣會同總督陝西三邊軍務、兼理糧餉、少傅、兼太子太傅、兵部尚書、兼都察院左副都御史李汶，巡撫陝西地方、兵部尚書、兼都察院右副都御史賈待問，巡按陝西監察御史徐僑、黄陞議照：寧夏河西兵糧道僉事高世芳，凝遠器識，博大才猷。安攘續懋疆場，屏翰望隆鎖鑰。今考滿"稱職"，例應赴部。但寧鎮孤懸河外，正值秋防，而河東道印務又該道兼攝，百爾責任，舉萃一身，勢難時刻暫離，委應保留。及照本鎮自創殘之後，元氣未復，加以連歲災荒，餉芻不繼，而松套諸虜又易爲邊患，内撫外防，大費區處。僉事高世芳履任以來，繕塞除戎，簡兵積餉，於凡一切邊計，無不畢力調停。即今點虜輸誠，化驕爲順，制馭操縱，尤多苦心，劻勷備極，勤勞修繕，積有成效。查得衝邊司道，例得程功優叙，無論遼薊、雲谷，即近年秦中如王道增、劉廣業，皆以三年考績，晋秩二級。該道事體相同，允宜照例議加，以爲任事者之勸。

　　既經該司查報前來，相應具題。

　　伏乞敕下吏部，再加查議。合無將僉事高世芳免令赴部給由，仍照題准近例，加陞二級，在任照舊支俸管事。其任内行過事迹造册，差人齎部，候考核題請，庶恩昭勸課，而邊臣益奮勵矣。緣係保留邊方賢能，給由兵備官員事理，臣等未敢擅便，爲此具本，專差承差陳用齋捧，謹題請旨。奉聖旨：“吏部知道。”

薦舉管鹽官員疏

題爲邊鎮薦饑，議處備荒事宜，懇乞聖明，俯賜采納，以保重地，以彌後艱事。

准總督陝西三邊軍務、兼理糧餉、少傅、兼太子太傅、兵部尚書、兼都察院左副都御史李汶會稿，准巡撫寧夏、都察院右僉都御史黃嘉善咨，據寧夏河東兵備道右參政兼僉事王登才呈，查得小鹽池每歲額鹽二十萬石，萬曆二十九年分署管理鹽法。通判事、寧夏後衛經歷王培管理鹽務，固原州同知周一元督，并壩夫撈完鹽二十萬五百石，比額多撈鹽五百石，隨委寧夏東路通判閻厚親詣該池盤量，并無處擬。所有管鹽各官，督撈有法，采鹽過額，例應薦揚。等因。到職。看得小池撈鹽二十萬五百石，比額多撈五百石，除寧夏河東道參政王登才病故、州同知周一元劣轉，俱無容別議外，署管理鹽法通判事、寧夏後衛經歷王培，相應照例薦揚，緣由到職。

卷查，先准戶部咨，該前督臣郜光先款題，本部覆議，自萬曆十四年爲始，每年終會同延、寧二鎮巡撫將二池額課查以完欠分數參治，該道亦視此鹽法，修廢舉刺。又准該部咨，亦該前督臣郜光先等題參撈鹽不及分數官員，該部覆議，恭候命下，移咨陝西總督并寧夏延綏各巡撫、都御史，及咨都察院轉行陝西巡按及河東巡鹽各御史，一體嚴督各道，將小池每年額鹽二十六萬四千八百四十石，大池額鹽二十萬九千八百五十六石，務要撈曬如數，以充邊餉。如再分數不及，該督撫及巡鹽御史照例查參究治。

又准該部咨，該前督臣葉夢熊，因二池額鹽太多，往往撈不及數，以致各官頻受參罰，會疏具題，酌減鹽額，及增重參治之例。該部覆議，恭候命下，移咨三邊督撫，及咨都察院轉行河東巡鹽御史，將大池額鹽二十萬九千八百五十六石，今減去五萬二千四百六十四石，尚存一十五萬七千三百九十二石爲額，小池額鹽二十六萬四千八百四十石，今減去六萬四千八百四十石，尚存二十萬石爲額。以後管鹽官，全完薦揚陞擢，九分、八分分別獎勵，七分、六分獎戒并免，五分重加戒飭，不及五分與四分以下者參治罷斥。等因。題奉欽依，備咨前來，節經遵依訖。所據二十九年分二池撈過鹽數，已經通行各該巡撫衙門，查明咨報，以憑具題去後。

今准前因，會稿到臣。除大池聽督臣具題外，該臣會同總督陝西三邊軍務、兼理糧餉、少傅、兼太子太傅、兵部尚書、兼都察院左副都御史李汶，巡按山西等處監察御史曾舜漁議照：小池鹽課係額供本鎮軍餉實數，毫釐難以欠缺者，顧前此或旱澇不常，鹽花少結，或人力未至，數難取盈。兹臣等遵奉明旨，嚴督各官，加意撈辦，窮終歲之力，獲有前數，亦可少裨時艱。所據與事各官，相應循例酌叙，除寧夏河東兵備右參政王登才病故、固原州同知周一元劣轉，俱無庸別議外，署中路鹽法通判事、後衛經歷王培，采撈有法，勤瘁當官，相應薦揚，以示激勸。伏乞敕下戶部，再加查議。合無將經歷王培紀錄，以勵將來，庶人心知奮，鹽政益修矣。緣係邊鎮薦饑，議處備荒事宜，懇乞聖明，俯賜采納，以保重地，以彌後艱事理，臣等未敢擅便，爲此具本，專差承差陳忠齎捧，謹題請旨。奉聖旨："戶部知道。"

撫夏奏議卷之二

繳報買完征播馬匹文冊疏

奏爲恭報買完議補征播馬匹，遵例造冊進繳事。

據寧夏河西兵糧道副使高世芳呈，據理刑同知李大謙呈稱，公同坐營官劉國禎覆查得，原議買補奇兵、平虜二營馬六百三十匹，每匹定價銀一十二兩。內除陪補馬一匹，該委官王嘉評、沈福益等買完馬六百二十九匹，中間驗出價多者共減銀三十三兩三錢。又添買馬三匹，通共買完并陪補共馬六百三十三匹，已經陸續解驗印發二營軍丁騎操。計用過廣裕庫貯，原討京運馬價銀五千兩，追完征播軍丁、死馬、肉臟銀一百四十一兩八錢，本鎮椿銀二千二十七兩八錢，變賣不堪馬價等銀二百四十兩，共銀七千四百九兩六錢。并無冒破情弊。及稱原奉部文，前項倒死馬匹，議追肉臟、椿銀湊買，依蒙追納間，節該南征軍丁巨天戶、羊羔兒等赴撫院告稱，調往征播，途程萬里，加以去寒來暑，水土不宜，以致人馬亡失數多，情極苦楚，所有肉臟等銀，請乞免追。等情。批行職等。查得征播倒死馬、贏數，內除人馬全未回鎮一十一名匹，陣亡及沿途病故軍丁、倒死馬一百八十四名匹，跟隨馬副總兵回籍家丁四十六名，倒死馬、贏四十六匹頭，見在軍丁、倒死馬止該三百八十九名匹。若照騎征年分徵扣椿、臟，而萬里遠征，似比在鎮倒死者不同。但事經題覆，亦難概從豁免，合將陣亡、病故并回原籍軍丁共二百四十一名，倒死馬、贏二百四十一匹頭，椿、臟銀兩姑免追徵。其見在回鎮軍丁三百八十九名，倒死馬內除陪補一匹，尚該三百八十八匹。比照入衛路途死馬旗軍,每匹追肉臟銀五錢、家丁每匹三錢事例內,旗軍談華等一百二十七名,共該追銀六十三兩五錢,家丁把兒氣等二百六十一名,共該追銀七十八兩三錢,通共銀一百四十一兩八錢。追納添補買馬,似於人情妥便,業蒙詳允,追完支用訖。今買補通完,覆查無弊,請乞轉呈具奏。等因。

　　冊報到道,轉報到臣。案查,先准兵部咨"爲議補征播馬匹戎器,以禆戰陣事"。該前任撫臣楊時寧會同督臣具題,本部覆議,除盔甲、槍砲係隸工部,聽其徑自議覆外,合候命下,劄付太僕寺,於常盈庫班軍銀內動支五千兩,行令該鎮差官領回。并將馬孔英騎去、倒死馬、羸六百三十匹頭,查追肉臟、椿銀湊買馬匹,如有不足,悉聽撫臣設處。完日,將買補過馬、羸銀兩各數目造冊,奏繳青冊,送部查考。等因。題奉欽依,備咨前來,遵依在卷。續准戶部咨,差進士宋榮順解馬價銀五千兩到鎮,隨行該道查收,并追前項倒死馬、羸肉臟、椿銀湊買,不足者再動別項官銀速買,冊報。續據征播軍丁巨天戶等屢次告免,隨批行該道查議,呈報到臣,允令酌納,湊買去後。

　　今據前因,除器械候工部題發,料價至日造完,另行具奏外,該臣會同總督陝西三邊軍務、兼理糧餉、少傅、兼太子太傅、兵部尚書、兼都察院左副都御史李汶議照:本鎮各營操馬額數甚少,近緣播州之役,致倒損六百餘匹,營伍益單弱極矣。該前任撫臣會同督臣題請買補,荷蒙皇上允發銀五千兩,不足之數,令將原征死馬椿、臟追徵,及本鎮設處應用。該臣嘉善接管任事,查照原行督責收買,乃各丁以追納稱苦,紛紛告免,萬死一生之情,所當體恤。是以行道酌議,內除回籍及人馬俱亡者不計外,見在者照依入衛死馬則例,止追獲肉臟銀一百四十餘兩,并探括本鎮椿朋等銀,嚴行該道,委官收買,勒限解驗。中有不堪者追價另買,冒破者重加懲治,以故買完馬六百三十餘匹,俱一一膘壯堪用,已經印發二營,以備征操。臣又慮恐不確,覆行該道查驗,與前相同,冊報前來,相應遵例造冊具奏。除青冊咨部查考外,伏乞敕下兵部,將前原發馬價銀五千兩,及本鎮椿臟等銀二千四百九兩六錢，各准開銷。買完馬匹，仍行巡按御史查核，具奏施行。緣係恭報買完、議補征播馬匹，遵例造冊，進繳事理，爲此今將造完買完馬匹、用過銀兩數目、給過軍丁姓名文冊，理合開坐具本，專差承差楊清齋捧進繳，謹具奏聞，伏候敕旨。奉聖旨：“兵部知道。”

催補河東道疏

題爲邊道懸缺日久，懇乞聖明，亟賜俞補，以奠衝疆事。

案照，先該臣與督按諸臣，因寧夏河東道參政王登才病故，遺缺久虛。查得陝西分巡關南道副使李起元，資俸俱深，堪以就近陞補。會疏具題，奉旨下吏部，該部議覆上請，兩月以來，尚未蒙俞旨。臣宜聽候聖裁，但河東一帶逼鄰虜藪，出没之變態不常，邊鄙之烽烟易聳，雖群醜近就皋牢，而野心終屬變幻，所恃以制變銷萌、詰戎靖塞者，全賴該道。即使隨缺隨補，兩河皆備，臣猶以爲地衝而官少，敵勍而時難。乃今懸缺經年，事無攸屬，臣安得不鰓鰓慮耶。況邊道以備虜，而設原與腹裏不同，而本鎮當大軍之後，又與各邊迴異。且今賓、着諸酋，待市清水市廠，目前料理，更屬緊要。若再如前皋緩，恐滋他虞。伏乞皇上軫念監司非不急之官，疆場當多故之際，將部覆副使李起元原疏亟賜檢發，准以參政職衘管理寧夏河東道兵糧事務。庶得刻期任事，而孤懸重塞有攸賴矣。臣冒瀆天威，不勝隕越待命之至。緣係邊道懸缺日久，懇乞聖明，亟賜俞補，以奠衝疆事理，臣未敢擅便，爲此具本，專差承差徐完齋捧，謹題請旨。奉聖旨：“吏部知道。”

查參貪肆將領疏

題爲將領貪肆改節，斂怨已深，謹據實查參，以安衝塞事。

臣竊惟邊方所託重而恃力者，唯是一二將領是賴。然必守己能廉，而後於營伍無剝削，亦必撫軍能惠，而後於人心可繫屬。況本鎮自殘破之後，蕭條已極，時詘卒貧，困而易動，即多方體恤，猶恐不能復當年之舊。而可令恣睢不檢，貪殘并著，如東路花馬池營管副總兵事參將雷安者，貽害於其間哉。臣嘉善謹按其不職之狀，會同總督陝西三邊軍務、兼理糧餉、少傅、兼太子太傅、兵部尚書、兼都察院左副都御史李汶，巡按陝西監察御史吳永裕，爲皇上陳之。

本官出身行伍，頗有膽氣。昔年曾以孤軍解定邊之圍，臣等心實壯之。且其花馬初政，亦多可觀，故臣等於去歲甄別，會列薦疏，不謂小器易盈，初心頓替。好剛逞忿，而怨讟日滋；嗜利剥軍，而人言不恤。各軍領到糧銀，先扣百兩，或五六十兩，方分鑿給軍，七次共銀四百餘兩，尹嘉儒等證。奉文革汰老軍，該營汰過一百餘名，止實報二十名餘，俱冒糧入己，每月計銀四十餘兩，嚴廷剛等證。領防秋草價銀三百兩，止散與軍丁一百兩，却將二百兩扣剋，復令各軍於野孤井等處采草喂馬，胡一全證。假小馬名色，私占營馬五十匹，計該料一百餘石、草七千餘束，俱在各鹽商名下折價，賈應春證。取用各行段布，該價銀一百餘兩分毫不與，討即嚴刑酷打，楊古禮證。原籍帶來戕帽一千餘頂，俱給軍追價，每頂索銀一錢五分，位應登證。去歲米價騰貴，販賣稀少，本官私造鼎銀於各處截買，却作高價轉賣，致販者不敢入城，王養德等證。節年未完殘鹽已議折兑，本官乃傳要本色，不許一軍領銀，致商人送銀五十兩，韓友祥等證。指防邊公用，每軍一名，斂銀五分，共銀一百五十兩，李真等證。每年節生日，管隊書識各索銀一錢，每次六十餘兩，葉詔等證。占種琉璃瓦等處屯田三十餘分，撥軍耕種，子種、牛具俱屯丁出備，尹相儒證。影射富丁韓尚朝等四十餘名通不差操，每月糧銀俱逐名交納，陳志等證。私換夷馬，即轉發給營軍，計孔得河等領馬三十餘匹，每匹追價銀十二兩，領者稱苦，任天禄等證。隨任軍丁原報一百三十名，計龍田等見在止八十名，其餘五十名虛冒糧餉，張名奉等證。買辦派軍十二名作爲肉户，每户月納肉十二斤，各折銀六錢，一年不下百兩，張麻子等證。歲前放冬衣布花，將軍丁三年以内者半給，年半以内者不給，共扣銀七十餘兩，姬友祥等證。生員沈朝用赴鎮投呈，本官疑與把總同謀，將伊兄沈朝海、沈朝臣各拘責五十，又將把總余之龍等捆打，後朝海、朝臣俱故，乃令中軍蔡葵許銀講和，人益切齒，楊宗儒等證。指揮楊世龍方故，本官利其家具，向伊男借描金卓椅各三十張、圍屏五副，并地氈等項，俱令夜不收楊榮等押送原籍，毫不給價，徐青等證。精神日用於需求，營務坐視其廢墜，有臣如此，將焉用之？若不據實查參，何以懲警將史。

參照寧夏東路花馬池營管副總兵事參將雷安，利競錐刀，行同市井。贓私狼藉，即溪壑難厭貪心；虐焰鴟張，舉軍中咸爲敵國。煩言已甚，衆怨多叢。蓋不特官箴之，敗壞難容。抑且於疆場之關係非細，一日留之，恐釀他患，所當亟行褫革，以爲將領貪肆之戒者也。

及查本官與沈朝用互訐有詞，臣等已批行該道查審，應候問明，酌量歸結，相應具題。

伏乞敕下兵部，再加查訪。如果臣等所言不謬，將參將雷安革任回衛，聽候別卷歸結。所遺員缺，即選擇廉勇者推補，庶一錯枉之間可風荒徼，而於邊紀爲振肅矣。緣係將領貪肆改節，斂怨已深，謹據實查參，以安衝塞事理，臣等未敢擅便，爲此具本，專差承差王清齋捧，謹題請旨。奉聖旨："兵部知道。"

秋防薦舉監司疏

題爲循例薦舉監司官員，以裨安攘，以重邊務事。

准總督陝西三邊軍務、兼理糧餉、少傅、兼太子太傅、兵部尚書、兼都察院左副都御史李汶會稿，查得舊例，兵備等官，每歲秋畢年終，該職軍門會同撫臣甄別具題。續准兵部咨，內稱：練兵一事，俱照遼東疏例開注，各司道果能加意整理，一體從優敘錄。又准該部咨"爲分布防秋兵馬，以禦虜患，以奠衝疆事"。該職題三十年秋防事宜，俱本部議覆，題奉欽依，備咨前來，通行欽遵外，今照該年秋畢歲終，所據在事各官,俱應照例録叙。等因。會稿到臣。

該臣會同總督陝西三邊軍務、兼理糧餉、少傅、兼太子太傅、兵部尚書、兼都察院左副都御史李汶,查得寧夏河西兵糧道副使高世芳,德器恢弘,博大才猷,磊落精詳。兩河之屏翰咸資,三載之焦勞獨苦。相應薦揚,以備擢用。又查得帶管督糧道陝西布政司右布政使、今陞本省左布政使王民順,品材嶽立,操履冰清。德威著而全秦恬若春温,供億時而四鎮益然宿飽。此一臣者,雖無兵防之責,然代攝糧儲既久,而各鎮邊餉,皆賴督程,所應并薦者也。伏乞敕下吏部,再加查核。如果臣等所舉不謬,將高世芳、王民順紀録擢用,庶臣工知勵,戎務克修,其於嚴疆重地,亦有裨補矣。緣係循例薦舉監司官員,以裨安攘、以重邊務事理,臣等未敢擅便,爲此具本,專差承差楊清齎捧,謹題請旨。奉聖旨:“吏部知道。”

甄別練兵官員疏

題爲甄別練兵官員,以昭勸懲,以勵懲人心事。

准總督陝西三邊軍務、兼理糧餉、少傅、兼太子太傅、兵部尚書、兼都察院左副都御史李汶會稿,案照,先准兵部咨前事,該本部題,合無通行薊昌、保定、宣大、山西、延寧、甘固各督撫衙門,自萬曆二十三年春防爲始,就於年終甄別疏內,將本鎮額定、實在主客官兵,及馬、贏、軍火、器械有無增損,召補果否,修舉廢弛,俱照《遼東甄別練兵疏》例開注,以議功罪、定賞罰。等因。題奉欽依,備咨,遵依外,續准兵部咨“爲分布防秋兵馬,以禦虜患,以奠衝疆事”。該職題三十年秋防事宜,本部覆議,合候命下,移文各該督撫衙門,查照題議事理,相機戰守。防秋畢日,查果信地無失,應援有功,破格優薦,題請陞賞。若或自分彼此,逗遛觀望,貪功僨事,督臣即照欽奉璽書,查其失事輕重。總兵題參究治,副、參以下按法重處。等因。覆奉欽依,移咨前來,通行遵照去後。

今准四鎮撫臣，各將三十年分防練各官，與兵馬、軍火、器械實數開報到職，會稿到臣。除本鎮各營兵馬、器械實數咨送督臣，類册咨送兵部查核外，該臣會同總督陝西三邊軍務、兼理糧餉、少傅、兼太子太傅、兵部尚書、兼都察院左副都御史李汶，備將本鎮防練各官嚴加甄別。除貪庸債事寧夏東路花馬池營管副總兵事參將雷安，大壩堡守備曹以忠，先經臣等與按茶諸臣糾劾革任，無庸再議。其任淺勞未、踔樹過細、尚堪策勵者，臣等徑行獎戒，不敢瑣瀆聖聽外，及查本鎮將領僅僅數員，一時強半新任，偶無恣肆應議之人，臣等不敢過爲吹求，謹以勤勞蔚著者，爲我皇上陳之。

查得協守寧夏副總兵鄧鳳，決策萬全多中，搴旗百將獨先。善陣知兵，奇正互相爲用；威名憺虜，戰款多出其功。平虜營參將武威，雄心激烈，豹略深沉。當極衝之地而羽檄不驚，練久疲之兵而戈鋌日振。興武營游擊劉泗，雄姿出類，勇膽空群。任疆事則頂踵可捐，憤匃奴即堅瑕有備。玉泉營游擊孫秉乾，胸多勝筭，守有廉聲。勤訓練色壯旌旗，善拊揖情聯膠漆。靈州營管參將事都司僉書麻濟邦，機智雅通方略，慷慨可耀鋒鋌。分甘騰七萃之歡聲，設險壯三城之遠策。廣武營管游擊事都司僉書江應詔，倚劍揚旌，行伍之威棱頓肅；臥薪當阨，醜虜之窺伺潛消。臣標下中軍都司僉書沈應蛟，守己雅知四畏，論兵窺見一斑。安静無求，緩急可使。坐營都司劉國禎，一身是膽，九死盟心。練兵寢外敵之匪茹，握勝得中權之節制。安定堡守備韓世業，學劍英標有素，揮戈殺氣獨雄。力捍要衝，功多勞瘁。撫夷守備趙維翰，料敵如在暎前，撫虜玩之掌上。弛張得體，謀勇兼資。橫城守備丁繼祖，赳赳武貌，矯矯雄心。守疆息斥堠之烽，植節絕苞苴之議。以上諸臣，飭防訓練，克效勤勞，俱應薦揚，以備擢用。間有任淺者，皆轉自本鎮，例得并薦。内鄧鳳俸資業逾五載，馘斬標著獨勞，名重材雄，將林罕伍，尤應量加府銜，仍需大用者也。

伏乞敕下兵部，再加查議。如果臣等所舉不謬，將鄧鳳等循資擢用,鄧鳳仍量加府銜,以示激勸。庶甄別既明,人知奮勵,而邊疆重鎮,大有攸賴矣。緣係甄別練兵官員,以昭勸懲、以勵人心事理,臣等未敢擅便,爲此具本,專差承差楊清齋捧,謹題請旨。奉聖旨:"兵部知道。"

年終薦舉將材疏

題爲議薦將材,以備擢用事。

案查,先准兵部咨,該本部具題,各邊缺多人少,合候命下,移咨各督撫衙門,會行巡按御史各將所屬衛所指揮、鎮撫、千百戶及各營路中軍、千把總等官,加意諏訪。如果年力精強,才猷諳練,謀勇兼長,緩急可恃者,即於年終酌量奏薦,逐名注考。要見某某宜於衝邊,某某宜於次衝,某某堪任大將,某某堪任偏裨,另爲一疏。惟其人無拘名,數貴乎精,勿當冒濫。等因。題奉聖旨:"是。各衛所武官,材勇堪任的著督撫等官博訪精核,從公奏薦,與武舉相兼備用,不許冒濫。欽此。欽遵。"備咨前來。又准總督軍門咨同前事,准此,俱經通行,欽遵訖。今照三十年終,又備行該道博訪,開報到臣,臣覆逐加評品,所有才勇兼優、可備將材之選者,謹會同總督陝西三邊軍務、兼理糧餉、少傅、兼太子太傅、兵部尚書、兼都察院左副都御史李汶,巡按陝西監察御史吳永裕,爲我皇上陳之。

查得寧夏中屯衛掌印左屯衛指揮同知施大顯,長髯偉度,遠志雄才。雅能抵掌談兵,誓在挺身先敵。正兵營千總、左屯衛指揮僉事馬允登,伐謀秘略,破浪長才。虜寒掃穴威名,人抱裹革勁節。標下前司把總、前衛右所正千戶楊湛,勇敢足媲賁育,韜鈐能諳孫吳。志切枕戈,功當脫款。奇兵營把總、中屯衛右所實授百戶王嘉評,抱藝胸蟠武庫,折衝威振穹廬。久著邊功,夙稱猛士。河西道中軍、左屯衛指揮僉事戴邦治,軍機曉暢,器識精融。談兵韜略一腔,握篹謳歌衆口。寧夏衛掌印本衛指揮僉事張曙,舍矢洞堅飲羽,運斤隨手成風。

智勇罕匹,儀容甚偉。後司把總、右屯衛後所實授百户楊名顯,力可
當關,躍馬精神。趫捷才堪秉障,操弧意氣安閑。正兵營中軍原任都
司、寧夏衛指揮僉事沈光祖,骯髒不群,深沉多智。氣奪烏桓之魄,胸
藏豹略之奇。靈州所管屯本所正千户陳重,孝友行堪勵俗,豪雄念不
爲家。簪弁白眉,戈矛赤幟。靈州營把總、寧夏衛左所正千户郭惟
校,才猷爽練,神采晶瑩。簡兵多超距之雄,禦虜抱犁庭之氣。游兵
營千總、寧夏衛前所實授百户王養廉,疆明標異,蘊藉馳聲。指顧彈
鋏時鳴,規恢維城足賴。金貴堡操守、左屯衛左所實授百户賈助,謀
通三略,雄作萬夫。當敵彼己能知,奮勇湯火可蹈。左屯衛掌印寧夏
衛指揮同知吕應兆,任事勞筋苦骨,操心履薄臨深。聲重賢科,材超
群弁。寧夏衛指揮僉事王聰,偉略應堪靖塞,雄心直欲吞胡。無事不
勤,隨施輒效。靈州所掌印本所指揮同知韓體仁,策虜動關石畫,防
邊熟識機宜。耻有二心,可當一隊。以上諸臣,在施大顯、馬允登、楊
湛、張曙、沈光祖俱堪衝邊,在王嘉評、戴邦治、楊名顯、陳重、郭維校、
王養廉、賈助、吕應兆、王聰、韓體仁俱堪次衝。雖才品各殊,而將略
則閑,總屬疆場利器,可充守備錄用者也。

　　伏乞敕下兵部,再加查訪。如果臣等所舉不謬,將施大顯等酌量
推用,庶邊地不至乏材,而武弁益因以奮勵矣。緣係議薦將材,以備
擢用事理,臣等未敢擅便,爲此具本,專差承差楊清齎捧,謹題請旨。
奉聖旨:“兵部知道。”

查參武職侵盜倉糧疏

　　題爲監收武職侵盜倉糧,謹據實查參,并議責成,以肅邊紀事。
　　據寧夏河西帶管河東兵備道副使高世芳呈,問得犯人王恒吉,年
五十五歲,寧夏衛餘丁,遇例納撥靈州倉攢典。狀招:恒吉,與靈州
等倉散拘在官經收百户吴繼先等,明知寧夏沿邊去處有監守盜糧四
十石以上問發邊衛,永遠充軍事例,各不合故違。内靈州倉百户吴繼

先、攢典張炫,於萬曆二十四年內共侵盜糧一百七十四石零、浥爛糧一百四十九石零、草一千六十二束。玉泉營倉百戶李忠,與另案問軍攢典賈守元等,於二十五年內共侵盜糧六百三十石零、浥爛糧一百四十三石零。靈州倉百戶劉應瑞與恒吉等,於二十五年內共侵盜糧二百九十四石零、浥爛糧二百三十三石零。安定堡倉百戶顧渭、攢典賈世達,於二十五六兩年內共侵盜糧五百四十二石零、草六千二百一十八束。靈州倉千戶夏尚忠、攢典趙守愚,於二十六年內共侵盜糧二百一十八石零、浥爛糧一百三十五石零。足用倉另案。問立功百戶李大榮、問徒攢典孟霞,於二十七年內共侵盜糧六百六石零、浥爛糧四十四石零。石空寺堡倉千戶李希牧、攢典詹仲金等,於二十九年內共侵盜糧一百八石零、浥爛糧二百五十七石零。俱各未完比,各該官攢侵浥前項糧草向未事發,後蒙巡撫黃都御史訪得,撫屬倉場糧草浩繁,節年經管官攢或收多報少,或放少報多,或虛出盜賣,或冒破侵漁,積弊種種,莫可究詰。牌行東、西二道,選委廉幹官員,親詣各該倉場,倒廒拆垛,嚴加查盤。及吊取收支卷簿逐一磨對,中間應究問者就便究問,應參呈者從實參呈,分析造冊轉報,以憑施行。該道依蒙案行理刑李同知及西路管糧王通判、中路管糧韓運同,各詣隔路倉場,吊取收支卷簿,逐加查對,查出前項奸弊,問擬恒吉等軍徒等罪,招解該道,覆審相同。

　　查得軍職吳繼先等贓至滿貫,例該永戍,俱應奏請定奪。等因。招呈到臣,案照,先該臣訪得,所屬倉場積弊多端,因行該道委官盤驗,隨經查出前弊。臣思錢糧關係軍儲,各官又皆世職,一有枉縱,均之非法。又經批行該道覆加查審,及照見行近例,贓至二十兩以上者限一個月,二百兩以上者限三個月,果能盡數通完,例該永戍者,止照本律發落去後。續據該道呈稱:覆查各官侵浥前數,俱各的確,雖照限追,并通未陪補,仍應照原擬參處,俱屬不枉。等因。具招,連人呈解前來,覆審無異。除充軍徒杖人犯,臣得徑行者,批令發遣發落,不敢瑣瀆聖聽外,該臣會同總督陝西三邊軍務、兼理糧餉、少傅、兼太子太傅、兵部尚書、兼都察院左副都御史李汶，看得倉場有侵盜之禁，犯則必懲，邊儲係軍國之需例，尤時特重。吳繼先等監守自盜，贓各有據。緣係軍職，法應參究。參照靈州倉守支、靈州所試百戶吳繼先，玉泉營倉守支、寧夏中屯衛右所實授百戶李忠，靈州倉守支、靈州所試百戶劉應瑞，安定堡倉守支、寧夏衛前所試百戶顧渭，靈州倉守支、靈州所副千戶夏尚忠，足用倉先守支另案，問立功寧夏中衛右所實授百戶李大榮，石空寺堡倉守支、寧夏中衛前所副千戶李希牧，濫明主守，恣肆侵漁，胊法既各有多贓，據例復何辭永成，俱應按法參究，以儆官邪。

　　再照前項侵虧糧草，發覺雖在今日，積弊非止一朝，所據當時管糧各官，似應并議。但查鎮城前後通判如郭英、劉潤、王嗣箕，帶管如同知王從詔，俱該前任撫臣，分別參處。其餘各路，有劣轉去任者，有告病回籍者，俱難再別議外，臣等竊惟本鎮設各路通判，專以管糧為名，誠以邊地錢糧所關者重也。乃積習相沿，反視為泛常之務，而一切出納悉舉而委之倉攢，無怪乎奸弊易滋，而罹法網者之日益眾也。夫錢糧既有專官，則毫忽皆其職掌，與其既犯而懲侵盜，孰若未然而謹關防。臣等懲前慮後，謂宜嚴督管糧各官。以後倉庫錢糧俱要悉心經理，勿輕假手官攢，然必一一清楚，方為"稱職"，但有混亂，即屬息事。唯以錢糧一節，綜核功過，按季注考報部，每年終容臣等行令該道，備將各監收倉庫錢糧通加查盤一次。如各官路屬之內關防無法，致有侵盜糧至五百石、草一萬束、銀二百兩以上者，即以"溺職"議處。其稽查嚴密，別無奸弊者，必以上考優敘，則利害相關，管籥自慎，此亦充實邊餉之一端也。

　　相應具題。伏乞敕下都察院，再加查議上請。合無將百戶吳繼先等，行陝西巡按御史提問如律，徑自具奏。其責成管糧通判一節，乞敕戶部議覆行下，臣等遵奉施行，庶人心益肅，而弊源可清，或亦於邊計有裨補矣。緣係監守武職，侵盜倉糧，謹據實查參，并議責成，以肅邊紀事理，臣等未敢擅便，為此具本，專差承差賈住齎捧，謹題請旨。奉聖旨："該部知道。"

報小池撈鹽分數疏

題爲邊鎮薦饑議處備荒事宜，懇乞聖明，俯賜采納，以保重地，以弭後艱事。

准總督陝西三邊軍務、兼理糧餉、少傅、兼太子太傅、兵部尚書、兼都察院左副都御史李汶會稿，准巡撫寧夏都察院右僉都御史黃嘉善咨，據寧夏河西帶管河東兵備道副使高世芳呈稱：遵照督撫巡鹽案牌行，委寧夏理刑同知李大謙親詣小池，查得每歲額鹽二十萬石，萬曆三十年分管理鹽法，鹽運同知韓初命管理鹽務，固原州同知張之任督，并壩夫撈完鹽一十六萬五千九百八十八石三斗零，逐一盤量，俱已足數，并無虛擬短少情弊，計數已逾八分。其管理有功，各官例應獎勵。等因。到道。覆查相同，轉呈到職，查得小池三十年分撈過鹽數，計完八分以上。所據寧夏河西帶管河東兵備道副使高世芳、鹽運同知韓初命、州同知張之任，督采有法，俱應照例獎勵。等因。咨由到職。

卷查，先准户部咨，該前督臣郜光先款題本部覆議，自萬曆十四年爲始，每年終會同延、寧二鎮巡撫，將二池額課查以完欠分數參治，該道亦視此鹽法，修廢舉刺。又准該部咨，亦該前督臣郜光先等題參撈鹽不及分數官員，該部覆議，恭候命下，移咨陝西總督，并寧夏、延綏各巡撫、都御史，及咨都察院轉行河東巡鹽御史，一體嚴督各道，將小池每年額鹽二十六萬四千八百四十石，大池額鹽二十萬九千八百五十六石，務要撈曬如數，以充邊餉。如再分數不及，該督撫及巡鹽御史，照例查參究治。

又准該部咨，該前督臣葉夢熊因二池額鹽太多，往往撈不及數，以致各官頻受參罰，會疏具題，酌減鹽額，及增重參治之例。該部覆議，恭候命下，移咨三邊督撫及咨都察院，轉行河東巡鹽御史，將大池額鹽二十萬九千八百五十六石，今減去五萬二千四百六十四石，尚存一十五萬七千三百九十二石爲額。小池額鹽二十六萬四千八百四十石，今減去六萬四千八百四十石，尚存二十萬石爲額。以後管鹽官，全完薦揚陞擢，九分、八分分別獎勵，七分、六分獎戒并免，五分重加戒飭，不及五分與四分以下者參治罷斥。等因。俱題奉欽依，備咨前來，遵依訖。所據三十年分二池撈過鹽數，已經通行各該巡撫衙門行道，委官嚴查有無侵擬情弊，據實咨報，以憑具題去後。

今准前因，會稿到臣。除大池聽該鎮撫臣具題外，該臣會同總督陝西三邊軍務、兼理糧餉、少傅、兼太子太傅、兵部尚書、兼都察院左副都御史李汶，巡按山西等處監察御史曾舜漁議照：小池鹽課係戶部每年撥供本鎮邊餉實數，勢難欠缺，以故臣等仰遵明旨，嚴督各官，加意撈辦。茲據所報已逾八分，其所欠年例固不能如額盡充，而約有彝章，亦難以微細盡廢者。所據與事各官，例得議獎，如寧夏河西帶管河東兵備道副使高世芳、管理鹽法鹽運同知韓初命、管理鹽務固原州同知張之任，或程督有方，瘁心綢繆之備，或綜核惟愨，宣力摘發之勤，均應照例獎勵，以示激勸已。該臣等會行獎勵，不敢瑣瀆聖聽外，緣係邊鎮薦饑，議處備荒事宜，懇乞聖明，俯賜采納，以保重地，以弭後艱事理，爲此具本，專差承差張友知齎捧，謹具題知。奉聖旨："戶部知道。"

繳報賞功銀兩文冊疏

奏爲賞功銀兩給散已完，謹遵例造冊奏繳事。

據寧夏河西兵糧道副使高世芳、河東兵備道右參政李起元呈，據理刑同知李大謙呈，造完賞給過兩河萬曆二十七年二月內各營堡獲功首從，并陣亡官軍家丁銀兩數目文冊，及稱共該賞銀三萬一千三百一十二兩八錢。近蒙解到京運馬價銀二萬九千四百四十八兩八錢，尚少銀一千八百六十四兩。遵照案驗，即於本鎮庫貯賞功銀內動支湊放間，臨賞查出亡故軍丁茶害等一十名，各除存日借給銀數各不等，已動正項抵還尚該未領，今應扣存該銀一百二十二兩八錢，隨歸還原動本鎮賞功銀項訖。實動過本鎮賞功銀一千七百四十一兩二錢，請乞轉報，將前散過京運馬價并本鎮賞功銀兩奏報開銷。又稱，獲功軍丁先因賞銀未到，告准明文間，有借動別項官銀半給之數，今俱抵還明白，并無重冒侵漁等弊。册由到道，覆核無異，轉報到臣，據此案查，先准兵部咨“爲逆虜糾衆，西行擾工，官軍奮勇剿殺，仰仗天威，大獲異常奇捷，謹叙有功員役，以勵人心，以重邊防事”。該本部題覆，巡按陝西御史李思孝查勘過萬曆二十七年二月內寧夏黃草灘等處地方功次賞功銀兩，除該鎮賞給外，仍該銀二萬九千四百四十八兩八錢，相應差官，照數解發，合候命下，劄行太僕寺，於常盈庫貯馬價銀內照數動給。車駕清吏司主事楊景淳解赴陝西布政司交收，仍移咨寧夏巡撫衙門差官領回，以爲獲功軍丁王來等賞功之用，完日造册，奏繳青册，送部查考。等因。題奉欽依，備咨前來，續差委官領銀到鎮。查得原題賞銀，除輕重傷優恤小賞各項動支本鎮椿朋等銀開銷外，尚實該銀三萬一千三百一十二兩八錢。因册報數目互異，以致少發銀一千八百六十四兩。該臣看得銀數不多，不敢再行請討。隨移咨兵部議，於本鎮收貯賞功銀內動用開銷，以省續發。該兵部允咨前來，已經牌行該道照數動支，并解到京運共合三萬一千三百一十二兩八錢，分鑿小分，委官親詣各營，眼同將領等官唱名給散。如有逃亡事故，扣除還官，完日册報去後。

　　今據前因，該臣查得前項賞功銀兩，給散、扣除等項俱各明白，中間委無侵冒情弊，既經該道查明，册報前來，相應遵例具奏。爲此除青册咨部查考外，今將造完賞給過本鎮萬曆二十七年二月內各營堡獲功首從并陣亡等項官軍家丁姓名、銀兩數目文册，理合開坐具本，專差承差伊禮齋捧進繳，謹具奏聞。奉聖旨：“兵部知道。”

議修邊堡城工疏

題爲及時包修衝要邊堡，以固保障事。

據寧夏河東兵備道右參政李起元呈，據理刑同知李大謙呈，查得鐵柱泉堡大城與甕城，并各角鋪臺周圍共工長五百四十丈，高三丈二尺，垛墻五尺，共高三丈七尺。底用石條三層，并券門共該石條五千四百五十塊。上用三截磚包頂，用磚漫城門三層，門洞、門臺俱用磚石包券。及城樓、角樓等項共用磚一百九十四萬七千九百餘塊，桶板等瓦、脊獸等件共三萬四千八百餘件。石灰九千四百餘石，磚灰約燒柴八十三萬七千一百餘束。除應用大小梁柱、桁條、椽子等木共二千一百三十八根，行令花馬、興武等營撥軍赴西山采取，及各廠動用免議官銀外，計磚灰燒柴，撥軍采辦，連上架包城，大約十一個月可完。合用匠作一百八十五名，每名日支鹽菜銀一分，口糧米一升五合折銀九釐，共銀一分九釐。軍夫除該堡一百三十名役用外，其餘於兩河各營堡備禦班軍內酌量多寡撥發一千八百七十名，共二千名。每名日支鹽菜銀一分，內軍夫以十一個月爲率，匠作日期不等，并收買顏料、脚價等項，通計該銀七千四百二十七兩七錢四分三釐。初議并討京運，後蒙撫院批令本鎮搜刷。今查出一項節年借出椿朋銀，今陸續補還，內堪動用二千五百兩。一項撫院撫賞節省卧引斗底銀七百二十三兩，亦堪湊用。尚少銀四千二百四兩七錢四分三釐，暫於見貯軍餉銀內借用。除議修惠安城工，餘剩班軍折價銀二千四百一十三兩五錢七分二釐，候解到抵還外，仍該銀一千七百九十一兩一錢七分一釐。工完之日，查果軍餉足用，逕行開銷，如或不足，仍行題請補發，俱屬停妥。合候轉達詳示，將前各項銀兩動給夫匠鹽菜、采柴、燒造，擇日興工。等因。

又據本官呈，查得惠安堡大城與甕城，并添設西門及各角鋪臺周圍共工長四百三十六丈八尺，高三丈一尺，垛墻六尺，通高三丈七尺。

底用石條三層,并券門共該石條五千七百九十塊。上用三截磚包頂,用磚漫城門三層,門洞、門臺俱用磚石包券,及城樓、角樓、南北神閣等項共用磚一百九十六萬九千六百餘塊。桶板等瓦、脊獸等件共九萬四千四百餘件。石灰一萬九千六百餘石,磚灰約燒石炭一十萬一千五百餘石,柴六萬餘束,内石炭於暖泉等處采取。量給工食,除應用大小木植共二千五百三十五根,行令靈州等營撥軍赴西山采取,及各廠動用免議官銀外,計采炭燒造磚灰,連上架包城,大約十個月可完。合用匠作一百九十六名,每名日支鹽菜銀一分,口糧米一升五,合折銀九釐,共銀一分九釐。軍夫一千四百七十五名,每名日支鹽菜銀一分,内軍夫以十個月爲率,匠作日期不等,并收買顔料、腳價等項,通計該銀四千二百九十三兩二錢二分八釐。遵奉明文,不敢覆議討發。備查本鎮庫藏并無應動錢糧,止據兩河備禦漢中、寧羌、鳳翔衛所班軍,比照甘延事例,告要免班,應暫准一年,以聽休息。各軍每名願納解班價銀二兩四錢,計一千二百四十二名,共該納銀二千九百八十兩八錢。及每軍每月遺下各倉月糧五斗,共糧七千四百五十二石。每石折銀五錢,共折銀三千七百二十六兩。通共銀六千七百六兩八錢。於内動用四千二百九十三兩二錢二分八釐,即充本堡支用外,尚餘銀二千四百一十三兩五錢七分二釐,抵還包修鐵柱借過軍餉,作正支銷。及查漢、寧等衛所班軍既准納價,如臨時河東、西安等衛所班軍役用不敷,再於河西各營、西安班軍内查撥赴工,方不誤事。合候轉達詳示遵行,各册由到道。

　　該本道看得,沿邊各堡無一不衝,且城多隸薄,不堪防禦。原議包修止及紅山、惠安者,緣錢糧湊處之難。今復詳加酌議,在今日所宜急圖者,無如鐵柱、惠安二堡。蓋鐵柱地勢衝險,城垣日漸損壞,較之紅山,更屬喫緊。惠安産鹽要地,原宜厚防,相應與鐵柱并修,以爲居民之衛。合候題請明文至日,動支庫貯椿朋、臥斗等銀及暫借軍餉,查給各該夫匠充爲鹽菜、采柴、燒造,先興鐵柱城工,完日,將漢、寧、鳳翔衛所備禦班軍放還一年,准令納價,并省下口糧折銀,聽修惠安支用。其二堡應用木植，俱撥軍於西山采取。紅山工程，俟二堡事竣，另議包修。緣由轉報，到臣。案查，先准兵部咨，該前任巡撫右都御史楊時寧款題"爲恭陳邊備，興革事宜，以少裨安攘事"。本部覆議，看得議修險隘一節，應如所議，其紅山、惠安等堡，候物力稍裕，另議包修。等因。題奉欽依，備咨前來。該臣接管任事，幸值虜款，一切修繕事宜敢復，後時及查鐵柱泉堡雖原未議及，而設當衝險，城復傾圮，隨行該道與前議二堡分別緩急，酌量議修。估報到臣，查前項工程錢糧，俱議討發京運。臣愚，竊謂内帑匱詘，勢必難應。復行該道，仍於本鎮搜索，從長計議去後。

今據前因，該臣會同總督陝西三邊軍務、兼理糧餉、少傅、兼太子太傅、兵部尚書、兼都察院左副都御史李汶，巡按陝西監察御史黃陛議照：邊地城垣乃居民保障，故堅完則可守，而單薄則難恃。所關利害，非眇小也。寧鎮沿邊城堡土築者多，而鹻沙易壞者中復參半，是以隨修隨圮，卒難經久。唯是兵火之後，時詘難以舉贏，而桑土之謀不得不先所急。故前任撫臣議包紅山、惠安二堡，蓋權之審矣。後該兵部題覆，以物力未裕，議俟徐圖，審時度勢，誠有不得不然者。但今虜款無嘩，四郊安靜，乘閑暇而繆牖户，此正其時。若及今不議，仍待充足，必有警而後圖之，亦已晚矣。臣等復查得惠安、紅山雖先有成議，但紅山介在清水、橫城磚堡之間，聲勢相倚，尚可緩圖。至鐵柱泉則地最孤懸，城且蠱壞，惠安堡則中有鹽利，虜所垂涎。所據二堡工程，委應先行料理。其紅山城工，總俟二堡完日，另議包修，似屬妥便。再照鐵柱議用錢糧雖七千四百有奇，然半取之椿朋、卧斗，半借之庫貯軍餉。而惠安所須銀四千二百餘兩，又盡屬之漢、寧、鳳翔衛所班價與省積行糧，上之不煩内帑，下之不病民力，一勞永逸，似於邊計爲得。

既經該道酌議明確，册報前來，又經臣等覆核無異，相應具題。伏乞敕下兵部，再加查議。上請行下，臣等將包修鐵柱、惠安二堡城工應用銀項，照動本鎮椿朋、卧引斗底及班價、糧價等銀各准開銷。

內暫借軍餉之數，候班軍納價照數抵還外，其餘工完之日，查該年餉銀，如果充足即准開銷，中有節省仍歸原項。設或軍餉不敷，另議討補，并一應采木、納班等項事宜，悉照遵行。其督工各官，臨時酌量委用，通候二堡工完，嚴核工程是否堅固，錢糧是否清楚，容臣等將督工文武各官分別勤惰，照例舉刺。修過工程，用過錢糧，造册奏繳，俟閱視按臣至期查閱。紅山城工另議興修，庶捍衛有備，而邊地可恃以無虞矣。緣係及時包修衝要邊堡，以固保障事理，臣等未敢擅便，爲此具本，專差承差駱戴齎捧，謹題請旨。奉聖旨："兵部知道。"

秋防薦舉監司疏

題爲循例薦舉監司官員，以裨安攘，以重邊務事。

准總督陝西三邊軍務、兼理糧餉、少傅、兼太子太傅、兵部尚書、兼都察院左副都御史李汶會稿，查得舊例，兵備等官每歲秋畢年終，該職軍門會同各撫臣甄別具題。續准兵部咨，內稱：練兵一事，俱照《遼東疏》例開注，各司道果能加意整理，一體從優叙錄。又准該部咨，該職題三十一年秋防事宜，俱本部議覆，題奉欽依，備咨前來，通行遵依外，今照該年秋畢歲終，所據在事各官俱應照例錄叙。等因。會稿到臣。

該臣會同總督陝西三邊軍務、兼理糧餉、少傅、兼太子太傅、兵部尚書、兼都察院左副都御史李汶，查得寧夏河東兵備道右參政李起元，圭璋品格，冰蘖心源。恢恢大受規模，表表無雙經濟。河西兵糧道副使高世芳，鼎函識度，石畫謨猷。衝疆多屏翰之助，弘才負鎖鑰之望。以上二臣，悉於兵防有賴，俱應薦揚，以備擢用。內李起元轉自本省，到任正值秋防，例應并薦。

又查得陝西布政司左布政使王民順，率屬高冰玉之標，籌邊諳風雲之變。時轉輸馬騰士飽，嚴稽核弊絕風清。帶管督糧道右布政使王一乾，才可水斷陸剸，政如車輕路熟。吏奉法而飛挽恐後，師宿飽而癸庚無嘩。此二臣者，雖無兵防之責，在王民順總理錢穀，軍需之供億悉賴經營。在王一乾職督稅糧，邊鎮之兵儲全歸徵發。統應并薦者也。

伏乞敕下吏部，再加查核。如果臣等所舉不謬，將李起元等、王民順等紀錄擢用，庶激勸既明，而臣工益勵矣。緣係循例薦舉監司官員，以裨安攘，以重邊務事理，臣等未敢擅便，爲此具本，專差承差駱戴齎捧，謹題請旨。奉聖旨："吏部知道。"

甄別練兵官員疏

題爲甄別練兵官員，以昭勸懲，以勵人心事。

准總督陝西三邊軍務、兼理糧餉、少傅、兼太子太傅、兵部尚書、兼都察院左副都御史李汶會稿，案照，先准兵部咨前事。該本部題，合無通行薊昌、保定、宣大、山西、延寧、甘固各督撫衙門，於年終甄別疏內，將本鎮額定、實在主客官兵，及馬贏、軍火、器械有無增損，召補果否，修舉廢弛，俱照《遼東甄別練兵疏》例開注，以議功罪、定賞罰。等因。題奉欽依，備咨，遵依外，續准兵部咨"爲分布防秋兵馬，以禦虜患，以奠衝疆事"。該職題三十一年秋防事宜，本部覆議，合候命下，移文各該督撫，查照題議事理，嚴督大小文武，相機戰守。秋防畢日，查果信地無失，或應援有功，破格陞賚。如其自分彼此，逗遛觀望，貪功債事，督臣即照欽奉璽書，查其失事輕重。總兵題參究治，副、參以下按法重處。等因。覆奉欽依，備咨前來，通行遵照去後。

今照該年秋畢歲終，所據防練大小各官，隨行各鎮撫臣開報到職，會稿到臣。該臣會同總督陝西三邊軍務、兼理糧餉、少傅、兼太子太傅、兵部尚書、兼都察院左副都御史李汶，備將本鎮防練各官，嚴加甄別。除貪庸不檢中衛管參將事、游擊石棟，玉泉營游擊孫秉乾、屯田都司王盡道、清水營守備陳王道先經閱視，按臣糾劾革任，無庸再議。其任淺勞未、踔樹過細、尚堪策勵者，臣等徑行獎戒。及兵馬、器械實數,造冊咨送督臣,類送兵部查考,俱不敢瑣瀆聖聽外,如協守東路花馬池副總兵王邦佐,恬澹耻同債帥,分合熟諳兵機。嚴邊備,四郊烽静塵清;恤營軍,萬口塗歌巷詠。協守鎮城副總兵鄧鳳,偉貌鷹楊氣銳,沉機豹略胸藏。練兵應律而威振貔貅,臨敵先登而膽消豺虎。平虜營參將武威,追風駿足,破浪雄心。除戎誓旅而絶幕空庭,設險樹防而居民安堵。興武營游擊劉泗,忠懷裏革,氣銳吞胡。綢繆四塞增雄,獎率兩河思奮。鎮城游擊梁富國,才優將略,廉畏人知。三秋多擐甲之勞,七萃感分陰之愛。靈州營管參將事都司僉書麻濟邦,飇動雲流之智,陸剚水斷之才。勤勞委髪膚於疆場,威望息旃裘於壁壘。廣武營管游擊事都司僉書江應詔,負才英偉,砥節堅凝。壯懷誓九死以犁庭,戮力集群策而清孽。坐營都司劉國禎,英風山立,機智淵涵。恤部曲威邕仁流,核戎行馬騰士飽。安定堡守備韓世業,耀武戈鋋,丕振防邊。烽燧時嚴九塞,通才兩河巨擘。撫夷守備趙維翰,操持廉謹,智慮周詳。夷情練而片言息梦,勞瘁多而三市就緒。臣標下中軍守備劉宇旼,魁梧軀幹,沉毅才華。談《詩》《書》雅有儒風,守繩墨尤標捁節。橫城堡守備丁繼祖,偉略桓桓,雄風矯矯。力捍四郊烽静,威行一路磐安。以上諸臣,飭防訓練,克效勤勞,俱應薦揚,以備擢用。内王邦佐資望已深,聲實并邕,且移協花馬衝塞,建樹尤見恢宏,應遇大將員缺推用。鄧鳳勛伐既茂,資俸尤深,且諸虜三市交關,而本官獨肩講折,危險不避,勞最功高,應量加府衙,仍需大用,以勵人心。

又查得石空寺堡守備趙威,穿窬鄙物,斗筲小人。習舊汙盡是侵漁,經再跌全無創忿。以節辰爲自封之計,闔營凑送五十兩,家人趙元科對衆明收。以生日爲厚斂之媒,群伍彙集五十金,軍丁陳寛公行過付。民田豈容侵占,令莊頭崔大美等霸種何玉杰督亢之田,即歲得雜糧三百餘石,心獨安乎?夷物詎可私通,營軍黄秀等强給沙塞外盗買之馬,即匹得價銀一十餘兩,法則訐矣。商人薛汝民本操奇贏之圖,借銀六十兩,并不償還,明係攫金。市閭布行薛四原競刀錐之利,賒布五十疋，竟行誑騙，真同禦寇。都門假貸各糧種四十餘石，朱大儒之徵發有據也，秋收後視爲固有，升合不償。做造小羢帽五百餘頂，梁士官之領受無辭也，交價時得銀五十，錙銖不爽。買馬有例，補丁有例，已非無幾求也，而搜掠尤爲蠆尾。敗壘宜修，頹垣宜修，此則應亟圖也，而怠緩殊不瘝心。始而躬竊夷馬，致啓釁階，繼而虜劫民貲，終爲禍府。饞豺無厭，碩鼠爲奸。此一臣者，貪婪不悛，大壞邊防，所當革任回衛，仍永不叙用，以儆官邪者也。其所遺員缺，係極衝要地，相應就近遴補，庶可緩急有賴。查得督臣另疏見薦固原正兵營千總、浙江金華所鎮撫金成，謀勇素著，薦叙屢膺。然本官生長雖屬南方，樹功久在北塞。且兩舟深入套藪，斬級綴虜，卓勳成勞，前此悉所罕聞，應量陞補石空寺守備，以示激勸。

伏乞敕下兵部，再加查議。如果臣等甄別不謬，將王邦佐等循資擢用，鄧鳳照議加銜，趙威革任回衛，仍永不叙用，金成陞補石空守備，令其勒限任事，庶勸懲既明，人知奮勵，而巖塞重鎮大有攸賴矣。緣係甄別練兵官員，以昭勸懲，以勵人心事理，臣等未敢擅便，爲此具本，專差承差駱戴齎捧，謹題請旨。奉聖旨："兵部知道。"

年終薦舉將材疏

題爲議薦將材，以備擢用事。

案查，先准兵部咨，該本部具題，各邊缺多人少，合候命下，移咨各督撫衙門，會行巡按御史，各將所屬衛所指揮、鎮撫、千百户，及各營路中軍、千把總等官，加意諏訪。如果年力精強，才猷諳練，謀勇兼長，緩急可恃者，即於年終酌量奏薦，逐名注考。要見某某宜於衝邊，某某宜於次衝，某某堪任大將，某某堪任偏裨，另爲一疏。惟其人無拘名數，貴乎精，勿當冒濫。等因。題奉聖旨："是。各衛所武官，材勇堪任的著督撫等官博訪精核，從公奏薦，與武舉相兼備用，不許冒濫。欽此。欽遵。"備咨前來。又准總督軍門咨同前事,准此,俱經通行,欽遵訖。今照三十一年已終,又備行各道博訪,開報到臣。臣復參以聞見,逐加評品。所有屢薦未推、志行無改者,臣不敢遺。賢能可用、得於續訪者,臣不敢蔽。謹會同總督陝西三邊軍務、兼理糧餉、少傅、兼太子太傅、兵部尚書、兼都察院左副都御史李汶,巡按陝西監察御史黃陛,爲我皇上陳之。

　　查得寧夏中屯衛掌印左屯衛指揮同知施大顯,慷慨大風猛士,揮霍疾足高才。未滅匈奴,不營產業。正兵營千總、左屯衛指揮僉事馬允登,千尋器宇,百練才猷。聲久踔絕軍中,勇可橫行塞外。寧夏衛掌印本衛指揮僉事張曙,一腔忠義,不辭肝腦塗原;八面謨猷,可作爪牙靖塞。正兵營中軍原任都司、寧夏衛指揮僉事沈光祖,精神朗徹,氣節堅凝。能窺左策遺編,殆是飛黃逸品。花馬池營中軍左屯衛左所實授百戶賈助,羆虎英標河山,正氣訓練五兵。克振操持,一介恒嚴。河西道中軍左屯衛指揮僉事戴邦治,風標凝重,器識淵深。籌邊時見龍韜,矢志恒甘馬革。後司把總、右屯衛前所正千戶楊名顯,少年英敏,爽氣悠揚。控弦百中稱良,決策六韜能用。河東道中軍靈州所指揮同知韓體仁,百步穿楊技巧,十年磨劍心雄。廉靜無營,端方有度。寧夏衛指揮僉事王聰,銳若發硎之刃,捷同走坂之丸。雅有擔當,足肩盤錯。靈州營把總、寧夏衛左所正千戶郭惟校,才諝駿發,意氣驍騰。恤軍醪繼馳聲,砥節水壺競爽。奇兵營中軍中屯衛署指揮僉事王嘉評,雄姿瑰瑋,壯略深沉。談兵悉九變之形,賈勇奪三軍之氣。靈州所武舉官戴詔,磊磊胸多勝甲,恢恢目無全牛。志切請纓,才雄借箸。游兵營千總、寧夏衛前所實授百戶王養廉,臨財有守,對敵能前。名高介胄之間,志馳伊吾之北。左屯衛掌印寧夏衛指揮同知呂應兆,節概終能如始,猷爲才合於誠。不愧科名,居然國士。鐵柱泉堡操守、後衛指揮僉事盧養材,夷情曉暢,世故旁通。防邊計預綢繆,訓士兵閑節制。以上諸臣,在施大顯、馬允登、張曙、沈光祖、賈助,宜於衝邊;在戴邦治、楊名顯、韓體仁、王聰、郭惟校、王嘉評、戴詔、王養廉、吕應兆、盧養材，宜於次銜。俱堪以才勇備守用，資將來之緩急者也。

伏乞敕下兵部，再加查訪。如果臣等所舉不謬，將施大顯等酌量推用，庶武弁知奮，而邊疆益有賴矣。緣係議薦將材，以備擢用事理，臣等未敢擅便，爲此具本，專差承差駱戴齎捧，謹題請旨。奉聖旨："兵部知道。"

議改管糧府佐疏

題爲遵奉明旨，議改管糧府佐官員，以裨邊餉事。

據寧夏河西兵糧道副使高世芳呈，看得本鎮兵變以來，地方凋敝，當事者憐其元氣未復，每從寬假，故積頑成風，日甚一日。至於倉場宿弊，尤難究詰。蓋緣城堡衆多，倉場寫遠，向來管糧各官未嘗親自經理，是以奸蠹百出，牢不可破，若非管糧官嚴行稽查，終難清楚。顧邊地風寒異常，非體氣强健者不能劻勷，而人情驕玩已極，非職級稍崇者不能彈壓。今奉明文，查議見任通判要將，不宜邊地者改調腹裏。另以科甲知州、推官等官陞補同知，誠於邊計有裨。

今查得河西該同知、通判三員，除理刑慶陽府同知李大謙照舊外，如見任鎮城管糧慶陽府通判邵埨，德器温醇，幹理詳慎。任事甫及年餘，謹守亦無物議。第其質頗柔脆，不耐風霜，責令跋涉衝塞，似非所堪。西路管糧平凉府通判王惠民，端嚴操履，明敏才華。抵任以來，若王應龍等侵欺市貨、黄學香等隱匿屯糧，皆能據法清查，可謂任勞任怨。秖緣舉動稍嚴，遂致武弁相訐，彼此猜忌，已成大嫌。雖汙衊皆屬虚詞，而參商難令同事。本官亦以共城不便，具文求調，非别有規避也。以上二官，均應以原職改調腹裏，接俸管事，其遺下員缺，即以知州、推官、知縣素有才望者，陞授同知代補，庶克有濟。等因。

又據河東兵備道右參政李起元呈，查得河東中、東二路管糧慶陽府通判二員，見俱缺官，合無請乞具題，議改同知職銜，選擇相應才望官員陞補。各緣由回報到臣。案查，先准吏部咨"爲監守武職侵盜倉糧，謹據實查參，并議責成，以肅邊紀事"。准户部咨，該臣等題參侵盜倉糧百户吴繼先。等因。議管糧通判職掌，該户部覆議，看得邊餉錢糧，徵之則百姓脂膏，給之則三軍命脉，年來拖逋，莫若關中。所以然者，緣各鎮司道委之通判。而所謂通判者，名則管糧，實多瘝曠，以致奸弁。爲政乾没成風，恭候命下，本部移咨寧夏巡撫及各邊一體，如議遵行。此後糧官不親收放，任憑官攢武弁出入，以致短少者，年終司道具呈撫按，重加參處。邊方通判，合無移咨吏部，改以同知、推官職銜管理。若果著有成績屢經薦舉者，同知徑陞邊方部道，推官照例行取。等因。具題，奉聖旨："是。各鎮糧儲，係三軍命脉，支放虛實，所關非小，如何該管司道及通判等官都漫不經心，以致侵漁泡爛，委如泥沙，軍士何由得飽。以前的姑不追究，今後悉如卿議行，各邊著實舉行。其通判改銜一事，吏部看了來説。欽此。欽遵。"備咨到部。看得各邊監收自後宜如該部所言，俱授以同知職銜。除見任同知照舊外，其見任通判，先行各該督撫等衙門分別奏請。如某人歷俸年深，曾經幾薦，應加府同職銜管事。某人年淺，應竢久任加銜。某人不堪邊方，應以原銜改調腹裏。以後遇有見缺，容臣部酌量，於知州、推官、知縣等官屢經薦剡者陞補同知，以重事權。又必優其遷轉，果才守俱嘉，著有勞績，不妨保陞邊方部道，以示激勸。恭候命下，移咨户部及行九邊督撫衙門，一體遵奉施行。等因。題奉欽依，備咨前來。又准户部及總督軍門各咨同前事，俱經備行，各道查議去後。

今據前因，該臣會同總督陝西三邊軍務、兼理糧餉、少傅、兼太子太傅、兵部尚書、兼都察院左副都御史李汶，巡撫陝西等處地方、贊理軍務、都察院右副都御史顧其志，巡按陝西監察御史黃陛議照：邊方之最急者無如錢穀，而最易滋弊者亦無如錢穀。寧鎮兵燹之後，倉庾如洗，非獨物力之凋耗，抑以潛虧暗損者交病之也。雖各路設有通判，而料理常不得人。蓋緣向爲此官者，或由初任，或以降斥，不困於吏事之未習，則安於末路之難振。故闒茸者每恣其不肖之心，而玩愒者又不勝疏虞之弊。糧餉之不清楚，職此故耳。今議以同知更置，既已重其事權，而以才望遴補，又復破乎往例，此誠轉移積習之一大機括也。

臣等查得本鎮原設理刑同知一員，管糧通判四員，除見任同知李大謙相應照舊，及中、東二路通判近以劣轉并考察去任，見俱缺官，應聽部推改授外，如河西鎮城管糧通判邵塪，德性和平，才思縝密。其律己臨民，皆無過舉，唯是稟賦原弱，於邊方之風土非宜。西路管糧通判王惠民，才謂英敏，操履端嚴，且摘伏發奸，足稱任事。但既攻訐成嫌，則將來之展布未便。此二官者，通應以原銜改調腹裏，以全器使。內王惠民雖被武弁枅揭，查審盡屬虛誕，原無損於本官之賢聲也。

既經該道酌議呈報前來，相應具題。伏乞敕下吏部，再加查議。合無將通判邵塪、王惠民，俱以原職改調腹裏，接俸管事。所遺前缺并中、東二路員缺，即於知州、推官、知縣等官素有才望者，陞授同知職銜，速令到任管事。應用各府關防，查照換給。俟各官政成績著，容臣等照議特薦，以從優處，庶耳目一新，出納斯慎，而邊儲重有攸賴矣。緣係遵奉明旨，議改管糧府佐官員，以裨邊餉事理，臣等未敢擅便，爲此具本，專差承差駱戴齋捧，謹題請旨。奉聖旨："吏部知道。"

報小池撈鹽分數疏

題爲邊鎮薦饑，議處備荒事宜，懇乞聖明，府賜采納，以保重地，以弭後艱事。

准總督陝西三邊軍務、兼理糧餉、少傅、兼太子太傅、兵部尚書、兼都察院左副都御史李汶會稿，准巡撫寧夏都察院、右僉都御史黃嘉善咨，據寧夏河東兵備道右參政李起元呈，據寧夏右屯衛經歷宋良綸呈稱：本職奉委親詣小鹽池，查得每歲額鹽二十萬石，萬曆三十一年分管理鹽法鹽運同知韓初命、管理鹽務固原州同知張之任、管鹽大使牛純椵報撈鹽二十萬六千一百二十一石，除足額外多撈過鹽六千一百二十一石,逐一查盤是實,并無虛捏情弊。數由到道,覆查相同,轉詳到職。看得小池三十一年撈采鹽石數已逾額,所據管鹽各官,內除鹽運同知韓初命大察去任外,帶管寧夏河東兵備、河西兵糧道副使高世芳接管。該道右參政李起元督采有法,俱應照例薦揚。州同知張之任撈辦雖勤,操持有議,姑與大使牛純瑕量獎示勸。等因。咨由到職。

卷查,先准户部咨云云,俱題奉欽依,備咨前來,遵依訖。其萬曆三十一年分二池撈過鹽數,已經通行各該巡撫衙門嚴查咨報,以憑具題去後。今准前因,會稿到臣。除大池聽該鎮撫臣具題外,該臣會同總督陝西三邊軍務、兼理糧餉、少傅、兼太子太傅、兵部尚書、兼都察院左副都御史李汶,巡按山西等處監察御史曾舜漁議照:小池歲獲鹽課係撥供本鎮年例軍餉,業有定數,少一分則缺一分之支。顧年來撈辦鹽石,雖間有足額,而給軍正餉竟未能解完。蓋緣行鹽地方有限,商販買運不多,致使鹽既壅積,不能盡掣,鹽課所獲,自難取盈。計於年例,僅解及半,勢不容不拖負者。臣等仰遵明旨,嚴加督責,務期鹽辦及數,軍餉解足。茲據所報,撈過鹽石,數已溢額,所據與事各官,除管理鹽法鹽運同知韓初命大察去任,無庸別議,鹽務同知張之任與管鹽大使牛純瑕量行獎勵,不敢瑣瀆外,如帶管河東兵備、河西兵糧道副使高世芳接管該道。右參政李起元夙懷裕國宏猷,共抱安邊遠略。程督嚴而鹽課無闕,率作至而兵食有資。雖在事固有先後,而均於鹺政有裨,俱應優處者也。

伏乞敕下户部,再加查議。合無將副使高世芳等特行紀錄,以勵將來。緣係邊鎮薦饑,議處備荒事宜,懇乞聖明,俯賜采納,以保重地,以弭後艱事理,臣等未敢擅便,爲此具本,專差承差戴保齎捧,謹題請旨。奉聖旨:"户部知道。"

三　年　給　由　疏

奏爲給由事。

竊照臣見年五十六歲，山東萊州府膠州即墨縣人。由萬曆五年進士，本年六月内除授河南南陽府裕州葉縣知縣，九年十月内陞直隸蘇州府同知，十二年十一月内丁父憂，十五年八月内接丁母憂，十八年五月内復除山西平陽府同知，二十年八月内陞大同府知府，二十三年十月内陞山西按察司副使，整飭大同左衛等處兵備，二十六年十月内三年考滿，二十七年正月内陞陝西參政，候代間，本年四月内以考滿保留事例，加陞按察使，仍管大同兵備道事。二十九年六月内准吏部咨爲缺官事，該本部等衙門會推，題奉聖旨：“黄嘉善陞都察院右僉都御史、巡撫寧夏等處地方、贊理軍務，寫敕與他。欽此。欽遵。”備咨到臣，隨於本年八月二十五日到任管事，扣至三十二年七月二十四日止，連閏實歷俸三十六個月，三年已滿，例應給由。

伏念臣拊揗無狀，瘝曠宜懲，應即恭赴闕庭，聽候顯黜。緣臣奉敕巡撫地方，愼守疆場，未敢擅便離任。如蒙乞敕吏部，查例奏請，定奪施行，臣嘉善不勝悚栗待命之至。緣係給由事理，爲此具本，專差指揮彭世爵齎捧，謹具奏聞，伏候敕旨。奉聖旨：“吏部知道。”

保留給由府佐疏

題爲遵例保留給由府佐官員事。

據陝西布政司呈，蒙總督撫按衙門批據慶陽府管理寧夏地方屯田水利、理刑同知李大謙呈“爲給由事”，俱蒙批本司查報，依蒙行據慶陽府申，查得本官見年四十三歲，直隸揚州府江都縣籍，徽州府歙縣人。由舉人萬曆二十三年六月内除授湖廣德安府隨州知州，二十八年十月内陞授今職，二十九年三月二十六日到任，扣至三十二年二月二十五日止，連閏實歷俸三十六個月，三年任滿。任内獎勵十次，并無參罰俸級、公私過名、違礙情弊，并將按察司及守巡兵備各道考注“稱職”緣由，申詳到司。該本司考得，本官材猷揮霍，操履嚴凝。聽訟平兩造之情，督儲起雙清之譽。“稱職”，兹當報最，例應給由。

但查本官設在邊方，專管屯田、水利、刑名，又帶管監收事務，頗爲繁劇，難以離任。合無將本官照例考核具奏，保留在任供職。任內行過事迹，造冊齎部查考。等因。通詳到臣。

卷查，先准都察院咨，准吏部咨"爲酌議考課之法，以肅吏治事"。該本部題，在外官員考滿，方面府佐照舊赴京，有事地方照舊保留。又准吏部咨"爲給由事"，內開：以後凡遇邊方管糧與管漕河府佐，并地方有緊要事情，官員考滿，俱照舊奏留。又准吏部咨"爲酌時宜，陳愚見，以圖省便，以裨聖治事"。該本部題，各省直撫按遇有邊方有司等官，考滿從公考核，據實直書，分別"稱職""平常""不稱職"三等，填注考語，具題給由，以憑本部議處。等因。俱題奉欽依，備咨，遵依在卷。

今據前因，該臣會同總督陝西三邊軍務、兼理糧餉、少傅、兼太子太傅、兵部尚書、兼都察院左副都御史李汶，巡撫陝西地方都察院右副都御史顧其志，巡按陝西監察御史黃陞考核得，慶陽府管理寧夏地方屯田水利、理刑同知李大謙，志向端貞，才諝爽練。鞫獄覆盆畢照，督屯窮蔀相安。"稱職"。茲當任滿，例應給由。第本官設在邊鎮，事務繁劇，屯田水利皆其職掌專責，而代署監收，又屬秋防喫緊，似當照例保留。

相應具題。伏乞敕下吏部，再加查議。合無將同知李大謙准令照舊供職，免其赴部。考滿任內行過事迹，造冊齎部，聽候考核，題請施行。緣係遵例保留給由府佐官員事理，臣等未敢擅便，爲此具本，專差承差戴保齎捧，謹題請旨。奉聖旨："吏部知道。"

奏銷三十年分互市錢糧疏

奏爲套虜畏威悔禍，輸誠納款，懇乞聖明，早定大計，以安重鎮事。

據寧夏河西兵糧道副使高世芳、河東兵備道右參政李起元呈稱：

萬曆三十年分，套虜龍虎將軍切盡黃台吉妻切盡妣吉等酋，於三十一年七月二十六等日起赴邊互市，各酋住牧遠近不同，來市遲速不一，至三十二年八月十一等日方完。陸續在本鎮清水、中衛、平虜三廠通共官易過夷馬三千七十四匹，照依原議格例，各用價值銀貨不等，共用過馬價等銀二萬八千一百二十九兩八錢四分零。商民易過馬、駝、牛、羊八百七匹隻，共抽過市稅銀三十六兩五錢八分零。撫賞宴待大小酋夷貨物、酒肉等項，共用過客餉市稅及樁朋馬價等銀一萬一百六十六兩七錢六分零。并無隱漏稅銀、虛糜錢糧及侵冒科斂等項情弊。及查賓、著等酋，易過馬匹各有減裁之數。緣彼馬不足額，業已講明不補，而以後年分方照舊數全易，計省剩馬價銀五千一百三十餘兩。又中衛廠酋首銀定因在甘鎮生事，畏懼罰服，逡巡不敢近邊，相應待其自至，另行補市。除將官易夷馬查照原議，分發各營內，堪騎者印給無馬軍丁騎操，不堪者變價貯庫，聽充馬價支用外，今將易馬宴賞、用過銀貨，及馬匹毛齒、軍丁姓名造冊呈報。等因。到臣。案查，先准兵部咨前事。該臣等題議各虜續款緣由，并善後事宜，俱經本部覆奉欽依，備咨前來。

又准總督軍門咨同前事，俱遵依在卷。續准本部補發二十九年分馬價銀八百八十兩，三十年分馬價銀二萬二千四百兩，户部咨發三十年分客餉，抵充市本銀一萬兩。各到鎮，隨行該道，查議動支分投，差委通判、經歷等官，前往江南、湖廣等處收買紬段、布皮等物。一面會同鎮守總兵官、都督同知蕭如薰，及督行各該道將選差官通前赴虜巢，傳諭黃婦等枝，各將應貢馬匹進貢到邊，照例宴賞。隨將進貢上馬，并虜官頭目、散夷的名緣由備咨，解送延綏撫臣，轉解宣大軍門，類進留邊馬匹，分給二鎮軍丁騎操訖。續該各酋遵約赴邊，陸續交易，俱各照例宴賞，前後通完。

該臣查得本鎮市期原議隔年，各酋三十一年方市，則應以三十年爲始，而二十九年市賞自應存省，挨充次年之用。遂令在市各官，眼同各夷講折，俱唯唯帖服，立有合同存照。又賓、著等酋市馬，各比舊額減縮,緣彼馬匹不敷。議不續補,故當年馬價亦多節省,若下次馬足,仍聽全易。唯是銀定一酋,向以甘鎮鼠竊,疑懼未至,此後即悔罪叩關,亦應先罰後撫,以重國體,如執迷不悛,另行議處。庶欛柄在我,不至爲彼所愚,而不以既款鬱比鄰,則款事益可堅矣。已將三市用過錢糧、易過夷畜數目及監市酋首、供事官員,查照舊規,各另咨報總督、軍門,類本具題,仍催行各道,清查造冊去後。

今據前因,覆查明確,擬合奏報。爲此今將三廠易馬宴賞、收支銀貨簡明總數,及馬匹毛齒、軍丁姓名造冊具本,專差承差王清齋捧進繳,謹具奏聞。奉聖旨:"兵部知道。"

給由晉秩謝恩疏

奏爲恭謝天恩事。

本年九月二十八日,准吏部咨"爲給由事"。該本部題覆臣三年給由原奏,奉聖旨:"黃嘉善陞右副都御史,照舊巡撫,廕一子入監讀書。欽此。欽遵。"備咨到臣,臣聞命自天,措躬無地,即恭設香案,望闕叩頭謝恩。隨於閏九月初六日,到新任管事外,伏念臣猥以疏庸,誤蒙任使。一籌未展,安攘無當於邊陲;片善罕聞,罪戾徒積於歲月。循省瘝曠,即顯黜已爲遲;顧揣分涯,何意外之敢望。詎意聖慈矜宥,特賜優容,不惟寬其斧鉞之誅,且益煥以絲綸之寵。臺班躋蹬,既叨晉秩以登庸;監胄延廕,復荷推恩而廕子。被榮光於奕世,愈覺魂搖;戴隆渥於高天,唯知恩重。祇切循墻之懼,彌增負乘之慚。雖聖明鼓舞,臣工不靳異數,而爵賞宜旌,才德奚可倖承。蒙被實所難勝,控辭又所不敢,此臣之感懼交并,而踧踖靡寧者也。敢不永矢初心,堅持素節。鞠躬盡瘁,寧辭頂踵之捐糜;竭厲酬恩,誓效涓埃而報稱。臣無任瞻天仰聖,激切屏營之至。緣係恭謝天恩事理,爲此具本,專差指揮張承爵齎捧,謹具奏聞。奉聖旨:"該部知道。"

京察自陳疏

奏爲自陳不職，乞賜罷黜，以公考察事。

照得萬曆三十三年，屬當内察。臣備員三品，例當自陳。伏念臣見年五十六歲，山東萊州府膠州即墨縣人。由萬曆五年進士，授河南葉縣知縣，陞直隸蘇州府同知，復除山西平陽府同知，節陞大同府知府，本省按察司副使按察使。二十九年六月内陞都察院右僉都御史，巡撫寧夏地方。三十二年九月内，以三年考滿，加陞今職，照舊巡撫。

夫臣以一介草茅，仰荷聖恩造植，通籍二十七年所矣。碌碌一無善狀，邊籌尤非所習，不謂誤蒙驅使，濫竽疆場之役。臣感激高厚，何敢受此頂踵。顧寧夏孤懸河外，自昔爲戎馬之場，而時值艱危，又適當殘破之後，公私交困，凋敝不支。而臣才不足以整頓，力不足以劻勷。荏苒雖已三年，虛糜曾無寸補。憚人未息，而閭閻之杼柚猶空也。醜虜乍盟，而桑土之綢繆未固也。循省職業，廢墜實多，百孔千瘡，起之無術。每恐誤事封疆，臣實日夜悚懼。蓋力小任重，原非分量之能戡，而罪積過彰，更復付託之罔效。自揣疏庸，當知止足。兹大計臣工之日，正幽明黜陟之期。不職如臣，首應顯黜。伏乞聖明察臣，非據亟賜罷斥。別選賢能，以充是任。庶汰淘不爽，而計典大昭，且於重地爲有裨矣。臣無任惶悚待罪之至。緣係自陳不職，乞賜罷黜，以公考察事理，爲此具本，專差承差陸虎臣齎捧，謹具奏聞，伏候敕旨。奉聖旨："黄嘉善着照舊巡撫，吏部知道。"

撫夏奏議卷之三

秋防薦舉監司疏

題爲循例薦舉監司官員，以裨安攘，以重邊務事。

准總督陝西三邊軍務、兼理糧餉、少傅、兼太子太傅、兵部尚書、兼都察院左副都御史李汶會稿，查得舊例，兵備等官每歲秋畢年終，該職軍門會同撫臣甄別具題。續准兵部咨，内稱：練兵一事，俱照《遼東疏》例開注，各司道果能加意整理，一體從優叙録。又准該部咨，該職題三十二年秋防事宜，俱本部議覆，題奉欽依，備咨前來，通行遵依外，今照該年秋畢歲終，所據在事各官俱應照例録叙。等因。會稿到臣。

該臣會同總督陝西三邊軍務、兼理糧餉、少傅、兼太子太傅、兵部尚書、兼都察院左副都御史李汶，查得寧夏河東兵備道右參政李起元，偉望英實，并茂雄才。文武兼資，精神運而規爲事事改觀，建豎優而政績班班可考。河西兵糧道副使高世芳，重地雅能安集，計謀時見經綸。戒先衣袽而一路金湯，威憺胡裘而四郊磐石。以上二臣，悉於兵防有賴，俱應薦揚，以備擢用。

又查得陝西布政司左布政使王民順，雄才遠播，恩威偉略，大裨安攘。餽餉相望於道，悉藉供輸；賢聲首推於時，宜資鎖鑰。帶管督糧道右布政使王一乾，率屬節凜嚴霜，分猷令馳迅電。勤飛挽計周絶塞，效劻勷望重巖廊。此二臣者，雖無兵防之責，在王民順總理錢穀，四鎮之士馬咸賴飽騰。在王一乾職督稅糧，三邊之兵儲全歸徵發。

統應并薦者也。

伏乞敕下吏部,再加查核。如果臣等所舉不謬,將李起元等、王民順等紀録擢用,庶激勸既明,臣工知勵,而於塞徼戎務,不無少補矣。緣係循例薦舉監司官員,以裨安攘,以重邊務事理,臣等未敢擅便,爲此具本,專差承差王仲賢齎捧,謹題請旨。奉聖旨:"吏部知道。"

甄別練兵官員疏

題爲甄別練兵官員,以昭勸懲,以勵人心事。

准總督陝西三邊軍務、兼理糧餉、少傅、兼太子太傅、兵部尚書、兼都察院左副都御史李汶會稿,案照,先准兵部咨前事。該本部題,合無通行薊昌、保定、宣大、山西、延寧、甘固各督撫衙門,於年終甄別疏内,將本鎮額定、實在主客官兵,及馬贏、軍火、器械有無增損,召補果否,修舉廢弛,俱照《遼東甄別練兵疏》例開注,以議功罪、定賞罰。等因。題奉欽依,備咨,遵依外,續准兵部咨"爲分布防秋兵馬,以禦虜患,以奠衝疆事"。該職題三十二年秋防事宜,本部覆議,合行各該督撫嚴督大小文武將吏,相機戰守。秋防畢日,查果信地無失,應援有功,破格優薦陞賞。若或自分彼此,逗遛觀望,貪功僨事,督臣即照欽奉璽書,查其失事輕重。總兵題參究治,副、參以下按法重處。等因。覆奉欽依,備咨前來,通行遵照去後。今照該年秋畢歲終,所據防練大小各官,隨行各鎮撫臣,開報到職,會稿到臣。該臣會同總督陝西三邊軍務、兼理糧餉、少傅、兼太子太傅、兵部尚書、兼都察院左副都御史李汶,一一爲我皇上陳之。

除任淺勞未、踔樹過細、尚堪策勵者,臣等徑行獎戒,及兵馬、器械實數,造册咨送督臣,類送兵部查考,俱不敢瑣瀆聖聽外,如協守花馬池副總兵王邦佐,天賦英雄氣概,人推清白操持。分甘絶少而虎旅騰歡,提鼓揮桴而龍沙望重。協守鎮城副總兵鄧鳳,將略孫吳并駕,

英風夷狄知名。功久高於蹀血犂庭，才宜試於建牙推轂。平虜營參
將武威，履霜修備，厲氣防胡。營多哮闞之群，市藉牢籠之策。中衛
營參將王學書，奮厲鵬搏遠漢，威嚴虎據深叢。甌脫絕塵，戈鋋生色。
興武營游擊劉泗，捷如脫兔，節類羔羊。指揮令肅風庭，煦嫗恩饒雨
露。玉泉營游擊楊桂，心源寧靜，才識沉雄。徹桑未雨圓安，擐甲先
身鼓眾。廣武營管游擊事都司僉書江應詔，媯節無慚衾影，小心真若
冰淵。士感投醪，警絕飛檄。坐營都司劉國禎，賈勇千人辟易，提兵
七萃驍騰。揮霍長才，鋒鋩利器。水利都司韓世業，守堡郊無戎馬，
督屯澤滿農桑。勸相心勞，疏排利溥。撫夷守備趙維翰，智足皋牢醜
虜，勇堪捍衛邊疆。四載勤勞，一腔忠義。臣標下中軍守備劉宇旼，
飲冰介節，貫石真心。詩書不愧家聲，籌策克閑邊略。橫城堡守備丁
繼祖，雄標峻偉，豹略淵深。當衝足捍邊陲，備敵不忘薪膽。大壩堡
守備王問臣，才華犀利，氣節冰凝。修水洞處處堅完，練營兵人人鼓
舞。清水營守備李隆，空群膽氣，出色精神。徙薪動蘆先憂，挾纊紛
騰蠆譽。石空寺堡守備金成，涉險獨肩批搗，修防殫力綢繆。疆事修
明，人情愛戴。以上諸臣，飭防訓練，克效勤勞，俱應薦揚，以備擢用。
內王邦佐資望極深，聲實尤茂，改協花馬，著績殊隆，應遇大將員缺推
用，以勵後效。

　　又查得靈州營參將梁富國，術工戀棧，慮憚籌邊。木拱堪憐，嗟
筋力之不逮；龍鍾莫起，悵皮骨之僅存。無智名，無勇功，崦嵫待斃；
不任鎧，不貫札，駑櫪何裨。且言清行濁，變態橫生，貌愿中奸，譎詐
百出。令家人魏元占，軍丁張華、唐成等四十名，通不差操，影射侵
漁，甘充囊橐，而不忌縱。伊子梁綱包樂婦朱玉玉、徐冬兒等二三口，
日夜宣淫，行檢盡壞，致汙帷薄而不羞。占閒伍湖灘一處、荒田二頃，
采草收糧，若固有之，階厲殃民，莫此爲甚矣。強貨易夷馬廿匹、駱駝
廿隻，薄價收買，高價散營，設機騙財，安所用恥焉？卒伍藐之爲朽
材，一無稟畏；鄰酋嗤之如無物，每肆憑陵。數年來無橫草之功，徒爲
倉庾耗蚨，履任久無建旄之氣，誠屬營壘轅駒。精力久隳，疆策不效。

此一臣者所當革任回衛，以儆官邪者也。

伏乞敕下兵部，再加查議。如果臣等甄別不謬，將王邦佐等循資擢用，梁富國革任回衛。庶勸懲嚴明，人知奮勵，而重塞巖疆，大有攸賴矣。緣係甄別練兵官員，以昭勸懲，以勵人心事理，臣等未敢擅便，爲此具本，專差承差王仲賢齎捧，謹題請旨。奉聖旨："兵部知道。"

年終議薦將材疏

題爲議薦將材，以備擢用事。

案查，先准兵部咨，該本部具題，各邊缺多人少，合候命下，移咨各督撫衙門，會行巡按御史，各將所屬衛所指揮、鎮撫、千百戶，及各營路中軍、千把總等官，加意諏訪。如果年力精強，才猷諳練，謀勇兼長，緩急可恃者，即於年終酌量奏薦，逐名注考。要見某某宜於衝邊，某某宜於次衝，某某堪任大將，某某堪任偏裨，另爲一疏。惟其人無拘名，數貴乎精，勿當冒濫。等因。題奉聖旨："是。各衛所武官，材勇堪任的著督撫等官博訪精核，從公奏薦，與武舉相兼備用，不許冒濫。欽此。欽遵。"備咨前來。又准總督軍門咨同前事，准此，俱經通行欽遵訖。今照三十二年已終，又備行各道博訪，開報到臣。臣復殫心查核，逐加評隲。所有得於聞見之真者一十七人，謹會同總督陝西三邊軍務、兼理糧餉、少傅、兼太子太傅、兵部尚書、兼都察院左副都御史李汶，巡按陝西監察御史黃陞，爲我皇上陳之。

查得寧夏中屯衛掌印左屯衛指揮同知施大顯，握篆蕭然寒素，談兵卓爾豪雄。燁燁聲華，桓桓德器。正兵營千總、左屯衛指揮僉事馬允登，昂霄偉幹標柱，雄心控弦七札。能穿橫槊，重圍可破。寧夏衛掌印本衛指揮僉事張曙，六韜講藝，九死盟心。可當虎豹重關，信是干鏌利器。正兵營中軍原任都司、寧夏衛指揮僉事沈光祖，負奇氣不群，讀古書能用。清修國士，卓犖材官。靈州管河湃原任參將、寧夏左屯衛指揮僉事趙寵，評高月旦，望懾天驕。防河績茂回瀾，靖塞心雄擊楫。河東道中軍靈州所指揮同知韓體仁，精强骨幹，慷慨心胸。鼓餘勇直篲鯨鯢，挽長纓可繫狐鹿。河西道中軍左屯衛指揮僉事戴邦治，激烈不辭湯火，真純可格豚魚。威肅傳宣，恩洽統馭。靈州營把總、寧夏衛左所正千戶郭惟校，深沉有執，機警多謀。吞胡烈氣凌霄，死綏丹心耀日。標下前司把總、寧夏衛指揮僉事王聰，矢志塗原，潤草論兵，吐氣揚眉。表表才名，亭亭節概。奇兵營中軍中屯衛指揮同知金汝卿，料敵筭無遺策，對壘勇敢先登。北塞馳聲，南征著績。靈州所武舉官戴詔，温同和璧，敏類吳鈎。步趨規矩准繩，談説詩書禮樂。後司把總、右屯衛前所正千戶楊名顯，投醪恤士吐哺，除戎才鋒穎脫。囊中氣節，鋩生劍底。後衛管屯、本衛指揮僉事盧養材，一段玲瓏爽氣，滿腔磊落忠猷。見事風生，當機刃解。花馬池營中軍左屯衛左所實授百戶賈助，雄偉英標，堅凝勁節。牗戶捍防恒預，車徒簡練時勤。靈州營中軍靈州所正千戶王承恩，襟懷超曠，策畫縱橫。防胡志在沙場，練士陣成雲鳥。游兵營千總、寧夏衛前所實授百戶王養廉，操履沉循有度，心源恬愉無華。斬馘多功，解推共戴。左屯衛掌印寧夏衛指揮同知呂應兆，臨事瞿瞿克慎，籌邊鑿鑿可行。緩帶儒風，請纓壯略。以上諸臣，在施大顯、馬允登、張曙、沈光祖、趙寵、韓體仁、王聰、金汝卿，宜於衝邊。在戴邦治、郭惟校、戴詔、楊名顯、盧養材、賈助、王承恩、王養廉、呂應兆，宜於次衝。雖大將偏裨，未敢預擬，而懷才抱品，皆足捍疆。均應隨才器使，以盡其長者也。伏乞敕下兵部，再加查訪。如果臣等所舉不謬，將施大顯等酌量擢用，庶材官奮勵，而衝疆有攸賴矣。緣係議薦將材，以備擢用事理，臣等未敢擅便，爲此具本，專差承差王仲賢齎捧，謹題請旨。奉聖旨："兵部知道。"

長 史 患 病 疏

題爲患病不能供職，懇乞具題休致，以延殘喘事。

據寧夏河西兵糧道副使高世芳呈，蒙臣批據慶府長史司左長史曾嘉襃申稱：本職見年四十六歲，原籍湖廣黄州府麻城縣人。由舉人，萬曆二十六年内由貴州貴陽府同知轉授今職。二十七年二月内到任，三十年十二月内加陞正四品。服俸正宜勉竭，犬馬圖報高深。不期近年以來，濕痰舉發，喘嗽不已，氣血兼虛，已成不療之疾，若非投閑林野，難望再生。懇乞具題放還。等情。奉批仰河西道查報，依蒙行據理刑同知李大謙呈，查得左長史曾嘉襃，屢以宿疾請告，節蒙上司勉留，今復陳乞不已。緣本官委的病苦嬰身，似難復留。緣由備呈到道，該本道看得左長史曾嘉襃，品格端方，問學博雅，冲王資其啓沃，庶宗憚其威棱，蓋輔導中之稱良者。乃年來以宿痰未愈，屢請歸休。覆查情已真切，似應准從。合無請乞具題，准令致仕回籍，員缺另行銓補。等因。到臣。

卷查，先據長史司申前事，已經批行該道，查報去後。今據前因，該臣會同巡按陝西監察御史黄陛議照：慶府左長史曾嘉襃，性資耿介，學識沉潛。當藩王幼冲之年而贊導多方，弼成令德；值塞徼艱危之日而劻勷匪懈，備極苦心。以故宗儀相安，上下悦服。前歲題加服俸，重示勸酬，蓋欲藉其久任之力也。不謂嬰疾危篤，懇切告歸。即臣留之再三，而病勢日深，遽難望起。該司固非繁署，卧治亦非所宜。

既經該道查核真實，原非假託，所據乞休情節，似應准從，相應具題。

伏乞敕下吏部，覆議上請，將左長史曾嘉襃准令致仕，回籍調理，遺下員缺，另行銓補。庶輔導有資，而宗藩無廢事之虞矣。緣係患病不能供職，懇乞具題休致，以延殘喘事理，臣等未敢擅便，爲此具本，專差承差姚海齎捧，謹題請旨。奉聖旨："吏部知道。"

報 災 異 疏

題爲地方灾異事。

據寧夏河東兵備道右參政李起元呈，據花馬池營副總兵王邦佐塘報，本年四月初三日酉時分，西北風霾大作，闔城軍民共見一星如火，墜落本營迤東地方。又據小甲盧夢陽等稟稱，軍門行署門首旗杆斗上忽出火光。居民王伯等稟稱，鼓樓頂上亦有火光。鼓手沈春稟稱，本職公署大門并中廳脊獸兩口各吐火出。本職逐處觀看，許久方息，事出異常。等因。到道，該本道覆查相同，備由呈詳到臣。該臣會同總督陝西三邊軍務、兼理糧餉、少傅、兼太子太傅、兵部尚書、兼都察院左副都御史李汶，巡按陝西監察御史黃陛，看得災由人召，變不虛生。據報星火隕於近郊，火光突出數處，而且衆目共見，久之方息，此誠異常之咎徵也。臣等不諳占候，然稽之往牒，火爲兵象，而星乃金之散氣，隕亦主兵，乃今并見一時，可爲駭異。況花馬逼鄰虜藪，止隔一墻，地控長城，極屬險要，向來二三醜虜，雖皆受我皋牢，而變幻戎心，難保終無攜貳，思患未然，誠可深慮。兹風霾星火，適當此地，或者天心仁愛，故預示以多事之兆，未可知也。除臣等痛自修省，異圖消弭，及通行大小將領等官，申嚴戒備，期於疆場無虞外，緣係地方灾異事理，爲此具本，專差承差姚海齎捧，謹具題知。奉聖旨。

查參市貨違式府佐疏

題爲市貨違式，查參承委官員，以肅法紀事。

據寧夏河西兵糧道副使高世芳呈，蒙臣批據該道委官驗過通判邵墇買完市貨等第，并議減補價銀詳由，蒙批據呈段梭等物，中等稍堪市賞，下等難以市賞。今查所定中等止十之五六，而下等者甚多，不知留此將安用也。委驗各官止知顧惜體面，量議減補，此不過權了目前，而於利害未暇思耳。如後日夷人不領，誰執其咎？所賠有限，誰能買補？與其留爲棄物，何若不概濫收。且前項物價，既與往年相同，緣何貨不如式？中間情弊，未可置之不問。仰再嚴查詳報，不至後來貽累可耳。蒙此覆行理刑同知李大謙、管糧同知張仕周查議去後。今據會呈，遵將前項段、絹、紬、梭逐加覆驗。

查得邵通判原買中段一千二百疋，每疋價銀一兩一錢，内合式一百四十二疋。中等稍堪五百七十三疋，每疋減價銀一錢五分，共銀八十五兩九錢五分。下等不堪四百八十五疋，每疋追補原價銀一兩一錢，共銀五百三十三兩五錢。下段一千五百疋，每疋價銀五錢五分，内合式一百六十九疋。中等稍堪七百三疋，每疋減價銀一錢，共銀七十兩三錢。下等不堪六百二十八疋，每疋追補原價銀五錢五分，共銀三百四十五兩四錢。

杭絹一千二百疋，每疋價銀六錢，内合式三百八十五疋。中等稍堪七百一十五疋，每疋減價銀四分，共銀二十八兩六錢。下等不堪一百疋，每疋追補原價銀六錢，共銀六十兩。綿紬一千二百疋，每疋價銀六錢，内合式二百六十六疋。中等稍堪四百五十一疋，每疋減價銀一錢，共銀四十五兩一錢。下等不堪四百八十三疋，每疋追補原價銀六錢，共銀二百八十九兩八錢。

青梭六千疋，每疋價銀一錢四分，内合式一千七百八十一疋。中等稍堪一千四百二十九疋，每疋減價銀二分，共銀二十八兩五錢八分。下等不堪二千七百九十疋，每疋追補原價銀一錢四分，共銀三百九十兩六錢。藍梭四千五百二疋，每疋價銀一錢二分五釐，内合式一千二百五十八疋。中等稍堪五百九十二疋，每疋減價銀二分，共銀一十一兩八錢四分。下等不堪二千六百五十二疋，每疋追補原價銀一錢二分五釐，共銀三百三十一兩五錢。紅梭四千二百五十二疋，每疋價銀一錢二分五釐，内合式一千八百三十三疋。中等稍堪二千四百一十九疋，每疋減價銀二分，共銀四十八兩三錢八分。綠梭四千七百四十六疋，每疋價銀一錢二分五釐，内合式二千一百一十三疋。中等稍堪二千六百三十三疋，每疋減價銀二分，共銀五十二兩六錢六分。白梭四千五百疋，每疋價銀一錢二分五釐，内合式一千二百六十五疋。中等稍堪一千九百三十五疋，每疋減價銀二分，共銀三十八兩七錢。下等不堪一千三百疋，每疋追補原價銀一錢二分五釐，共銀一百六十二兩五錢。

　　以上減價并追補原價，通共銀二千五百二十三兩四錢一分。俱照數於本官名下追送廣裕庫，收入正項支銷，取具實收繳報。等因。冊由到道，該本道覆驗相同。看得通判邵壈置買互市貨物，所領之價皆與先年相同，而所置之貨則遠不如昔，無論下等數多，即所稱堪用，亦且精粗相半。據議中等稍堪市賞，姑應量行補價，准其收庫，若其下等不堪者，留之不但無用，且占市本，俱應照數退還，變價交庫，俟下次委官帶買。及照本官市貨不堪，似乎中有情弊。但據本官執稱，蘇杭抽稅，絲綿價高，又兼催運急促，行戶揣勒，以致貨物違式，情亦可信，伏候裁奪。等因。轉報到臣，案照，先該臣查得本鎮三廠歲用市賞貨物，庫貯不敷，行據該道呈，委本官領銀六千六百七十五兩，并給庫貯各色段梭式樣，前赴蘇杭收買。臣仍遵照題奉欽依事理，申諭本官，務要實心幹濟，置買合式。如或不堪，及有扣剋情弊，定行從重參處。并移咨彼中巡撫衙門轉委府佐一員，公同收買。續據本官押運各貨到鎮，隨案行該道一一查驗，是否如式堪用，價值果否相當，分別等第開報。仍每樣量抽數箱，同原發式樣一并呈驗。續據開呈原貨，該臣當堂抽驗，率多違式，及據詳報，酌減價值，緣由前來。又經批駁去後。

　　今據前因，除應追補價銀催并交庫，另附委官帶買，聽充市賞外，該臣會同總督陝西三邊軍務、兼理糧餉、少傅、兼太子太傅、兵部尚書、兼都察院左副都御史李汶，巡按陝西監察御史黃陞議照：市貨關乎夷情，事至重也。禁例節經申飭，法至嚴也。通判邵壈，既承委用，宜何如？其為敬慎者，乃收買市貨，大不如式。若曰此終夷物也，而精粗可勿計，將恐貯之在官，竟無實用，而用之撫賞，重失夷心。況本鎮匱詘已甚，湊處極難，即錙銖毫忽，皆當省嗇，奈何聽其虛費，以滋後日濫觴之端耶？據議，稍堪者分別減補，不堪者追還原價。雖亦無損正項，唯是往返誤事，無濟交關，追補數多，有干嚴禁。即使為騶儈之所愚，亦終是馳驅之罔效，若不據法查參，其何懲警後日？參看得原任寧夏鎮城管糧慶陽府通判、今聽改腹裏邵壈，意氣不揚，才識更闒。市貨多無用之物，豈其伎倆全疏。受直甘怠事之愆，真是短長無術。所據疏庸，法難曲貸，即褫革亦不爲過。第料理限於才力，而查核未有別情。且其在鎮日少，素守無疵，似應重加降處，以示懲創者也。

既經該道覆查，呈報前來，相應具題。伏乞敕下吏部，再加查議。如果臣等所言不謬，將通判邵塯查照降處，以爲誤事者之戒。

再照市貨一事，積弊多端，然要之不外於委官之侵剋、行户之騙勒。向緣隔省難查，往往姑息，以致貨物不堪，日甚一日，不可不及。今一申禁也，合無乞敕兵部，轉行應天、浙江撫臣，一體申飭。以後如遇本鎮委官領銀到彼，但有染指行私、不照原價分發者，即許行户陳稟，徑聽查實參究。如行户結黨誆騙，揹勒不交，直至臨市用急，始以低貨塘塞者，彼中原委府佐，亦即嚴行究比，不得以彼此緩視，致差官藉口。而到鎮之日，臣復嚴查，其或中有違式，一如今日參懲，如此則督責既嚴，而弊竇可塞，或於市事有裨益矣。緣係市貨違式，查參承委官員，以肅法紀事理，臣等未敢擅便，爲此具本，專差承差姚海齎捧，謹題請旨。奉聖旨："該部知道。"

查參武職侵盜疏

題爲監守武職，違例侵盜，謹據實查參，以重邊計事。

據寧夏河西兵糧道副使高世芳呈，問得犯人張仕，年三十一歲。先充寧夏倉攢典，今擬永軍未遣。狀招：仕等與在官百户盛盟經收寧夏倉糧料，盛盟不合故違"沿邊錢糧，有侵盜四百石以上，照本律仍作真犯死罪，係監守者斬，奏請定奪"事例，與仕等於萬曆三十年内侵盜原收二十九年分"閏"字廠屯豌豆一百八十三石五斗零，"暑"字廠屯小麥二百八十九石四斗零，三十年分"辰"字廠屯豌豆一百七十二石。又於三十一年内侵盜三十年分"秋"字廠屯青豆一百二十五石八斗零，三十一年分"秋"字廠屯豌豆一百八十九石二斗零，"冬"字廠屯小麥三十三石九斗零。共糧料九百九十三石零，內盛盟侵分四百九十六石九斗零，限內陪完二百二十一石七斗零，其餘未完。寧夏右倉百戶馬勇，不合故違斬罪前例，與今擬永軍攢典劉麒等，於三十年內侵盜原收二十九年分"奈"字廠還官屯青豆六十六石六斗零，"珍"字廠屯青豆一百五十三石三斗零，三十年分"珠"字廠屯豌豆九十一石四斗零，"重"字廠屯小麥二百一十五石三斗零，"芥"字廠銀易小麥一十石零，銀易豌豆一百一十三石四斗零，"薑"字廠鹽小麥一百五石四斗零，"稱"字廠屯青豆一百八十七石五斗零。共糧料九百四十二石零，內馬勇侵分四百七十一石七斗零，限內陪完三十三石一斗零，其餘未完。比各該官攢侵盜前項糧料向未事發，後蒙巡撫黃都御史憲牌照得，三十一年已終，應該遵照題准新例歲查，仰道選委廉幹文職，親詣各路倉場庫局，自前次查盤後，三十年閏二月起，至三十一年終止，將各經收糧草銀兩逐加嚴查，及吊取收支卷簿一一磨對。要見舊管、新收、開除、實在各數，與原報循環邊儲冊有無相投。內某某處查無奸弊，某某處被某某侵盜過銀糧、料草各若干，據實招詳。其干礙管糧通判、監守武職一并參呈，以憑施行。

該道依蒙案行理刑李同知、西路王通判各詣隔管路屬倉場庫局，將糧草倒廠、拆垜銀兩秤盤，各細加查驗。內除收支無弊者另行造冊具報外，蒙查出前項奸弊，問擬仕等軍徒罪名，并將盛盟等參呈到道，覆審相同。看得官攢盛盟等主守邊倉，肆行侵盜，內盛盟、馬勇贓逾四百，例該擬斬，仍應奏請定奪。張仕等贓各有據，俱應分別遣配。及稱該管通判，自三十年閏二月起，至三十一年二月止，係大察去任。通判劉分桂及調任通判邵墇，經管自本年三月起，至年終止，係理刑同知李大謙帶管。但劉分桂已經去任，邵墇亦已議調，似應免議。李大謙帶管雖僅十月，而關防無法，典守難辭。第各犯侵盜多係三十年內，查本官任內，止盛盟等三百餘石。且該年各路一時缺官，三廠互市，一應撫賞出納、馬匹估驗皆係本官經理。至於派田徵糧，修渠俵水，又百責攸萃，鞭長不及馬腹，亦勢也，似有可原。等因。

招呈到臣。案查，先該臣因本鎮監守官攢往多侵盜，管糧各官不肯着實經理題議，申明職掌，及年終查盤事例，該戶部覆奉欽依，備咨前來，通行欽遵訖。續據詳報前因，臣復以事關世職，難遽輕議，覆行該道，再加研審。并照見行事例，贓至二十兩以上者限一個月，二百兩以上者限三個月，果能盡數陪完，罪准末減。過限不完，各依本等律例，盡法議處。速報去後。今據覆呈，侵盜前數，俱各的確，依限追贓，未據完納，仍應照依原擬參處，均屬不枉。等因。前來。覆詳無異。除充軍徒杖人犯如張仕、劉麒等臣得徑行者，批令發遣發落，不敢瑣瀆聖聽外，該臣會同總督陝西三邊軍務、兼理糧餉、少傅、兼太子太傅、兵部尚書、兼都察院左副都御史李汶，看得邊鎮錢糧，關係最重。主守侵盜，明禁昭然。百戶盛盟等乃敢弁髦法紀，恣肆侵漁，屢經核勘已明，仍復延捱不補，例既有違，法難輕貸。參照寧夏倉守支、寧夏衛前所實授百戶盛盟，寧夏右倉守支、寧夏前衛前所實授百戶馬勇，術工鼠竊，性類狼貪。染指邊儲，甘觸禁而不顧；居心利窟，敢損餉以自封。計贓於例俱浮，據法重刑不枉，俱應照例參究，以儆官邪。至於前後管糧各官法應并究，但通判劉分桂已考察革任，邵壋經管未久，已議調腹裏，俱應免議。同知李大謙既屬代庖，難辭疏縱。唯是該年各路缺官，三廠相繼互市，一切封俵水利、估驗夷馬、稽查撫賞，皆交萃本官之一身，顧此失彼，耳目難周。且其帶管年分之內糧亦不多，較之各路專官獨司餉努者情稍可原，似應量行罰治，以示懲儆者也。

相應題請。伏乞敕下都察院，再加查議上請。合無將百戶盛盟等行陝西巡按御史提問如律，徑自具奏去任，通判劉分桂等姑免追究，見任同知李大謙量行罰治，庶人心知儆，而邊儲有攸賴矣。緣係監守武職，違例侵盜，謹據實查參，以重邊計事理，臣等未敢擅便，爲此具本，專差承差王鎮齎捧，謹題請旨。奉聖旨："都察院知道。"

恭報狡虜入犯斬獲首功疏

題爲狡虜背盟入犯，官兵戰堵出邊，斬獲首功，地方保全無虞事。

據寧夏河西兵糧道副使高世芳呈，奉督撫兩院憲牌，仰道即查鎮朔堡犯搶達賊的係若干，是否銀、歹部落，各賊原於某日時從某邊段入犯，殺掠人畜與陣亡士馬的有若干，斬獲首級是否真正强壯，有無隱匿失事別情，并選差通官，詰責著宰等酋。銀、歹向犯甘鎮，緣何不聽罰處，輒復要挾内訌，深屬叛逆，先行革賞，仍通行路將，如遇復犯，即便大行剿殺。一面諭各款虜安静住牧，不得驚惶，助逆壞事。詰查明白，速詳呈報，以憑會題，依奉行據理刑同知李大謙呈稱：查勘得，酋首銀定、歹成自本鎮續款以來節犯甘鎮，已蒙選差通官詰責著宰，傳示罰處間，續據二酋屢差夷使，講討新舊市賞，仍於舊規之外横索金、帛、虎皮等物。因查舊簿原無，屢經曉諭，回巢去訖。續該平虜營參將武威塘報，據操守官李廉等報稱：據巡邊夷人湃戶等密報，銀、歹二酋因挾賞不遂，在於山後聚兵三四百，要進邊犯搶。

又據玉泉、廣武二營游擊楊桂等塘報，情詞相同，當蒙該道遵照督撫節行防備事宜，會同蕭總兵督發奇兵營把總沈福益、原任守備曹以忠帶領，挑選正、奇、游三營精健家丁三百，前去鎮朔等堡設防。仍於沿山緊要水口各分布鎮兵，與各路官兵嚴加堤備間，偶於本年五月二十二日辰時分，虜賊精兵三百餘騎穿戴盔甲，由鎮朔堡地方小水口闖入。有望烟墩哨丁李尚義瞭見前賊，舉放烟砲。又有別口復入虜賊數名，亦穿戴盔甲，俱各撒馬。把總沈福益督統前兵，與賊相遇，隨令通丁向前講折。各賊稱係銀定、歹成部落，因求添市賞不與，要來刁搶。撫諭不從，撲砍一處。自辰至午，鏖戰數陣，被我官兵槍砲打傷數多，賊衆潰亂。又平虜參將武威統兵馳至，兩相夾攻，就陣斬獲首級九顆，奪獲戰馬九匹，夷器一百一十四件。各賊敗遁，從汝箕口出境去訖。各官收兵回營，查得陣亡軍丁王良輔等六名，回營身故吳進忠等七名，重傷宋海等一十七名，輕傷劉天真等四名，射死官馬三十一匹，搶去盔甲六頂副，民間驢、牛四十頭隻，俱各是的。斬獲虜首俱係真正强壯男子，地方再無搶掠失事重情，亦無買冒隱匿等弊。其獲功軍丁，已蒙撫院查照見行事例，每名先給小賞銀三兩、梭一疋、布一疋，共銀二十七兩，梭、布一十八疋。陣亡六名，每名先給棺木銀一兩。重傷一十七名，每名給湯藥銀五錢。輕傷四名，每名三錢。共銀一十五兩七錢，俱於撫賞銀內動給。其斬獲首級九顆，審俱願賞，計爲首鍾承恩等九名，每名該銀五十兩，共銀四百五十兩。爲從王良等九名，每名該銀二兩，布二疋、折銀四錢，共銀二十一兩六錢。陣亡願賞，有父子王良輔等六名，每名該優恤銀三十兩，共銀一百八十兩。回營身故吳進忠等七名，每名該銀一十五兩，共銀一百五兩。以上通共銀七百五十六兩六錢。亦奉撫院明文，於庫貯懸賞銀內照數動給，以示鼓舞訖。把總沈福益斬獲部功，例應敘陞。在陣射死官馬三十一匹、搶去盔甲六頂副，俱令各營查照開銷。奪獲戰馬九匹，內倒死三匹、見在六匹，照例三分入官變價，聽候小賞支用。其餘七分并奪獲夷器，俱給原獲軍丁。

　　充賞緣由，呈報到道。該本道覆核無異，除獲功軍丁分別首從，與領兵把總部功及傷亡軍丁等項造冊，候按院核勘外，看得虜酋狡詐，惟銀、歹爲最。在歹成，雖完三十年互市，而三十一年市賞尚欲分外挾索。在銀定，自續款至今，通未赴市，止差好人多索宴賞市馬。二酋因未遂欲，屢次聲言入犯，已經節行各路，申嚴戒備，及督發鎮兵設防，相機撫堵。今果有二酋部落闖關入犯，把總沈福益督兵迎敵，參將武威聞警馳至，斬馘雖止九顆，然槍砲打傷賊夷，不可勝計。次日，通丁瓦四回自虜營，執稱，親見各賊出邊被創死者十二人，重傷者十八人，則此戰不可謂之無功矣。所據獲功員役與夫陣亡、被傷軍丁，委應照例題請陞賞。其銀、歹二酋無故稱兵，背盟入犯，所有市賞已遵照停革，及選差通官，詰責著宰等酋，銀、歹向犯甘鎮，緣何不聽罰處，輒敢突然內犯。一面傳諭各枝款虜，俱要安靜住牧，不許助逆壞事。一面嚴行各該將領等官,加謹防備,如二酋仍敢侵犯,即便相機剿殺。如或悔罪乞哀,甘認罪罰,及送出原搶頭畜,另行酌處。通行遵照訖。等因。轉報到臣,案照,先據平虜營參將武威、玉泉營游擊楊桂等各節報,銀、歹部落聚結山後,假以挾索添賞爲由,意圖侵掠,已經通行兩河道將嚴加防備。及差撥三營官兵,於鎮朔等堡駐防。隨經曉諭赴防各官,若虜果擁眾進邊,務先講譯明白,方行禦堵。如或安靜住牧,不得輕率舉動,致啓釁端。續據武威等塘報賊虜入邊搶犯、官兵斬獲功緣由,及解驗首級到臣,隨牌行該道,逐加查核去後。

今據前因,除嚴行各該路將比常萬分加謹,及增撥鎮兵,分駐邊堡,以防報復外,該臣會同總督陝西三邊軍務、兼理糧餉、少傅、兼太子太傅、兵部尚書、兼都察院左副都御史李汶議照:銀、歹二酋素稱狡獪,雖向在本鎮續款,而蹤迹靡定,情形閃爍。歹成雖完三十年市事,而三十一年者尚猶未市。銀定則全未交關,且復屢犯甘鎮,不聽罰處。臣等於前報市完疏內已分別具題矣。去歲黃婦、著宰等酋相繼赴市,彼獨違拗不前,駕言馬瘦。近節據夷稟,皆欲於舊賞之外另議加增,不思市賞有額,誰敢曲狗。一酋溢於例外,則各酋皆生覬心,是以屢次講折,皆明示以難加之意。乃二酋挾索未遂,蓄憤思逞。遂爾彼此合謀,縱兵內犯,意在掩我不備,大肆鴟張。不謂狡謀得於偵探,而內地幸有堤防,卒使進而失利,得獲首功,地方未遭蹂躪,夷眾實被創殘。

是役也,釁由彼作,過非我先,雖所獲之級止於九顆,然以本鎮久疲之地,人心狃款之時,以我三百當彼三百,堂堂血戰,剉彼狂鋒,亦足以杜外夷之窺伺,而伸中國之威嚴矣。其各丁獲功大賞,并亡故優恤銀兩,已經於本鎮庫貯懸賞銀內照例動給,以示激勸。至如二酋挾賞寒盟,均爲叛逆,其原有市賞,合先停革,如再生心內訌,自應遵照明旨事理,相機剿殺,以彰天討。若或悔禍認罪,乞憐哀懇,容臣等再察情形,斟酌議處。臣等再照,從來夷狄,原自向背靡常,制禦機宜在

於恩威互用，故因款羈縻，權宜之策也。而順撫逆剿，則不易之常經
在焉。若徒重於持款，而遂以戰爲諱，以啓釁爲嫌，則一番得志，勢將
屢逞。非但邊民不得安枕，而我反爲款所縛，非計之得也。

所據前項獲功員役，及各優恤緣由，既經該道查勘明白，呈報前
來。相應具題。伏乞敕下兵部覆議，將前功次轉行陝西巡按御史，照
例核勘，及地方有無失事重情，一并查明，徑自具奏。大賞優恤動過、
懸賞小賞等項，動過撫賞各銀布，及對陣射死官馬、奪去盔甲，各准開
銷。緣係狡虜背盟入犯，官兵戰堵出邊，斬獲首功，地方保全無虞事
理，臣等未敢擅便，爲此具本，專差承差王元齎捧，謹題請旨。奉聖
旨："兵部知道。"

考選軍政官員疏

奏爲考選軍政官員事。

據寧夏河西兵糧道副使高世芳、河東兵備道右參政李起元各呈
報，所屬衛所應考選大小官員賢否冊揭到臣。卷查，先准兵部咨，該
本部題，武選清吏司案呈。卷查，萬曆二十八年十二月內該本部題前
事，內開：各都司、衛所軍政官員，五年一次考選，本部通行預先訪
察。在外從三司掌印，并分巡分守官，各用心博采賢否實迹，填注考
語，各造揭帖，密切封送。撫按官不在附郭并遠在邊方者，公同鎮守
總兵、三司、分巡分守官，各秉至公，嚴加考選。每衛定掌印官一員、
佐貳官二員、衛鎮撫一員，如無衛鎮撫將，相應千戶署掌，每所正副千
戶各一員、所鎮撫一員、百戶十員，俱不許增損。其該考軍政官員，果
係公勤幹濟，撫恤軍士，才識可取，政務不廢者，照舊存留。若有職業
不修、剝削害軍及罷軟無爲、年六十以上者，即爲黜退，就於多餘見
任、并帶俸官員內選補。如果本衛缺官，方於別衛官內調補。中間有
年雖六十以上，精力未衰，公勤服衆者，亦聽存留。其考定官員，俱要
專一在任，掌印管事，非有緊急軍情，不許擅差。若在營隨操之數，即

令替回考選。以後軍政有缺，撫按衙門會同選補事畢，將考選過官員
職名造冊，奏繳青冊，送部稽考。等因。題奉欽依，遵行在卷。今照
萬曆三十三年例，該五年考選之期，通查案呈到部覆議，合候命下，通
行各處撫按等衙門，轉行所屬都司、衛所，通將前項應該考選官員預
先訪察，博采賢否，填注考語，密切封送。該考衙門，悉照前項舊例，
秉公考選畢日，將考選過官員職名造冊，送部稽考，以憑參詳，去留上
請。等因。奉聖旨："是。欽此。欽遵。"備咨前來。又准總督軍門
咨，准兵部咨同前事，准此，隨經備行各道，查造去後。

今據前因，時巡按御史缺，該臣會同巡茶御史史學遷、鎮守寧夏
總兵官都督同知蕭如薰，督同各該道副使高世芳、右參政李起元從公
考選，得寧夏等衛指揮等官張曙等，勤慎有爲，政務不廢，俱應存留。
指揮等官解國重等，闒茸無能，操履欠謹，俱應黜退。及選得指揮等
官保國材等，才幹頗優，持守亦慎，俱應代補。總之，官不徒爲備員，
人唯求其可用，期以收展采錯事之效而已。其考定各官，隨即遵例，
行令管理訖。相應具奏，爲此除青冊咨部查考外，今將造完考選過本
鎮各衛所軍政官員職名文冊，理合開坐具本，專差承差王元齋捧進
繳，謹具奏聞。奉聖旨："兵部知道。"

軍政查參將領官員疏

題爲考選軍政官員事。

本年五月十六日，准總督軍門咨，准兵部咨前事。煩照該部題奉
欽依內事理，通將所屬大小將領都司等官，查照近題事理，多方詢試，
如有不職，不拘名數多寡，速行移稿過部，以憑會題劾斥。准此行間，
又准軍門咨，准兵部咨同前事。煩照該部題奉欽依內事理，通行總
兵、副總兵，但係都督職銜者依限自陳，其餘副、參、游、守，原係都指
揮使以下等官，從公詢試，一體考核，希稿前來，以憑會奏。等因。轉
咨到臣。除行鎮守寧夏總兵官都督同知蕭如薰、協守副總兵署都督

僉事鄧鳳、東路副總兵署都督僉事王邦佐各遵例自陳外，時巡按御史
缺，該臣會同總督陝西三邊軍務、兼理糧餉、少傅、兼太子太傅、兵部
尚書、兼都察院左副都御史李汶，巡茶御史史學遷議照：寧夏兩河將
領人數原少，而五年之內，或以秋防甄別，或以閱視簡斥，如參游李經
等、守備陳王道等，節經臣等參處者已數人矣。所有見在各官，固不
敢苛於求備，亦不敢令有遺奸，謹將一二應議得於聞見之真者，為我
皇上陳之。

訪得平虜營參將武威，才本疏庸，心尤玩惕，畏虜如虎，而撫處一
味曲徇，嗜利若飴，而朘削時聞巧取。一，先任興武游擊，占役營軍潘
泰等十餘名，冒支朱桂等空糧一十三分，節月糧銀俱入私囊。一，私
役旗牌趙士和等佈種本營山田，馬斯强等佈種永清等堡山田，各數處
歲收雜糧數百餘石。一，直月派軍人王六斤等一十名，每月備送雞、
鵝、油、鹽、猪羊等肉供用，絲毫不給價銀，張名等證。一，采草差闔營
軍丁，每歲計三千餘束，盡發各軍收價，每束扣糧銀一分，董漢臣等
證。一，占操馬三十匹，撒場牧放，每月關料豆二十二石、草七百餘
束，私兌與鹽商交價掾房，楊士茂等證。一，差軍丁把都賴等時常出
邊，私以鞦轡等物易換達馬營利，牧軍趙文會等證。一，今任平虜，虛
冒軍丁郭成等二十名，有糧無人，本折糧餉，俱按月私支。一，勒取所
官保國材買糧銀二百兩，密令家人私兌軍糧，通同倉吏抵作銀易入
廒。一，私開鹽池，侵奪民利，每年灑鹽數百石，給散本營軍丁，每斗
扣糧銀四分，軍人李誥等證。一，縱容家丁，偷趕草地達馬，致夷人懷
恨，搶奪軍餘頭畜，趙羊等證。一，旗牌樊問仁强奸吳舟妻，舟赴本官
告理，索要樊問仁銀貨二十兩，張士勛等證。一，洪廣堡客民張邦信
收留走失夷馬，操守馬禮呈解，本官嚇要銀貨二十兩，任天錫等證。
一，占役鐵匠錢淮等十名、銀匠鄧孟林等五名，打造鍍銀鞦轡，私換夷
人駝、馬，各役坐食糧石，通不差操，劉登務等證。一，差家人吳守禮、
軍丁盧洪等占種餘丁張來學等屯田，歲收糧石數多，徑送入己，馬文
英等證。一，臨河賊夷竊取居民牛、馬，本官袖手坐視，不能防禦，又

不能罰處。蓋其意在安閑，即害貽軍民，而不顧其誤事，大率類此。一，本年九月內，有宰僧部夷數百借道邊內，本官暗自放入，不行稟請，又不行塘報。蓋其術工蒙蔽，即事關利害，而不恤其媚虜，他事可知。此一臣者，精神不振，實難彈壓，衝疆筐篋，是營己大，雌黃眾口。

　　大壩堡守備王問臣，斗筲小器，溪壑貪心。日惟索健兒之分文，罔知顧忌；毫無濟邊關之緩急，動見周章。一，包占軍伴王完等一十二名，每月支銀七兩二錢，各軍縱放安閑，全不當差，趙太平等證。一，差家人田士春等向所屬買米，每處三百餘石，運拽鎮城販賣，張標子等證。一，年節生日，索各軍丁常例，每名銀一錢，共計三十餘兩，皆家人徐廣類收。一，糧銀到堡，先令管隊分放，次日勒令軍丁各交銀一錢，每月計三十餘兩，皆管隊邢尚思收送。一，每年撥軍采草二萬束，用民餘車牛運載，春間散給營軍，每軍一百五十束，要銀五錢五分，張吉等證。一，差識字張巨等用銀五百兩收買木植，派兩壩水手運送私家蓋房，陳四等證。一，每年秋月，差家人艾臣等向所屬七堡收斂人畜，索要羊隻、米麪等物，以爲常例，地方苦其騷擾。一，信用夜不收陳進朝在堡生事，因索騙黃訓不遂，譖稟本官，將訓捆打四十，堡人無不憤恨。一，居民趙逢弼女投河淹死，本官擅自拘審拷打二次，嚇銀二十兩、紬二疋，張符過證。一，堡官陳以忠經收年例草束，虛出實收，被李本告發，本官索受銀二十兩，不行呈究，劉河等證。一，與所屬葉昇堡富民哈棟賀壽，親送壽軸一幅，旁書守備官銜，受伊謝禮銀二十兩，呂受等證。一，燒造磚瓦五萬有餘，撥所屬民餘張吉等車牛運載，本家致傷耕牛二十餘隻，張具等證。一，在任打造卓椅家具，差餘丁任萬等運送，被鄰人楊萬昇等攔車，要告本官，立與攔帖陪情，方將軍餘放回，蒯二等證。一，差通丁武克氣等從尖山兒出邊，偷趕達馬十二匹，送河中堡牧放，致惹夷人纏擾，奪去李洪等官馬六匹、張化等驢四頭，隱匿不報。一，守堡疏縱，每遇黃河凍後，賊夷踏冰過河，搶奪生事，屢被居民告訐，至今未已。此一臣者，恣睢任性，無一事可厭人心；日夜營家，唯百念交馳利窟。

以上二臣，俱應革任回衛，以爲不職之戒者也。及查二臣防秋有日，非不效有微勞，故臣等亦嘗薦之，非一次矣。但晚節既渝夫初心，則穢狀自難以曲貸。臣等亦安敢以昔日之薦，而遂緩今日之白簡哉。相應遵例具題。伏乞敕下兵部，再加查訪。如果臣等所言不謬，將參將武威、守備王問臣俱革任回衛。所遺員缺，另選才勇廉慎者推補，庶考核既嚴，人心知警，而於重鎮有攸賴矣。緣係考選軍政官員事理，臣等未敢擅便，爲此具本，專差承差王元齎捧，謹題請旨。奉聖旨："兵部知道。"

辭免閱叙陞廕疏

奏爲閱叙蒙恩，循省難稱，懇乞聖明，俯容辭免，以安愚分事。

萬曆三十三年十一月十九日，接見邸報兵部一本，爲閱視竣役，循例舉劾文武官員等事。該本部題覆，陝西巡按御史黃陞等題叙閱視陝西四鎮邊務緣由，節奉聖旨："延、寧、甘、固四鎮修舉邊務各官，既效有勞績。黃嘉善加兵部右侍郎，廕一子入監讀書，賞銀三十兩，大紅紵絲三表裏。欽此。"臣聞命自天，戰兢無地，除上方金幣例不敢辭，候頒發至日，恭領陳謝外，伏念朝廷懸爵以勵世賞，宜畀於有功臣子。底力以辭豐義，恒嚴於非據。臣濫竽封疆，智力短淺。安攘無術，未能展布於一籌；廢墜猶多，實靡修明於八事。皇上寬其斧鉞，已屬曠蕩，乃茲誤被隆恩，重蒙蕃錫，既已晉臣之官，又復廕臣之子。無功而徼異數，臣所不能安也。非分而荷榮褒，義所不敢出也。況樞貳聯司馬之班，階爲崇峻；監胄爲延世之賞，典最優隆。臣何人斯，敢膺茲寵？且臣去歲給由，已叨陞廕，曾日月之幾何，乃恩澤之再冒。臣知不可，人誰謂宜？若不自揣而覥顔承之，非直逾涯溢分，增維鵜在梁之羞，抑且貪幸招尤，犯天道忌盈之戒。此臣所爲得寵，而驚以榮爲懼者也。

伏望皇上察臣愚衷，非由矯飾，收回陞廕成命。容臣以原官供職,用圖補報,庶國家名器不濫,而微臣分義亦安矣。臣下情無任控籲懇祈之至。緣係閲叙蒙恩,循省難稱。懇乞聖明,俯容辭免,以安愚分事理,爲此具本,專差指揮王世爵齎捧,謹具奏聞,伏候敕旨。奉聖旨:"閲視加恩,已有成命,不准辭。吏部知道。"

保留給由兵備官員疏①

題爲保留邊方賢能,給由兵備官員事。

據陝西按察司呈,蒙臣批據寧夏河西兵糧道副使高世芳呈爲給由事。内稱:本職見年四十三歲,河南懷慶府河内縣人。由進士,萬曆十二年十月内除授山東兗州府曹州知州,十六年十二月内陞直隷鎮江府同知,二十一年四月内陞湖廣按察司僉事,二十二年五月内丁繼母憂,服滿赴部。復除間,二十五年四月内復丁繼母憂,服滿赴部。二十七年十一月内復除陝西按察司寧夏河西道僉事,三十年十二月内以三年給由,陞授今職,三十一年正月十三日到任,扣至三十三年十二月十二日,連閏實歷俸三十六個月,叁年任滿,例應給由。等因。蒙批仰按察司查報,又蒙總督陝西三邊軍務、兼理糧餉、少傅、兼太子太傅、兵部尚書、兼都察院左副都御史李汶,巡撫陝西地方、都察院左副都御史顧其志批據該道呈同前事,俱批仰按察司查報,又據經歷司呈抄,蒙巡按陝西、川湖監察御史史學遷,巡按山西等處鹽察御史曾舜漁詳批按察司查報,依蒙抄呈到司。查得寧夏河西兵糧道副使高世芳,歷俸三年任滿,例應給由。該本司右布政使張維新議照:本官督兵蓄餉,前籌屹壯,金湯建牙,憑熊卓望,允堪玉塞。兹當三年考政,襃然卓異之選,"稱職",應照給由。但該道所轄寧夏地方與虜爲鄰,其整捌兵馬,督理糧餉,悉賴該道。籌畫勢難暫離,合無將副使高世芳照例保留在任,支俸管事,仍將任内行過事迹查照,造册且結,差

---

① 原書目録注此篇作者爲高市芳。

人齎部考驗。等因。通詳到臣。

　　案照，先據副使高世芳呈前事，已經批行該司查報去後。今據呈報前來，卷查，先准吏部咨“爲優處邊方官員，以固疆圉事”。該本部題議，邊方官員較之腹裏，勞逸委有不同，朝廷所以待之者誠當優異，兵備守巡官若三年考滿，保留到部，轉行兵部。查其任内所管地方，平時操練修築、屯種果有成效，有警收斂，堤備調遣，果無疏失者，是爲“卓異”，許陞二級，照舊供職，“平常”者止照常格遷叙。

　　又准兵部咨“爲極塞時事孔棘，敬陳切要事宜，懇乞聖明采納，以奠封疆事”。該本部議覆，陝西三邊督臣李汶款題，合無以後九塞各衝邊司道考滿之日，查其效有勞績，照例加陞二級。至於閲視年分，凡督撫司道及將領等官一應陞廕職俸，悉照十六年題准則例，分別議叙。又准都察院咨，准吏部咨“爲酌議考課之法，以肅吏治事”。該本部題，在外方面照舊赴京，有事地方照舊保留，其給由聽撫按從公考核賢否，牌册差人齎繳。其“稱職”經薦，應得誥命照例請給。

　　又准吏部咨“爲酌議外官給由事宜，以一法守事”。該本部議覆，在外考滿官員，除方面照舊赴京，有事地方照舊保留。等因。俱題奉欽依，備咨，各遵依在卷。今該前因，時巡按御史未至，巡鹽御史缺，該臣會同總督陝西三邊軍務、兼理糧餉、少傅、兼太子太傅、兵部尚書、兼都察院左副都御史李汶，巡撫陝西地方、都察院左副都御史顧其志，巡按陝西、川湖監察御史史學遷議照：寧夏河西兵糧道副使高世芳，八面籌邊壯略，一腔任事真心。績戀金湯，望隆節鉞。今考滿“稱職”，例應赴部，但其所轄地方最爲衝險，分猷彈壓，時難缺人。矧今松套諸酋，陸續交關，而一二小醜，又尚在觀望，一切錢糧之稽覆、兵馬之調度，悉皆該道經理。兹當任滿，委應保留。再照本鎮自罹變之後，人情尪脆，法令廢馳，故奸宄易滋，而窳惰難振，非一日之積矣。本官攄謀殫慮，夙夜勉勤，即今反側漸安，而閭閻有生色，則其綏定之功也。旆氂就羈，而四郊無疏虞，則其震讋之力也。他如除戎繕塞，積餉督屯，種種成績，皆可考驗。蓋數年之勞瘁已極，而一方之屏翰攸賴。所應照例優叙，以示酬勸者也。

既經該司查報前來，相應具題。伏乞敕下吏部，再加查議。合無將副使高世芳免令赴部給由，仍照題准事例，加陞二級。在任照舊支俸管事，其任內行過事迹造冊，差人齎部，候考核題請，庶激勸昭明，而人心益奮勵矣。緣係保留邊方賢能，給由兵備官員事理，臣等未敢擅便，爲此具本，專差承差楊清齎捧，謹題請旨。奉聖旨："吏部知道。"

閱叙晋秩謝恩疏

奏爲恭謝天恩事。

本年正月十九日，接見邸報，該臣奏"爲閱叙蒙恩，循省難稱。懇乞聖明，俯容辭免，以安愚分事"。奉聖旨："閱視加恩，已有成命，不准辭。吏部知道。欽此。欽遵。"案照，先該兵部覆，陝西按臣黃陞等題叙閱視四鎮邊務緣由，節奉聖旨："延、寧、甘、固四鎮修舉邊務各官既效有勞績，黃嘉善加兵部右侍郎，廕一子入監讀書，賞銀三十兩，大紅紵絲三表裏。欽此。"臣聞命凌兢，心顏無措，隨具疏控辭，冀回寵命。乃兹未蒙俞允，復荷温綸。臣傴僂私衷，愈益悚惕，謹恭設香案，望闕叩頭。

於本月二十五日欽遵到任外，伏念臣苦瓠賤品，卷曲庸材。濫竽戎馬之區，一無寸樹，守拙艱危之地，積有多愆。昨當閱視，以核邊臣。臣方席藁而聽，顯斥詎意，聖恩浩蕩，曲賜矜容，天寵優隆，渥蒙殊錫。班聯武部，既幸依日月之光；子廕成均，更下逮草茅之賤。況復頒在笥之文綺，出内帑之兼金。凡此軼格之恩，悉屬希逢之典，此臣所爲世榮世感，而戴高厚於無極者也。臣敢不仰企前修，堅持晚節，修八事而固疆圉。期以收桑榆之功，矢九死以效馳驅。唯益竭犬馬之力，庶幾上紓夫宵旰，用圖仰報乎生成。臣下情不勝感激屏營之至。緣係恭謝天恩事理，爲此具本，專差指揮萬世興齎捧，謹具奏聞。

奉聖旨："該部知道。"

保留給由兵備官員疏①

題爲保留邊方賢能，給由兵備官員事。

據陝西布政司呈，蒙總督撫按衙門批據寧夏河東兵備道右參政兼僉事李起元呈爲給由事，俱蒙批本司查報，依蒙行准按察司牒呈，查得本官見年四十三歲，直隸順德府南和縣人。由進士，萬曆十四年八月內除授河南開封府原武縣知縣，十七年十二月內調繁衛輝府汲縣知縣，十九年八月內陞户部雲南司主事，二十二年十一月內陞本司署員外郎，二十五年四月內陞本部湖廣司署郎中，本年十月內六年考滿實授，二十六年二月內陞山東布政司左參議，二十七年十一月內陞陝西按察司副使，三十一年四月內陞授前職，本年七月二十二日到任，扣至三十四年六月二十一日止，連閏實歷俸三十六個月，三年任滿，例應給由。該按察司右布政使張維新議照：本官胸富甲兵，名高夷夏，赫著長城保障，偉彰巖塞風猷，"稱職"。但該道所轄寧夏地方與虜爲鄰，其保障藩離，整搠兵馬，督理糧餉，悉賴籌畫，勢難暫離，應合保留，移文前去，煩爲轉達。緣由到司，該本司議照，本官介履貞操，淵涵碩畫，一路功高，鎖鑰三年，威壓氈裘，"稱職"。歷俸一考，并無違礙，委宜奏最。第茲任邊方，控制河東要害，係屬衝塞，練兵督餉，具有年勞，堪稱"卓異"，仍應照例陞級。合無將本官考核具奏保留在任，支俸管事，將任內行過事迹，造冊齎部考驗。等因。通詳到臣。

卷查，先准都察院咨，准吏部咨，稱在外方面照舊赴京，有事地方照舊保留，其給由聽撫按從公考核賢否，牌冊差人齎繳。其"稱職"經薦，應得誥命，照例請給。又准吏部咨，該本部題，在外大小官員三、

---

① 原書目録注此篇作者爲李起元。

六、九年考滿,造《須知》《功績》《功業》青册三本投部,似爲泛濫,以後并造一册,紙牌免造。又准該部咨,該本部題,邊方官員較之腹裏,勞逸委有不同,朝廷所以待之者誠當優異。兵備守巡官若三年考滿,保留到部,轉行兵部,查其任内所管地方,平時操練、修築、屯種果有成效,有警收斂,堤備調遣果無疏失者是爲“卓異”,許陞二級,照舊供職。“平常”者止照常格遷叙。又准兵部咨,該三邊總督李汶題,本部覆議,合無以後九塞各衝邊司道考滿之日,查其效有勞績,照例加陞二級。至於閱視年分,凡督撫司道及將領等官一應陞廕職俸,悉照十六年題准則例,分別議叙。如遇有搗巢奇功,另加優叙,以請特恩,又非前例之可拘者。等因。俱題奉欽依,備咨,各遵依在卷。

今據前因,該臣會同總督陝西三邊軍務、兼理糧餉、兵部尚書、兼都察院右副都御史徐三畏,巡撫陝西等處地方、贊理軍務、都察院左副都御史顧其志,巡按陝西監察御史余懋衡、王基洪議照:寧夏河東兵備道右參政李起元,操同冰蘗,才沛江河。閫澤大起瘡痍,弘略真堪鎖鑰。今考滿“稱職”,例應赴部。唯是河東乃全陝咽喉之地,最稱衝險。矧今時在秋防,一切兵馬錢穀全藉該道督理,勢難離任,合應保留。及照本鎮自大軍之後,殘壞已極,公私交病於艱虞,法令久弛於姑息。積衰難振,蓋未有如今日者。本官拮據三載,焦勞萬狀。治兵繕塞而事事改觀,剔蠹鋤奸而人人易慮。即今虜就皋牢,民安衽席,規爲保障之功,誠爲異等。此實西陲之屏翰,北地之金湯也。

委應照例加級,以爲任事者之勸,既經該司查報前來,相應具題。伏乞敕下吏部,再加查議。合無將參政李起元免令赴部給由,仍照題准事例,加陞二級,在任照舊支俸管事。其任内行過事迹,攢造文册,差人逕自齎繳,候本部考核,題請施行。緣係保留邊方賢能給由兵備官員事理,臣等未敢擅便,爲此具本,專差承差陳金齎捧,謹題請旨。奉聖旨:“吏部知道。”

繳報造完征播戎器文册疏

奏爲議補征播馬匹戎器，以裨戰陳事。

據寧夏河西兵糧道按察使高世芳呈，據帶管理刑事管糧同知戴一松呈稱：查得委官都指揮黃世爵等督匠打造原題征播川省留用并陣失盔甲共五百五十頂副、三眼槍六十三杆、湧珠砲一十位，共用過甲面紅褐八百八十丈，該銀一百二十三兩二錢。藍裏布并緣邊厢邊黃綠布一千九百八十丈，該銀一百三十八兩六錢。打造匠役工食鹽菜銀共該三百八十六兩六錢二分三釐四毫。收買紙張并各色料物等項共該銀一十二兩八錢七分六釐六毫。以上共用過原解料價銀六百六十一兩三錢外，支使本鎮局庫荒鐵三萬三千九百四十斤、綱五百五十三斤一十五兩五錢、馬皮一十五張、韋州等處石炭六百八十七石九斗，逐一核查，俱係實用之數，中間并無冒破。其造完盔甲、槍砲，驗俱堅固，足堪征戰，并給過軍丁姓名，分別總撒各數目，備造文册，呈乞轉達具奏。等因。册報到道，轉呈到臣。

卷查，先准兵部咨前事。該前任撫臣楊時寧具題，本部覆議，除盔甲、槍砲係隸工部，聽其徑自議覆外，合候命下，劄付太僕寺於班軍銀內動支五千兩，湊買馬匹。等因。遵依在卷。該臣嘉善接管，除將應補馬匹勒限買完，已經造册具奏外，續准工部咨前事。該臣咨催本部覆議，恭候命下，本部移咨四川巡撫衙門備行布政司酌議，或將該省應造軍器銀內，或庫貯堪動別項錢糧動支六百六十一兩三錢，差官解送該鎮，補造先年留用盔甲、槍砲。仍咨寧夏巡撫衙門，將解到銀兩發令匠作打造，發營以補足原額。仍將解收銀兩、造完軍器各數目造册奏繳。等因。題奉欽依，備咨前來，繼准四川撫臣王象乾咨，據四川布政司差官張汝麟順解軍器料價銀六百六十一兩三錢到鎮，隨行該道查收，行令委官督并匠作打造及屢催去後。

今據前因，該臣看得盔甲、槍砲皆軍中緊要之物，有不可一日缺焉者。先是,本鎮兵馬調發征播川省留用器械原屬隨軍額數,該臣以虛懸不便,咨請造補。該部題奉俞旨,行令川省解到料價銀兩,臣即嚴令委官照數造完。又復逐加核驗,堅固如法,既經該道冊報前來,相應造冊具奏。除青冊咨部查考外,爲此今將造完盔甲、槍砲用過銀兩數目,給過軍丁姓名文冊,理合開坐具本,專差承差陳完齎捧進繳,謹具奏聞。奉聖旨:"該部知道。"

秋防薦舉監司疏

題爲秋防事竣,循例薦舉監司官員,以勵邊臣事。

准總督陝西三邊軍務、兼理糧餉、兵部尚書、兼都察院右副都御史徐三畏會稿,先准兵部咨,内稱:練兵一事,俱照遼東疏例開注,各司道果能加意整理,一體從優叙錄。題奉欽依,備咨前來欽遵外,今照萬曆三十四年秋畢歲終,所據在事各官俱應照例叙錄。等因。會稿到臣。

該臣會同總督陝西三邊軍務、兼理糧餉、兵部尚書、兼都察院右副都御史徐三畏,查得寧夏河東兵備道右布政使李起元,品格先民,杰邁才鋒,武庫森嚴。簡兵崚餉而桑土恒周,決策攄籌而氛翳盡掃。寧夏河西兵糧道按察使高世芳,弘略允兼文武,衝垂久藉安攘。馭黠虜玩之股掌之間,起遺黎置之袵席之上。以上二臣,悉於兵防有賴,俱應薦揚,以備擢用。

又查得陝西布政司左布政使王民順,敭歷望隆,保釐績最。四鎮灌輸如注,戰守有資;七年勞勣備嘗,勣名無兩。此一臣者,雖無兵防之責,第總理錢穀,督運四鎮,所當并薦者也。

伏乞敕下吏部,再加查核。如果臣等所舉不謬,將李起元等與王民順紀錄擢用,庶臣工知勵,戎務克修,其於重地嚴疆,亦有裨補矣。緣係秋防事竣,循例薦舉監司官員,以勵邊臣事理,臣等未敢擅便,爲此具本,專差承差徐敏齎捧,謹題請旨。奉聖旨:"吏部知道。"

甄別練兵官員疏

題爲甄別練兵官員，以昭勸懲，以勵人心事。

准總督陝西三邊軍務、兼理糧餉、兵部尚書、兼都察院右副都御史徐三畏會稿，案照，先准兵部咨前事。該本部題内稱：延、寧、甘、固各督撫衙門於年終甄別疏内，將本鎮額定、實在主客官兵，及馬贏、軍火、器械有無增損，召補果否，修舉廢弛，俱照《遼東甄別練兵疏》例開注，以議功罪、定賞罰。又准兵部咨“爲分布防秋兵馬，以禦虜患，以奠衝疆事”。該前督臣題，本部覆議，合行各該督撫嚴督大小文武將吏，相機戰守。秋防畢日，查果信地無失，應援有功，破格優薦陞賞。若或自分彼此，逗留觀望，貪功債事，督臣即照欽奉璽書，查其失事輕重。總兵提參究治，副、參以下按法重處。等因。俱題奉欽依，遵行在卷。今照萬曆三十四年秋畢歲終，所據防練大小各官隨行各鎮撫臣開報到職，會稿到臣。除本鎮練兵文册咨送督臣，類送兵部查考，及防練各官任淺功未、卓樹過小、尚俟改圖者，臣等徑行獎戒，不敢瑣瀆聖聽外，其賢不肖之尤者，該臣會同總督陝西三邊軍務、兼理糧餉、兵部尚書、兼都察院右副都御史徐三畏，謹據實爲我皇上陳之。

查得協守花馬池副總兵王邦佐，激烈猛如鴟虎，清貞節類羔羊。勵戎行威振龍荒，徹桑土功高雁塞。原任中衛營參將、今調清平王學書，力能扛鼎，才可剚犀。防胡烽燧無驚，持己纖毫必謹。靈州營參將吳繼祖，庭無筐篚，腹有詩書。威名久懾天驕，姱節允稱人杰。原任玉泉營游擊、今陞靖虜參將楊桂，策諳六韜，謀周百慮。慷慨欲吞胡羯，威嚴足奠封疆。原任興武營游擊、今調延綏巡撫標下王栐，氣壯目無全虜，謀沉胸有長籌。甲士歸心，邊烽息焰。洪廣營游擊劉芳聲，才思朗徹，謀略深沉。修防沐雨衝風，惠愛分甘共苦。原任橫城堡守備、今陞興武營游擊丁繼祖，雄姿朗識，妙略貞操。橫城之遺澤猶新，此地之英猷益著。廣武營都司僉書江應詔，冠玉英標，飲冰潔守，指顧風生，壁壘簡蒐，威讋旃裘。臣標下中軍都司僉書黃鈇，偉貌鷹瞵虎視，雄謀豹略龍韜。惠浹師中，名高塞北。坐營都司馬允登，譽擅將軍大樹，志期宗愨長風。懋著新猷，夙閑壯略。撫夷守備趙維翰，有謀有勇，能弛能張。皋牢群醜無嘩，肝膽一腔獨赤。清水營守備李隆，操持斤斤砥礪，精神矯矯奮揚。曲突心勞，犁庭志壯。石空寺堡守備金成，乘槎入套，虜驚飛渡。威名借箸籌邊，人仰折衝方略。安定堡守備潘應元，節操無慚冰蘗，真誠足格豚魚。計預綢繆，人懷安靜。大壩堡守備施大顯，魁岸有儀，清貞不擾。部伍傾心化日，旃裘寒膽英風。以上諸臣，修防訓練，克效勤勞，俱應薦揚，以備擢用。內王學書、楊桂、王柄，雖經陞任，俱在秋防之內。丁繼祖、馬允登、施大顯，今任雖淺，然轉自臣屬，俱應并薦。王邦佐久扼巖塞，屢樹膚功，負望夙擅，登壇掄材，亟宜專閫，相應遇大將員缺推用。江應詔計俸既深，課績更最，應加游擊職銜，俾其久任，以終美績。

又訪得屯田都司韓世業，一丁不識，三窟是營。藉屯政自封，騷擾不寧於雞犬；忽民喦罔畏，慘磢有甚於鷹鸇。挑渠壩延至三月，小民不獲灌溉。用舍役數至四百屯餘，不勝追呼。責辦旗軍供億，每日費銀二三錢。張邦用之妻被刑隕命，強占民餘土田，每年收租五百石，高榮堡諸人飲恨徹骨。每年采攤柴四萬束，令舍人王應時拽赴城市，已得高價矣，又私抵軍餘年例。草束三百餘分，每分收銀七錢，何貪黷之無厭！節年打碾磨三十副，差伴當王斌運送原籍，已可醜矣。又強索五衛旗甲大木捌拾餘根，每衛用銀三兩，何溪壑之難填！修壩則索委官鍾承勛等常例銀三十兩，皆舍人鄭煒過送。催糧則索屯餘石均保等寬限銀五十金，悉積役張應奎撥置。心不殊於市井，行久玷乎冠裳。叢怨已深，褫職爲當。此一臣者，應行革任回衛，以儆官邪者也。

伏乞敕下兵部，再加查議。如果臣等甄別不謬，將王邦佐等循資擢用，王邦佐仍遇大將員缺推用，江應詔加游擊職銜，俾其久任，以終美績。韓世業革任回衛，所遺都司員缺，另行速補，勒限任事，庶勸懲嚴明，人知奮勵，而衝塞大有攸賴矣。緣係甄別練兵官員，以昭勸懲，以勵人心事理，臣等未敢擅便，爲此具本，專差徐敏齎捧，謹題請旨。奉聖旨："兵部知道。"

年終議薦將材疏

題爲議薦將材，以備擢用事。

案查，先准兵部咨，該本部具題，各邊缺多人少，合候命下，移咨各督撫衙門，會行巡按御史，各將所屬衛所指揮、鎮撫、千百户及各營路中軍、千把總等官，加意諏訪。如果年力精强，才猷諳練，謀勇兼長，緩急可恃者，即於年終酌量奏薦，逐名注考。要見某某宜於衝邊，某某宜於次衝，某某堪任大將，某某堪任偏裨，另爲一疏。惟其人無拘名，數貴乎精，勿當冒濫。等因。題奉聖旨："是。各衛所武官，材勇堪任的著督撫等官博訪精核，從公奏薦，與武舉相兼備用，不許冒濫。欽此。欽遵。"備咨前來。又准總督軍門咨同前事，准此，俱經通行欽遵訖。今照三十四年已終，又備行各道博訪，開報到臣，臣復殫心查核，逐加評騭。除才守未試及已薦改節者臣不敢濫舉外，所有聞見已真，可備緩急之用者一十八人，謹會同總督陝西三邊軍務、兼理糧餉、兵部尚書、兼都察院右副都御史徐三畏，巡按陝西監察御史余懋衡，爲我皇上陳之。

查得寧夏衛掌印本衛指揮僉事張曙，一貌獨雄介胄，半槍可擊匈奴。天挺人豪，家傳將略。標下前司把總、中屯衛指揮同知金汝卿，囊無長物，腹有餘兵。衝鋒躍馬爭前，臨敵聞雞起舞。署寧夏協守副總兵事原任參將石松，讀兵書兼通風角，嫻文墨大類儒紳。照乘真才，登壇偉器。河東道中軍靈州所指揮同知韓體仁，才堪破浪，氣欲凌虹。挽强落雁稱奇，茹苦懸魚遜美。河西道中軍石屯衛指揮僉事沈勛，廉而有勇，孝可移忠。揮霍百鍊精金，魁岸千尋峭壁。靈州營把總、寧夏衛左所正千户郭維校，弓開兩石，劍敵千人。從來不飲貪泉，一見知爲利器。中屯衛掌印前衛指揮僉事汪濟民，年資英妙，器度春容。學能窺黃石之編，志欲飲匈奴之血。靈州營中軍靈州所正千户王承恩，聳壑高標，穿揚絕技。料敵明同觀火，恤軍頌溢投醪。原任參將寧夏左屯衛指揮僉事趙寵，敦詩説禮，纓義履仁。徙河民有寧居，策虜胸多勝甲。左屯衛掌印寧夏衛指揮同知吕應兆，請纓壯志，緩帶儒風。身游規矩之中，品在驪黃之外。正兵營中軍原任守備熊彦吉，智可牢籠黠虜，威能彈壓悍軍。志切枕戈才優，借箸本鎮聽用。直隷河間衛鎮撫謝廷瓚，倚劍芒寒星斗，談兵氣壯風雲。文武兼長，科名不愧。靈州所掌印本所指揮僉事孟崇禮，玲瓏有識，膚敏多才。整刷百事皆修，廉静四知不忝。韋州所掌印寧夏左屯衛正千户張原，謀非温飽，志在封疆。蟠胸盡是龍韜，矢志恒甘馬革。紅寺堡操守、延安衛鎮撫白可成，開襟任事，抵掌談兵，雄才立解全牛，壯烈足空群馬。靈州所試百户李枝芳，矯矯英風颯爽，翩翩奇氣峻嶒。克諧邊籌，終爲國器。後衛管屯本衛指揮僉事盧養材，清揚美度，爽徹靈襟。操持彌久彌堅，厝注百施百當。游兵營千總、寧夏衛前所實授百户王養廉，烈烈忠肝，桓桓德器。勵節無慚衾影，籌邊善用韜鈐。以上諸臣，在張曙、金汝卿、石松、韓體仁、沈勛、郭維校，宜於衛邊。在汪濟民、王承恩、趙寵、吕應兆、熊彦吉、謝廷瓚、孟崇禮、張原、白可成、李枝芒、盧養材、王養廉，宜於次衝。雖才品各殊，而謀勇皆優，俱堪展采錯事，以捍衛封疆者也。至於大將偏裨，則臣等未敢預擬。

　　伏乞敕下兵部，再加查訪。如果臣等所舉不謬，將張曙等酌量擢用，庶材官奮勵，而衝疆有攸賴矣。緣係議薦將材，以備擢用事理，臣等未敢擅便，爲此具本，專差承差徐敏齋捧，謹題請旨。奉聖旨："兵部知道。"

撫夏奏議卷之四

議復衛所官員職級疏

題爲謹遵詔旨，議復衛所官員職級事。

據寧夏河西兵糧道按察使高世芳、河東兵備道右布政使李起元呈：蒙臣批據寧夏等衛指揮千百戶王綏等呈乞復職情由，蒙此行據鎮城管糧同知戴一松呈稱，查得河西平虜守禦千戶所管屯署實授百戶郭麒，原催萬曆二十二年分屯糧七千二百七十八石，內參時已完三分以上糧二千七百九十三石，未完六分以上糧四千四百八十五石。寧夏前衛前所掌印、兼管屯右屯衛副千戶劉愷，原催二十七年分屯糧四千二百六十八石，已完二千一百六十三石，未完二千一百四石，帶徵二十五年拖欠未完糧一千二百四石，遠年二十二年拖欠限完二分糧四百八十四石。總計共糧五千九百五十七石，內參時已完三分以上糧二千一百六十三石，未完六分以上糧三千七百九十三石。寧夏衛左所掌印、兼管屯前所實授百戶陳應恩，原催二十七年分屯糧二千六百四十八石，已完一千二百一十三石，未完一千四百三十五石，帶徵二十五年拖欠未完糧一千五十三石，遠年二十二年拖欠限完二分糧二百三十七石，已完六十三石，未完一百七十三石。總計共糧三千九百三十九石，內參時已完三分以上糧一千二百七十六石，未完六分以上糧二千六百六十二石。平虜守禦千戶所掌印、兼管屯指揮僉事郭忠，原催二十七年分屯糧七千二百七十八石，已完二千二百一十二石，未完五千六十六石，帶徵二十五年拖欠未完糧二千九百七十一石,遠年二十二年拖欠限完二分糧八百七十三石。總計共糧一萬一千一百二十三石,内參時已完一分以上糧二千二百一十二石,未完八分以上糧八千九百一十一石。本官又催二十八年分屯糧七千二百七十八石,已完四千九十四石,未完三千一百八十四石,帶徵二十六年拖欠未完糧二千七百八石,遠年二十二年限完二分糧八百七十三石。總計共糧一萬八百六十一石,内參時已完三分以上糧四千九十四石,未完六分以上糧六千七百六十六石。本官又催二十九年分屯糧七千二百七十八石,已完四千二百九十一石,未完二千九百八十六石,帶徵二十七年拖欠未完糧五千六十六石,遠年二十年拖欠限完二分糧八百七十三石。總計共糧一萬三千二百一十八石,内參時已完三分以上糧四千二百九十一石,未完六分以上糧八千九百二十六石。寧夏前衛管屯、右屯衛指揮使王綏,原催二十八年分屯糧一萬五千四百二十石,已完七千七百七石,未完七千七百一十二石,帶徵二十六年拖欠未完糧四千四百三石,遠年二十二年拖欠限完二分糧一千三百一十一石。總計共糧二萬一千一百三十五石,内參時已完三分以上糧七千七百七石,未完六分以上糧一萬三千四百二十七石。寧夏衛左所掌印、兼管屯正千户虞政印,原催二十八年分屯糧二千六百四十八石,已完一千二百三石,未完一千四百四十四石,帶徵二十六年拖欠未完糧九百一十一石,遠年二十二年拖欠限完二分糧二百三十七石,已完六十三石,未完一百七十三石。總計共糧三千七百九十七石,内參時已完三分以上糧一千二百六十七石,未完六分以上糧二千五百二十九石。本官又催二十九年分屯糧二千六百四十八石,已完一千七百七十九石,未完八百六十九石,帶徵二十七年拖欠未完糧一千四百三十五石,遠年二十二年拖欠限完二分糧二百三十七石,内參後續完六十三石,未完一百七十三石。總計共糧四千三百二十石,内先完并參後續完四分以上糧一千八百四十二石,未完五分以上糧二千四百七十八石。本官又催三十年分屯糧二千六百四十八石,已完一千六百一十石,未完一千三十八石,帶徵二十八年拖欠未完糧一千四百四十四石,遠年二十二年拖欠限完二分糧二百三十七石,内參後續完六十三石,未完一百七十三石。總計共糧四千三百三十石,内先完并參後續完三分以上糧一千六百七十三石,未完六分以上糧二千六百五十六石。寧夏左屯衛後所掌印兼、管屯副千户何其昇,原催二十八年分屯糧六千六百一十八石,已完三千三百七十七石,未完三千二百四十七石,帶徵二十六年拖欠未完糧二千一百五十三石,遠年二十二年拖欠限完二分糧三百九十七石。總計共糧九千一百七十石,内參時已完三分以上糧三千三百七十七石,未完六分以上糧五千七百九十三石。寧夏右屯衛前所掌印、兼管屯副千户桂應秋,原催二十八年分屯糧三千四百七十二石,已完一千六百七十一石,未完一千八百一石,帶徵二十六年拖欠未完糧五百一十石,遠年二十二年拖欠限完二分糧二百石。總計共糧四千一百八十三石,内參時已完三分以上糧一千六百七十一石,未完六分以上糧二千五百一十一石。寧夏前衛左所掌印、兼管屯副千户徐琦,原催二十八年分屯糧三千三百八十九石,已完一千六百九十石,未完一千六百九十八石,帶徵二十六年拖欠未完糧七百五十五石,遠年二十二年拖欠限完二分糧一百七十六石。總計共糧四千三百二十二石,内參時已完三分以上糧一千六百九十石,未完六分以上糧二千六百三十一石。寧夏前衛中所掌印、兼管屯副千户王棟,原催二十八年分屯糧三千六百二十七石,已完一千五百七十八石,未完二千四十九石,帶徵二十六年拖欠未完糧八百六十三石,遠年二十二年拖欠限完二分糧二百八十三石。總計共糧四千七百七十五石,内參時已完三分以上糧一千五百七十八石,未完六分以上糧三千一百九十六石。寧夏前衛前所掌印、兼管屯正千户李繼勛,原催二十九年分屯糧四千二百六十八石,已完二千六百五十一石,未完一千六百一十七石,帶徵二十七年拖欠未完糧二千一百四石,遠年二十二年拖欠限完二分糧四百八十四石,總計共糧六千八百五十八石,内參時已完三分以上糧二千六百五十一石,未完六分以上糧四千二百六石。本官又催三十年分屯糧四千二百六十八石,内參時已完二千二百九十八石，參後續完一百五十三石，未完一千八百一十五石，帶徵二十八年拖欠未完糧二千四百三十石，遠年二十二年拖欠限完二分糧四百八十四石。總計共糧七千一百八十三石，內先完并參後續完三分以上糧二千四百五十二石，未完六分以上糧四千七百三十石。平虜守禦千戶所掌印、兼管屯指揮僉事李廉，原催三十年分屯糧七千二百七十八石，已完三千七百五十五石，未完三千五百二十三石，帶徵二十八年拖欠未完糧三千一百八十四石，遠年二十二年拖欠限完二分糧八百七十三石。總計共糧一萬一千三百三十六石，內參時已完三分以上糧三千七百五十五石，未完六分以上糧七千五百八十一石。河東寧夏後衛管屯、指揮僉事邵允恭，原催二十九年分屯糧一千四百七十四石，參後續完五百三十五石，未完九百三十八石，帶徵二十七年拖欠未完糧四百一十七石，遠年二十三年拖欠限完二分糧二十八石。總計共糧一千九百一十九石，內參後續完二分以上糧五百三十五石，未完七分以上糧一千三百八十四石。

　　查各官俱係兩河衛所催徵屯糧不及分數降級調衛官員，近奉恩詔內一款：一，近年四方災報頻仍，民困日久，一應夏稅、秋糧、馬草、屯田拖欠帶徵者，自萬曆二十八年以前悉與蠲免。又一款：一，各衛所掌印管屯官催徵錢糧完不及數，住俸者俱准開復補支，降俸者復俸不補支，降級及立功調衛者，撫按官通查分數，奏請定奪。如係軍人拖欠，照帶徵民糧年限一體蠲免。等因。遵照訖。合無轉達，將各官照例開復職級。等因。冊由到道，看得本鎮當大軍之後，屢值凶年，屯糧已屬難完，而額田之中又有河衝沙壓、人田兩無者，更無糧之可追，是以分數難完。節年參處，或降級，或調衛，固是明例，其情不無可原。合無將降級王綬等一十一員及降級調衛郭忠等二員，照例奏請定奪。等因。造冊呈詳到臣。

　　卷查，先准戶部咨"爲仰承德意，酌定降罰官員事例，以一政體事"，該陝西總督撫按官李汶等題參各年屯糧未及分數官員，內開：萬曆二十二年未完六分以上平虜守禦千戶所管屯署實授百戶郭麒，照例降職二級，革任差操。二十七年未完六分以上管屯千百户劉愷、陳應恩，俱降二級，革任差操。未完八分以上管屯指揮僉事郭忠，降二級，係邊衛應調極邊衛分，帶俸差操。二十八年未完六分以上管屯指揮千户王綬、郭忠、虞政印、何其昇、桂應秋、徐琦、王棟，俱降二級，革任差操。二十九年未完六分以上管屯指揮千户郭忠、虞政印、李繼勛，俱降二級，革任差操。未完八分以上管屯指揮邵允恭降二級，改調極邊衛分，帶俸差操。三十年未完六分以上管屯指揮僉事李廉，正千户虞政印、李繼勛，俱降二級，革任差操。革任者另選廉謹官員接管，各官遺下未完糧草，嚴行各該司道等官，責令各該見任接管官勒限完徵，不許拖欠。等因。俱題奉欽依，備咨前來，俱經案行各道欽遵訖。續據指揮千百户等官王綬等一十三員，各呈要遵例復職。等情。隨該臣俱批行各道查報去後。

今據前因，該臣會同總督陝西三邊軍務、兼理糧餉、兵部尚書、兼都察院右副都御史徐三畏，巡按陝西監察御史余懋衡議照：錢糧查參之例，所以懲警違玩，法至嚴也。指揮千百户王綬等，各以屯糧逋負，奉旨降調，臣等抑曷敢輕議？唯是本鎮自罷兵變之後，灾沴頻仍，軍民彫耗極矣。死徙相半，既多田棄於無丁，沙壓河衝，又復地去而糧在。是以虛懸數目，每難完足。今節年拖欠，既蒙恩詔蠲免，則各官無從追補。

所據呈請開復一節，既經各道查明分數，議報前來，相應遵例具題。伏乞敕下户部，再加查議。合無將各年降級指揮王綬、李廉，千户劉恫、虞政印、何其昇、桂應秋、徐琦、王棟、李繼勛，百户郭麒、陳應恩并降級調衛指揮郭忠、邵允恭，覆議上請行下，臣等遵奉施行。緣係謹遵詔旨，議復衛所官員職級事理，臣等未敢擅便，爲此具本，專差承差王仲賢齎捧，謹題請旨。奉聖旨："户部知道。"

請補兵備官員疏

題爲急缺衝邊兵備官員，乞賜亟補，以重疆圍事。

據寧夏河西兵糧道按察使高世芳呈稱：本職家人走報，職父於本年四月二十日在家病故，例應回籍守制。等因。到臣。該臣會同總督陝西三邊軍務、兼理糧餉、兵部尚書、兼都察院右副都御史徐三畏，巡按陝西監察御史余懋衡議照：寧鎮河西一帶，逼鄰山後諸虜，無時不防，最稱衝險。兼以殘破未久，瘡痍猶在，水旱頻仍，時勢艱虞，一切防禦安輯，全賴該道。況今秋防伊邇，尤難一日缺人。

今本官既已聞憂，例應解任，所據員缺，相應具題請補。伏乞敕下該部，速於就近相應官內推補一員，勒限前來任事。庶緩急可濟，而重鎮有攸賴矣。緣係急缺衝邊兵備官員，乞賜亟補，以重疆圉事理，臣等未敢擅便，為此具本，專差承差田文俊齎捧，謹題請旨。奉聖旨："吏部知道。"

報鹽分數并議查核疏

題為邊鎮薦饑，議處備荒事宜，懇乞聖明，俯賜采納，以保重地，以弭後艱事。

准總督陝西三邊軍務、兼理糧餉、兵部尚書、兼都察院右副都御史徐三畏會稿，准巡撫寧夏兵部右侍郎黃嘉善咨，據寧夏河東兵備道右布政使李起元呈，據署東路管糧同知事、寧夏後衛經歷羅洪慶呈稱：親詣小鹽池，查得每歲額鹽二十萬石，萬曆三十四年分撈過鹽一十七萬六千四百四十石，內除抵補三十二、三兩年消折等項外，實該鹽一十四萬二百六十九石，并無虛擬情弊。數由到道，覆查相同，轉詳到職，看得撈完前鹽計數已及七分，所據中路管鹽同知張名坤例應獎戒俱免，其先管鹽固原州同知李應魁、鹽課司大使涂大禮，俱經劣轉。接管鹽州同知張茂松丁憂回籍，俱無容別議。該道右布政使李起元亦應照前免議。等因。到職。

卷查，先准戶部咨，該前督臣郜光先題本部覆議，每年終，會同延、寧二鎮巡撫，將二池額課查其完欠分數參治。該道亦視此鹽法，修廢舉刺。又准該部咨,亦該前督臣郜光先等題參撈鹽官員,該部覆議,每年小池額鹽二十六萬四千八百四十石,大池額鹽二十萬九千八百五十六石,務要撈曬如數,以充邊餉。如再分數不及,該督撫及巡鹽御史照例查參。又准該部咨,該前督臣葉夢熊會題酌減鹽額,該部覆議,將大池額鹽減去五萬二千四百六十四石,尚存一十五萬七千三百九十二石為額,小池額鹽減去六萬四千八百四十石,尚存二十萬石為額。以後管鹽官全完,薦揚陞擢,九分、八分分別獎勵,七分、六分獎戒并免,五分重加戒飭,不及五分與四分以下者罷斥。等因。俱題奉欽依,備咨前來,遵依外,今准前因,除州同知李應魁、大使涂大禮已陞王官,州同知張茂松已經丁憂,俱應免議。會稿到臣。除大池聽該鎮撫臣具題外,該臣會同總督陝西三邊軍務、兼理糧餉、兵部尚書、兼都察院右副都御史徐三畏,帶管巡鹽巡按山西監察御史康丕揚議照:小池鹽課原係軍需,每歲視撈辦之多寡,定獎戒之則例,蓋所以勸勤勵而懲不恪也。

茲據所報,該年撈完分數止及七分,經管各官如寧夏河東兵備道右布政使李起元、中路管鹽慶陽府同知張名坤,例應獎戒俱免。再照該池鹽課議有定額,少一分之鹽數,則少一分之軍需,所係固甚重也。往昔撈不及數,猶可諉之額數太多,嗣該前督臣葉夢熊減其原額之數,以示寬恤,定其賞罰之格,以寓鼓舞。蓋欲責其通完,以裕國計耳。奈何人情玩愒,虧額如常。

近據河東道右布政使李起元呈:蒙督臣憲牌行查鹽課短少之故,該本道看得,鹽井不增,額終不足。該池原有舊井六百七十眼,應再添井一百眼,增壩夫一百名。蓋鹽出於井,井係乎壩夫,若有井無夫,與無井同。往有一夫而兼二三井者,甚有一夫而兼四五井者,今議務要一井一夫,仍將井與夫編號,各投一籤,於官各立一牌,於井不時抽籤,以驗勤惰。及查前此州同知專管監放,大使專管撈曬,區區一官,與壩夫貓鼠同眠,不能督率,擬報欺蔽,莫可究詰。本道已令州同知、大使二官均管,每月逐查,某夫撈多,某夫撈少,某夫絕無,擇其極少與絕無者呈解究治。及稱嚴查夾帶，但遇脚户車載盤出餘鹽一二斗以上者，除將壩夫究治外，本脚定以徒罪，牛車盡數入官。仍嚴加明察以燭，衙役之通同重責禁治，以革壩夫之朋奸，此可疏通鹽法矣。等因。通詳到臣。

竊惟該池乃濬井汲水，灌畦成鹽，人力有勤惰，則鹽數有多寡，較之山西解池賴雨澤以結鹽花者大不相侔。乃管鹽州同知、大使俱係卑官，其始也受壩夫之常例，略不督責；其既也受脚户之賄賂，聽其夾帶。聞前任有一管鹽州同知，任事止一年有餘，所獲不止五千餘金，不知何處得來？至於管鹽府佐則又高坐本城，足不履鹽池，目不睹鹽數，一任卑官開報。每遇失額，猶代爲撫飾，則其故難言矣。兹欲釐政修舉，須如該道所議，將小鹽池增壩夫一百名，增井一百眼，置籤豎牌，以便稽查。管鹽府佐仍每月親詣鹽場，查其分數，該道亦每季親查一次，仍將查過分數揭報臣等稽核。至於每引該鹽一石，每車載鹽四石，驗引盤鹽，但有夾帶者查出，壩夫、脚户依律究罪，牛車入官，州同知、大使定行連坐。統俟年終之日，臣等會同查參，全完者薦揚陞擢，九分以上者獎勵，八分者獎戒俱免，七分者戒飭，六分以下者革職，則法令既嚴，人心知警，釐務軍儲，悉有攸賴矣。

伏乞敕下户部，再加查議。姑從今次分數，將李起元等獎戒俱免。其增井、增夫，與府佐月查、該道季查，及今臣等所定查參分數，應否可從，行臣等遵奉施行。緣係邊鎮薦饑，議處備荒事宜，懇乞聖明，俯賜采納，以保重地，以弭後艱事理，臣等未敢擅便，爲此具本，專差承差徐完齋捧，謹題請旨。奉聖旨："户部知道。"

請補該道疏

題爲衝塞黠酋，日窺四鎮，沿邊司道，急缺十員。武備廢弛可虞，封疆阽危可懼。懇乞聖明，軫念時艱，速允推補，以遏虜患，以安孤陲事。

准總督陝西三邊軍務、兼理糧餉、兵部尚書、兼都察院右副都御史徐三畏會稿，竊唯全陝四鎮，綿亘三千餘里，無一處不鄰虜巢，無一時不費堤防。況今塞草已茂，秋防屆期，在延鎮則莊禿賴、卜失兔，在寧鎮則銀定、歹成，在甘鎮則松虜、海虜，在固鎮則火酋、永酋，皆嘗遭我創剿，皆思糾衆內訌。羽檄狎至，烽火時傳，誠危急存亡之秋也。然所恃以整飭兵馬，儲峙糧草，扼守險要，保安邊境者，唯沿邊司道是賴。乃今洮岷道郭萬里、分守西寧道朱朝聘皆物故矣，靖虜道袁弘德、西安道張應鳳以大計去矣，分巡河西道李維禎、分守關西道邢雲路、榆林道劉餘澤以調任去矣，寧夏河西道高世芳，以丁憂去矣，分巡關內道王應吉以陞任缺矣，苑馬寺卿朱南英甫任即被論矣。以上十道，均有戎馬錢穀之寄，均係防邊緊要之官，即一人亦不可缺，而況缺至十人，即一時不可缺，而況缺者或數年、或數月矣。向於邸報中見吏部以漢中府知府崔應科、寶慶府知府冀光祚陞陝西副使，以浙江副合劉煥、河南副使陳大道陞陝西參政，以山西副使陳廉、陝西副使祁光宗陞陝西參政，以戶部郎中武之大、河南參議廖如龍陞陝西副使，以四川副使鄭友周調陝西副使。職遠在數千里之外，不知所推各官某係某道，亦不知孰正孰陪，迄今俱未奉俞旨，且仍有未經推補者。夫分理無人，則邊事盡廢，虜必生心。萬一地方疏虞，皇上即罪，職亦無益矣。會稿到臣。除洮岷分守西寧等道員缺聽各鎮撫臣具題外，臣謹會同總督陝西三邊軍務、兼理糧餉、兵部尚書、兼都察院右副都御史徐三畏，巡按陝西監察御史余懋衡，查得寧夏河西道新報丁憂員缺未推，欲候該部推補，恐遠者未能遽至。今查潼關兵備道僉事常守信，弘才游刃，姱節凝冰。扼雄關已著鴻猷，移雁塞方展驥足。近陞湖廣參議，尚在候旨。與其陞用別省，使之奔走道塗，孰若改陞寧夏，俾其就近任事。庶衝塞得人，而外患可弭，內地永安矣。

相應具題。伏乞敕下吏部，再加覆議上請。合無將潼關兵備道僉事常守信就近陞補寧夏河西道，責令星馳赴任，則旦夕可至，得濟緩急。緣係衝塞點酉日窺四鎮,沿邊司道急缺十員,武備廢弛可虞,封疆阽危可懼。懇乞聖明,軫念時艱,速允推補,以遏虜患,以安孤陲事理,臣等未敢擅便,爲此具本,專差承差賈住齎捧,謹題請旨。奉聖旨:"吏部知道。"

患病請告疏

奏爲患病危篤,十分難支,懇乞天恩,亟賜休致,以安重鎮事。

臣山東即墨縣人,由萬曆五年進士,歷官知縣、同知、知府、副使、按察使,浮沉二十五年。誤蒙皇上簡拔,付以鎖鑰之寄,高厚洪恩,涓埃未報。臣即畢命疆場,實其職分,曷敢以身謀言去。顧臣稟賦原弱,素有脾胃之證。爰自辛丑受事,正值地方殘破,人情脆脆,無兵無餉,百爾艱虞。臣犬馬之力,不敢愛惜,每常帶疾視事,以勤補拙。數年以來,雖幸稍就緒,而臣之伎倆實窮,精神復憊,顧已循涯,已當止足。近於六月初旬,偶感痰火,彼時急圖取效,過服涼劑,以致中氣益虛,腠理不固,沿身上下,汗出如漿,晝夜時苦,怔忡動履,即成昏暈。今且眠食大損,肌肉盡消,伏枕呻吟,幾無生理。臣復輾轉籌思。竊以時當戒嚴,恐涉規避,始猶忍死支持,尚冀結秋防之局。奈病勢轉劇,痊可無期。一切公移既不能勉强批答,而多事衝疆又豈宜偃仰臥治? 況今銀酉作梗,尚在跳梁,群醜交關,正須羈縻。而臣以憒亂之身,當此糾紛之務,欲求事事克濟也,其將能乎? 萬一因病誤事,釀成邊患,則臣罪滋大,臣且不知死所矣。

用是據實上陳,昧死瀆奏。伏乞皇上察臣疾痛之苦,憐臣急迫之情,亟賜放歸。仍敕該部,就近速推才望堪任者來代臣任,則重地得人,安攘有賴,臣即死且甘之矣。臣下情不勝籲天悚恐之至。緣係患病危篤,十分難支。懇乞天恩,亟賜休致,以安重鎮事理,爲此具本,專差承差張禄齎捧,謹具奏聞,伏候敕旨。

催補該道疏

題爲邊道久缺，部推有人，懇乞聖明，亟賜俞允，以濟時艱，以安重地事。

先是，寧夏河西兵糧道按察使高世芳於本年四月內丁憂，該臣會同督按諸臣議，將潼關兵備道僉事常守信就近陞補，已於五月內會疏具題，奉旨“下部矣”。續於邸報中見吏部一本，以兵部武選司郎中朱化孚題補前缺，至今未蒙俞旨。聖意淵微，固非臣愚所能測識。第使時可再緩，抑曷敢冒昧催瀆？臣請以該道難緩之狀，謹會同總督陝西三邊軍務、兼理糧餉、兵部尚書、兼都察院右副都御史徐三畏，爲我皇上陳之。

寧夏孤懸河外，延袤數百里，蓋亦儼然一重鎮也。顧河東、河西向止各設一道，較之他鎮，官不啻少矣。河東隔虜一牆，無險足恃。而河西一帶，尤當虜人襟抱之中，地不啻衝矣。今秋風正高，胡馬易逞，環邊皆勃虜，則隨處伏危機，時又不啻急矣。乃止以河東道一人周旋於其間，雖駕輕就熟，事固不難於兼攝，而鞭不及腹，勢亦有難於周顧。況花馬、安定等處皆河東道分轄之地，每歲秋防，該道即移駐彼中，三月而始竣事。今正其防之之時矣，急東則緩於西，顧此或失乎彼。而臣嘉善臥痾經時，又不能勉強料理，萬一群醜生心投鞭西渡，而兵馬、錢穀調度無人，是可不爲之寒心耶？且郎中朱化孚，甲兵素蓄，才望蔚隆，壯略久著，於戎曹經濟，允宜乎衝塞，用補前缺，極爲得人。臣等待罪封疆，日望共濟，何敢嘿嘿而處於此，使地方有缺人，廢事之虞也。

相應具題。伏乞皇上軫念衝邊缺官至急，俯將吏部推陞朱化孚原疏亟賜檢發，庶得剋期任事，而塞徼有攸賴矣。緣係邊道久缺，部推有人，懇乞聖明，亟賜俞允，以濟時艱，以安重地事理，臣等未敢擅便，爲此具本，專差承差徐完齋捧，謹題請旨。奉聖旨：“該部知道。”

請補兵備官員疏

題爲急缺衝邊兵備官員事。

據寧夏河東兵備道右布政使李起元呈稱：九月初六日接得家報，職母於八月十三日在家病故，例應回籍守制。等因。到臣。該臣會同總督陝西三邊軍務、兼理糧餉、太子少保、兵部尚書、兼都察院右副都御史徐三畏，巡按陝西監察御史佘懋衡，爲照寧鎮河東一道，設當中、東二路之間。其所轄城堡無一處不鄰虜巢，亦無一處不通大舉。唯是幅員雖廣，向止領於該道，綜理彈壓，厥任維艱。蓋不唯近藉修防，固一方之屏翰，抑且遠防窺伺，扼全陝之襟喉，所係亦云重矣。即使居恒無事，猶難時刻缺官。今秋防正殷，夷情孔棘，河西道丁憂未補，而該道又以憂報，一時兩道相繼告缺。倘一旦撊然有兵革之事，而在在乏人，其何能濟？臣等安得不爲疆場之慮耶？

所據員缺，相應具題請補。伏乞敕下吏部，速於就近相應官内擇推一員，勒令星馳到任，庶邊道不致虛懸，而衝塞有攸賴矣。緣係急缺衝邊兵備官員事理，臣等未敢擅便，爲此具本，專差承差陸虎齎捧，謹題請旨。奉聖旨："吏部知道。"

患 病 再 請 疏

奏爲病勢日沉，邊事可慮，再懇天恩，早賜放歸，以安重地事。

先是，臣以患病阽危，具疏陳請，候命月餘，未蒙批發。臣愚，仰窺聖意，豈不以秋防正棘，非邊臣言病之日，而以臣爲規避乎？又豈不以引疾疏多，非盡出急迫之情，而以臣爲假託乎？然臣病原真，臣之前疏，尚有不盡。臣苦者，今秋防竣矣，地方亦幸無虞矣，第使病猶可爲，臣抑曷敢再請？乃今百藥遍投，迄無小效。始猶時作時止，尚可忍受，今則申旦不寐，聞人語輒驚狂，跬步難移，即扶掖亦昏暈。詢之醫人，皆謂病根已深，非謝事靜攝，必難望起。臣於此時，欲專意醫藥，則衝邊非偃仰之區；欲强理簿書，則病骨無支持之力。夫臣之疾病，不過係一身之生死，而臣之責任，則實關地方之利害。臣受恩深重，固不敢自愛其死而貽累封疆，即死何贖，皇上亦何取於臣而用之也。

臣勢急情迫，謹再控陳，伏乞皇上俯賜矜憐，放歸調理。臣生當殞首，死當結草，而感激恩慈，殆世世無窮極矣。臣不勝哀懇戰栗之至。緣係病勢日沉，邊事可慮，再懇天恩，早賜放歸，以安重地事理，爲此具本，專差承差李玄齎捧，謹具奏聞，伏候敕旨。

秋防薦舉監司疏

題爲秋防事竣，循例薦舉監司官員，以勵邊臣事。

准總督陝西三邊軍務、兼理糧餉、太子少保、兵部尚書、兼都察院右副都御史徐三畏會稿，先准兵部咨，内稱：練兵一事，俱照遼東疏例開注，各司道果能加意整理，一體從優叙錄。題奉欽依，備咨前來，欽遵外，今照萬曆三十五年秋畢歲終，所據在事各官，俱應照例叙錄。等因。會稿到臣。該臣會同總督陝西三邊軍務、兼理糧餉、太子少保、兵部尚書、兼都察院右副都御史徐三畏，查得靖邊兵備帶管寧夏河西、河東二道右參政王愛，才雄河漢，品粹琮璜。摭謀杜窺塞之犬羊，蒐乘隱在山之虎豹。此一臣者，兼攝各道，勞勚獨多，相應薦揚，以備擢用者也。

伏乞敕下吏部，再加查核。如果臣等所舉不謬，將王愛紀錄擢用，庶邊臣益知奮勵，而疆場可保無虞矣。緣係秋防事竣，循例薦舉監司官員，以勵邊臣事理，臣等未敢擅便，爲此具本，專差承差陳金齎捧，謹題請旨。奉聖旨："吏部知道。"

甄別練兵官員疏

題爲甄別練兵官員,以昭勸懲,以勵人心事。

准總督陝西三邊軍務、兼理糧餉、太子少保、兵部尚書、兼都察院右副都御史徐三畏會稿,案照,先准兵部咨前事,該本部題,内稱:延、寧、甘、固各督撫衙門於年終甄別疏内,將本鎮額定、實在主客官兵,及馬、騾、軍火、器械有無增損,召補果否,修舉廢弛,俱照《遼東甄別練兵疏》例開注,以議功罪、定賞罰。又准兵部咨"爲分布防秋兵馬,以禦虜患,以奠衝疆事"。該職具題,本部覆議,合行各該督撫嚴督大小文武將史,相機戰守。秋防畢日,查果信地無失,應援有功,破格優薦陞賞。若或自分彼此,逗遛觀望,貪功僨事,督臣即照欽奉璽書,查其失事輕重。總兵題參究治,副、參以下按法重處。等因。俱題奉欽依,遵行在卷。今照萬曆三十五年秋畢歲終,所據防練大小各官隨行各鎮撫臣開報到職,會稿到臣。除本鎮練兵文册咨送督臣,類送兵部查考,及在事各官,任淺功未、卓樹過小、尚俟改圖者,臣等徑行獎戒。與夫貪庸僨事,如平虜游擊王大璽,已經閱視糾劾,俱不敢瑣瀆聖聽外,其賢不肖之尤者,臣謹會同總督陝西三邊軍務、兼理糧餉、太子少保、兵部尚書、兼都察院右副都御史徐三畏,爲皇上陳之。

查得原任協守花馬池副總兵、今陞陝西總兵官王邦佐,未雨謀先桑土,當關威懾旆裘。制變銷萌,塞上久無牧馬;分甘同苦,軍中共感椎牛。協守鎮城副總兵、今陞中府僉書姚國忠,一廉不愧古人,百戰允稱名將。黠虜聞風咋指,部卒感惠捐軀。靈州參將吳繼祖,英標潔守,卓識宏才。簡蒐聚八陣風雲,修繕固千年保障。原任中衛游擊、今陞天城參將于翔儀,操同冰潔,令若霜嚴。整凋疲百度修明,禁騷擾一方愛戴。興武營游擊丁繼祖,七尺雄軀,一腔壯膽。料敵明如照燭,防邊警息傳囊。玉泉營游擊賀維禎,膽氣驍雄胸襟,開爽砥節人服。恬靜飭防,虜憚威嚴。鎮城游擊潘國振,吞胡壯志,照乘通才。

練伍得用奇用正之宜，當機明克愛克威之節。屯田水利游擊趙維翰，謀通三略，守慎四知。勤疏瀹胊脈不辭，策安攘機權動中。臣標下中軍都司僉書黃鈇，聳壑昂霄之度，追風逐電之才。韜略家傳，忠誠天植。坐營都司馬允登，魁梧邁衆，英爽空群。犁庭斬擘功高，訓士超投氣奮。石空寺守備、今陞固原坐營都司金成，智勇兼資，機權善用。四載邊塵如洗，一方政迹獨優。撫夷守備張曙，滾滾才堪破浪，赳赳氣欲食牛。制款無嘩，決策多勝。以上諸臣，修防訓練，克效勤勞，俱應薦揚，以備擢用。內王邦佐、于翔儀雖已陞任，緣在秋防之內。姚國忠、金成雖經陞轉，尚未離任。至於姚國忠，聲實久茂，資望最深，相應遇大將員缺推用。黃鈇歷俸三年有餘，秋防勞績爲多，相應加銜示勸，以需本鎮之用者也。

　　又訪得清水營守備賈助，修練未聞善狀，索求頓起煩言。軍丁逃故，及前官帶去者三十五名，既不召補，又不開除，共冒支本色糧三十五石，折色銀六十三兩，石太等其的證也。馬、騾倒死，及節年未補者四十三匹，既未買完，又不開報，共冒支料一百二十餘石、草四千餘束，李榮等可質審也。給散布花，則每封逼取五分，又全扣空軍三十五封。經識荔應魁被其枷打，指送年禮，則派取墩軍羊、兔，又科使費十餘兩。李春、劉二苦於科求，馬軍扣十月折色銀五十兩，原爲朋買馬匹也，果皆照數買補乎？不過假公以濟私。騾軍扣十二月、正月銀一百餘兩，原爲買補騾頭也，豈皆一一盡用乎？不過借名以肥己。互市公費，自有官銀，乃令旗識李聰、李應魁等扣糧，每月不下十四五兩，難免各軍之怨恨。撫夷酒飯自有定額，乃派排門李鐸、王氏等出辦小市，夷稅入己，不顧闔營之驛騷。此一官者，器本斗筲，欲同溪壑，闒茸之行已彰，策勵之效難望，相應革任回衛者也。

　　伏乞敕下兵部，再加查議。如果臣等甄別不謬，將王邦佐紀錄，姚國忠等循資擢用。姚國忠仍遇大將員缺推用，黃鈇量加職銜，賈助革任，回衛差操。所遺員缺，另行推補，勒限任事。庶勸懲嚴明，人知奮勵，而衝塞大有裨益矣。緣係甄別練兵官員，以昭勸懲，以勵人心事理，臣等未敢擅便，爲此具本，專差承差陳金齎捧，謹題請旨。奉聖旨："兵部知道。"

年終議薦將材疏

題爲議薦將材，以備擢用事。

案查，先准兵部咨，該本部具題，各邊缺多人少，合候命下，移咨各督撫衙門，會行巡按御史，各將所屬衛所指揮、鎮撫、千百户，及各營路中軍、千把總等官，加意諏訪。如果年力精强、才猷諳練、謀勇兼長、緩急可恃者，即於年終酌量奏薦，逐名注考。要見某某宜於衝邊，某某宜於次衝，某某堪任大將，某某堪任偏裨，另爲一疏。惟其人無拘名，數貴乎精，勿當冒濫。等因。題奉聖旨："是。各衛所武官，材勇堪任的著督撫等官博訪精核，從公奏薦，與武舉相兼備用，不許冒濫。欽此。欽遵。"備咨前來。又准總督軍門咨同前事，准此，俱經通行，欽遵。訖今照三十五年已終，又備行各道博訪，開報到臣，臣復逐加查核，除才守未試尚須磨礱者臣不敢濫舉外，所有聞見已真，緩急可恃者，謹會同總督陝西三邊軍務、兼理糧餉、太子少保、兵部尚書、兼都察院右副都御史徐三畏，巡按陝西監察御史余懋衡，爲我皇上陳之。

查得標下前司把總、中屯衛指揮同知金汝卿，才猷磊落，意氣激昂。雄心掃穴犁庭，疾足追風歷塊。原任參將寧夏衛正千户石松，恂雅克閑矩矱，澹泊不染紛華。武有其文，才而多藝。河西道中軍右屯衛指揮僉事沈勛，緩帶輕裘之度，寒冰苦檗之操。譽擅干城，胸多兵甲。原任守備大同玉林衛副千户辛志德，雄標虎視，壯氣鷹揚。談兵若決江河，繕塞有功沙湃。正兵營千總、原任守備中屯衛副千户黃培忠，一腔義膽，七尺雄軀。定策鑿鑿可行，將兵多多益善。直隷河間衛鎮撫謝廷瓚，奮迹武闈，游心將略。搦管文能草檄，揮戈氣欲吞胡。靈州營中軍靈州所正千户王承恩，英標山崎爽氣，川澄矢心肝腦。全輕賈勇，匈奴可繫。正兵營中軍原任守備、寧夏衛前所鎮撫熊彥吉，韜略精研黃石，才華利比青萍。威肅中權，聲雄北地。靈州所掌印本所指揮僉事孟崇禮，才諝爽剴，機智圓融。善刀游刃有餘，直節處囊立見。寧夏衛掌印前衛指揮僉事汪濟民，家徒四壁，策諳六韜。操心如履春冰，愛士宛同冬日。正兵營千總、寧夏衛指揮僉事勉忠，貌偉氣雄，藝精才練。一毫不沾緇垢，滿腔盡是真誠。花馬池營中軍寧夏後衛指揮僉事盧養材，指顧河山在掌，簡蒐草木皆兵。矯矯英風，恢恢壯略。靈州營把總、大沙井遞運所實授百戶張大綬，藝精穿札，志銳請縲。含冰潔履無塵，出塞英猷克壯。游兵營千總、寧夏衛實授百戶王養廉，體幹雄偉，技藝精良。論兵出入韜鈐，守己步趨繩墨。靈州所試百戶李枝芳，年方英妙，志已堅貞。敏捷若新發於硎，奮勵如方張之弩。紅寺堡操守、延安衛鎮撫白可成，丰姿秀雅，操履堅凝。持躬不忮不求，臨事有謀有斷。左屯衛掌印寧夏衛指揮同知呂應兆，標銅有志，握篆馳聲。蘊藉不愧科名，悃愊全無時套。以上諸臣，在金汝卿、石松、沈勛、辛志德、黃培忠、謝廷瓚，宜於衝邊。在王承恩、熊彥吉、孟崇禮、汪濟民、勉忠、盧養材、張大綬、王養廉、李枝芳、白可成、呂應兆，宜於次衝。雖才品各有不同，而謀勇皆堪適用，所當因能器使，以資其一臂之力者也。

至於大將偏裨，則臣等未敢預擬。伏乞敕下兵部，再加查訪。如果臣等所舉不謬，將金汝卿等酌量推用，庶人心知奮，而邊陲有攸賴矣。緣係議薦將材，以備擢用事理，臣等未敢擅便，爲此具本，專差承差陳金齎捧，謹題請旨。奉聖旨："兵部知道。"

報災異疏

題爲地方災異事。

據靖邊兵備帶管寧夏河西兵糧道右參政王愛呈，據寧夏衛呈，據直日陰陽生盧玉報稱：本年三月初三日酉初一刻，正東方天鼓鳴

響，有聲如雷，四外俱無雲氣，隨有一火星墜落無影。等因。到道該
本道覆查相同，備由呈詳到臣。該臣會同總督陝西三邊軍務、兼理
糧餉、太子少保、兵部尚書、兼都察院右副都御史徐三畏，巡按陝西
監察御史余懋衡議照：災變之來，夫豈無因？咎徵之幾，必有所應。
今天鼓鳴響，已爲異矣，而復有星晝隕此，尤爲異然，總之皆屬兵
象。本鎮三面鄰虜，最稱衝要，雖群醜就我皋牢，而銀定尚在驕
逸，臣等竊懼有外侮。況自罷變之後，加以榷稅之擾，人心愁苦，
反側未安，臣等竊懼有內憂。而今天變異常，又明示以兵革之兆，
則亦大可畏矣。此皆臣等奉職無狀，召此異災，除痛自刻責，及行
所屬文武各官一體修省外，再照本鎮兩道懸缺日久，雖經吏部推
補，俱尚未奉俞旨。即今兩河重地，闞其無人，臣等日夜盼望，臥
不帖席。

　　蓋分猷共念，其關係原自非輕，而弭變消萌，在今日尤屬喫緊，故
臣等敢并及之。伏乞皇上軫念衝疆缺官至急，俯將部推諸臣原疏亟
賜批發。俾令剋期赴任，庶緩急有賴，而地方可恃以無虞矣。爲此具
本，專差承差田文俊齎捧，謹題請旨。奉聖旨：“該部知道。”

任滿請告疏

　　奏爲任滿，例當給由，患病久益曠職，懇乞聖恩，亟賜罷免，以延
殘喘，以安重地事。

　　臣見年六十歲，山東萊州府膠州即墨縣人。由萬曆五年進士，本
年六月內除授河南南陽府裕州葉縣知縣，九年十月內陞直隸蘇州府
同知，十二年十一月內丁父憂，十五年八月內接丁母憂，十八年五月
內復除山西平陽府同知，二十年八月內陞大同府知府，二十三年十月
內陞山西按察司副使，整飭大同左衛等處兵備，二十六年十月內，三
年考滿。二十七年正月內陞陝西參政，候代間，本年四月內以考滿保
留，加陞按察使，仍管大同兵備道事。二十九年六月內准吏部咨“爲

缺官事”，該本部等衙門會推題奉聖旨：“黃嘉善陞都察院右僉都御史，巡撫寧夏等處地方，贊理軍務，寫敕與他。欽此。欽遵。”備咨到臣，隨於本年八月二十五日到任，扣至三十二年七月二十四日，三年考滿，本年九月二十八日准吏部咨“爲給由事”。該本部題覆，臣三年給由，原奏奉聖旨：“黃嘉善陞右副都御史，照舊巡撫，廕一子入監讀書。欽此。欽遵。”備咨到臣，隨於本年閏九月初六日到任，三十三年十一月十九日准兵部咨“爲閱視竣役，循例舉劾文武官員等事”。該本部題覆，陝西閱視按臣黃陞等，題叙閱視陝西四鎮邊務緣由。奉聖旨：“延、寧、甘、固四鎮修舉邊務各官既效有勞績，黃嘉善加兵部右侍郎，廕一子入監讀書，賞銀三十兩，大紅紵絲三表裏。欽此。欽遵。”備咨到臣，隨具疏控辭。奉聖旨：“閱視加恩，已有成命，不准辭。該部知道。欽此。欽遵。”於三十四年正月二十五日到任，今該三年任滿。

　　查得吏部職掌內一款，京官考滿，俱照歷俸，但足三十六個月爲一考，不拘遷轉官職。及照臣於萬曆三十二年閏九月初六日，以右副都御史到任。三十四年正月二十五日，以右侍郎到任。扣至三十五年八月初五日止，前後通理，總計實歷正三品邊俸，連閏共三十六個月，三年已滿，例應給由。緣臣素有脾胃之病，去歲復感痰火，益致氣血虛損，至今狼狽，雖尚皮骨之僅存，已覺精魂之不屬。臣累具疏乞休，俱未蒙批發。向以屏息候旨，未敢具奏。但三年考績，國有令甲，臣不敢以狗馬之疾而違明例，亦不敢以旦暮之身而逃顯黜。然臣罪實多，無功可試，臣病日甚，誤事何堪。

　　伏乞敕下吏部查議，將臣罷免，以爲奉職無狀者之戒，則黜陟大典，自臣彰明，臣實幸甚。倘蒙垂憐哀病，姑准休致，則體恤弘恩，又自臣蒙被，臣尤幸甚。臣無任隕越待命之至。緣係任滿，例當給由，患病久益曠職。懇乞聖恩，亟賜罷免，以延殘喘，以安重地事理，爲此具本，專差指揮彭世爵齎捧，謹具奏聞，伏候敕旨。

保留給由府佐疏

題爲遵例保留給由府佐官員事。

據陝西布政司呈：蒙臣批據慶陽府管理寧夏中路鹽糧同知張名坤呈，年三十七歲，山西平陽府蒲州人。由舉人，萬曆二十一年三月內除授河南汝寧府羅山縣教諭，二十五年九月內陞陝西鳳翔府岐山縣知縣，三十一年四月內陞江西瑞州府同知，本年十月初八日到任，三十三年八月內調繁今職，九月十五日離任，扣俸連閏二年零七日。三十四年二月初八日到任，扣至三十五年二月初一日，前後兩任，連閏實歷俸三十六個月，三年任滿，例應給由。等因。批仰布政司查報，又奉總督陝西三邊軍務、兼理糧餉、太子少保、兵部尚書、兼都察院右副都御史徐三畏，巡撫陝西等處地方、贊理軍務、兵部右侍郎、兼都察院右僉都御史顧其志，俱批仰布政司查報，又蒙巡按陝西監察御史余懋衡、巡按山西帶管河東鹽法監察御史康丕揚、巡按甘肅帶管陝西茶馬監察御史王基洪俱批布政司查報，依蒙行據慶陽府申，查得同知張名坤任內獎勵七次，并無參罰俸級、公私過名、違礙情弊，并將按察司及守巡與寧夏河西、河東等道考注"稱職"緣由，申詳到司，該本司覆查相同。考得本官儀姿穎秀，政體練明。督賦碩鼠潛蹤，提躬懸魚勵節。"稱職"。其本官職專糧儲，收支明析，并無參罰違礙，原係邊方管糧府佐官員，例應保留。既經道府查明注考前來，合無將本官照例考核具奏，保留在任供職，仍將任內行過事迹，遵例造冊具結，齎司送部查考。等因。通詳到臣。

卷查，先准都察院咨，准吏部咨"爲酌議考課之法，以肅吏治事"。本部題議，今後官員給由，在外方面府佐照舊赴京，有事地方照舊保留，免其赴京。撫按官從公考核賢否具奏，先令就彼復職管事，牌冊差人齎繳。其"稱職"經薦，應得誥命者，照例請給。"平常""不稱"者，部院會同酌處。等因。又准吏部咨"爲給由事"。內開：以後凡遇方面及邊方管糧府佐，并地方有緊要事情，官員考滿，俱照舊留。又准吏部咨"爲酌時宜，陳愚見，以圖省便，以裨聖治事"。本部題議，各省直撫按遇有方面有司等官，考滿從公考核，據實直書，分別"稱職""平常""不稱職"三等，填注考語，具題給由，以憑本部議處。等因。俱題奉欽依，備咨前來，通行遵依外，續據同知張名坤呈任滿緣由，已經批行該司，查報去後。

今據前因，時巡茶御史員缺，該臣會同總督陝西三邊軍務、兼理糧餉、兵部尚書、兼都察院右副都御史徐三畏，巡撫陝西等處地方、贊理軍務、兵部右侍郎、兼都察院右僉都御史顧其志，巡按陝西監察御史余懋衡、巡按山西帶管河東鹽法監察御史喬允陞考核得，慶陽府管理寧夏中路鹽糧同知張名坤，恢弘器識，妥練才猷。提躬不染緇塵，理齟克清弊蠹。"稱職"。關當任滿，例應給由。第其職專鹽糧，皆屬緊要之務。凡所爲督責撈采，稽核出納者，無不於本官是賴。矧該道久缺，重地不可無人，而轉盼秋防邊事，尤當孔棘。

正所謂有事地方例得保留者，既經該司查議前來，相應具題。伏乞敕下吏部，再加查議。合無將同知張名坤准令復職，照舊支俸管事。其任內行過事迹，造冊齎部，聽候考核，題請施行。緣係遵例保留給由府佐官員事理，臣等未敢擅便，爲此具本，專差承差張祿齎捧，謹題請旨。奉聖旨："吏部知道。"

報小池撈鹽分數疏

題爲邊鎮薦饑，議處備荒事宜，懇乞聖明，俯賜采納，以保重地，以弭後艱事。

准總督陝西三邊軍務、兼理糧餉、太子少保、兵部尚書、兼都察院右副都御史徐三畏會稿，准巡撫寧夏兵部右侍郎黃嘉善咨，據靖邊兵備帶管寧夏河東道右參政王愛呈，據委官東路管糧同知戴一松呈稱：親詣小鹽池查得，每歲額鹽二十萬石，萬曆三十五年分撈過鹽一十八

萬二千四百二十八石一斗九升，并無虛擬情弊。數由到道，覆查相
同，轉詳到職，看得撈完前鹽計數已及九分，所據該管各官，如靖邊兵
備帶管寧夏河東道右參政王愛、中路管鹽同知張名坤、署管鹽州同知
事經歷胡徐禮、大使王繪俱應照例獎勵。等因。到職。

卷查，先准戶部咨，該前督臣郜光先題本部覆議，每年終會同延、
寧二鎮巡撫，將二池額課查其完欠分數參治。該道亦視此鹽法，修廢
舉刺。又准該部咨，亦該前督臣郜光先等題本部覆議，每年小池額鹽
二十六萬四千八百四十石，大池額鹽二十萬九千八百五十六石，務要
撈曬如數，以充邊餉。如再分數不及，該督撫及巡鹽御史照例查參。
又准該部咨，該前督臣葉夢熊會題本部覆議，將大池額鹽減去五萬二
千四百六十四石，尚存一十五萬七千三百九十二石爲額；小池額鹽減
去六萬四千八百四十石，尚存二十萬石爲額。以後管鹽官，全完薦揚
陞擢，九分、八分分別獎勵，七分、六分獎戒并免，五分重加戒飭，不及
五分與四分以下者罷斥。又准該部咨，該職等會題本部覆議，大小鹽
池各增井一百眼、壩夫一百名，年終查參之日，照依今例。全完者薦
揚陞擢，九分以上者獎勵，八分者獎戒俱免，七分者戒飭，六分以下者
革職。等因。俱題奉欽依，備咨前來，通行遵依去後。

今准前因，查得參政王愛督理兩處鹽課，分數不等，應從大池論
叙。等因。會稿到臣。該臣會同總督陝西三邊軍務、兼理糧餉、太子
少保、兵部尚書、兼都察院右副都御史徐三畏，帶管巡鹽巡按山西監
察御史喬允陞議照：小池鹽課原係惟正之供，往因撈辦虧額，以故臣
等議增井夫。人力既多，撈采以時，故能完及九分之上，如是則軍需
亦可少獲接濟矣。所據在事各官，委宜甄別，除靖邊兵備帶管寧夏河
東道右參政王愛，心存裕國，計殫籌邊，鹽政綜理有方，課程登報溢額。
緣係大池鹽課全完，應聽延鎮叙薦外，如寧夏中路管鹽慶陽府同知張
名坤、署管鹽州同知事寧夏左屯衛經歷胡徐禮、鹽課司大使王繪，督率
風雨不辭，慎防狐鼠頓息，掣支無弊，撈采克勤，俱應照例獎勵。

伏乞敕下戶部，再加查議。將張名坤等行臣等獎勵，以示旌勸。

庶人心知奮，鹽政益修矣。緣係邊鎮薦饑，議處備荒事宜。懇乞聖
明，俯賜采納，以保重地，以弭後艱事理，臣等未敢擅便，爲此具本，專
差承差賈住齎捧，謹題請旨。奉聖旨："户部知道。"

參主守官員侵盜疏

題爲主守官員侵糧有據，謹遵例擬罪，以正法紀，以重邊計事。

據靖邊兵備帶管寧夏河西兵糧道右參政王愛呈：問得一名折應
誥，年六十歲，延安府安定縣人，由吏員任寧夏廣武倉副使。狀招：
萬曆二十六年間，應誥與先未故攢典吉可述，經收本倉一應錢糧，比
應誥不合故違"沿邊錢糧，有侵盜糧四百石以上，照本律仍作真犯死
罪。係監守盜者斬，奏請定奪"事例。與吉可述侵盜本年原收"元"字
廠鹽引黄粟米六百四十八石三斗，"利"字廠鹽引豌豆一百八十八石
三斗，"亨"字廠鹽引小麥二百七十一石四斗，共一千一百八石七斗，
均分入己。應誥又不合與吉可述不行如法，收貯浥爛小麥八十一石，
又不合私借與先在今故廣武營軍丁周官兒等小麥一百二十二石七
斗。別卷問明，已經扣完，本倉取有實收訖。在官另案擬軍攢擊典劉
夢龍，并無買吉可述米、豆六百餘石情由，俱先在今故楊節證。彼時
吉可述與伊先逃，今在官男吉體敬同在廣武，原投在官畢林家内住
歇，後因事發提審間，比畢林與未到原差黄汝吉各不合夫於防範，[①]以
致吉可述、吉體敬逃回原籍寧州訖。畢林等原無受賄情由，應誥因見
吉可述等逃走，亦又不合脱逃回籍。吉可述在家於二十八年正月初
八日病故。三十年正月内，蒙巡按徐御史案行寧夏河西道查盤間，又
蒙巡撫黄都御史憲牌亦行本道查盤，各倉場錢糧，俱委先任鎮城劉通
判前來本倉親查。彼時別卷已問徒在官副使王明善、攢典白璋承行
造册，各不合於册内誤造應誥、吉可述"元"字廠見在鹽引黄粟米一

---

① 夫：疑當作"失"。

石，"亨"字廒見在鹽引小麥一十五石，"利"字廒見在鹽引豌豆六石。比王明善又不合將應誥所收糧料誤寫作"二十七年"造冊，投遞劉通判轉報訖。擬將應誥提獲另結。三十一年三月內，蒙巡按吳御史案行本道查盤間，又蒙巡撫黃都御史憲牌，先該本院看得，本鎮管糧各官，不以邊儲爲重，往往假手官攢，致滋奸弊。酌議具題，每年終，行令該道，備將監收倉庫錢糧通加查盤，視其有無侵盜，以論功罪。該戶部覆奉欽依，備咨前來，通行遵依訖。今照三十一年已終，所據各路錢糧合行查盤，仰本道選委廉能文職，親詣所屬各路倉場庫局，自前次查盤以後，三十年三月起至三十一年終止，將各經收一應糧草、銀兩細加查盤。要見舊管、新收、開除、實在各數目，與原報循環邊儲冊有無相投。內某某處曾被某某人侵欺盜冒過銀、糧、料、草各若干，見今作何問理。如已追完，就附入各實在之後類造一冊。該道仍備查某路同知某人所屬倉庫侵盜銀、糧、料、草各若干，某路同知某人所屬并無侵盜之弊，開具簡明，揭帖報院，酌議施行。

　　蒙行理刑李同知前來逐一倒廒，查出應誥等前項侵盜糧、料，廒內虛懸，本官差人將應誥於三十二年正月內拿獲到官，審得應誥侵分米三百二十四石一斗、小麥一百三十五石七斗、豌豆九十四石一斗、浥爛小麥四十石五斗。吉可述侵分米三百二十四石一斗、小麥一百三十五石七斗、豌豆九十四石一斗、浥爛小麥四十石五斗。仍諭令應誥照例將前侵分贓糧果能限內通完，末減本罪。比應誥又不合拖延不納，議將吉可述贓糧於本犯原籍提解的親家屬監追，問擬應誥照例斬罪，招解本道審批。折應誥以倉官侵糧一千餘石，擬斬不枉。但查上次查盤應誥，照提招內稱：前糧係二十七年之內，今招却稱係二十六年，未知的是何年之數，且未見應誥與吉可述各侵分若干。又審應誥尚推之於吉可述，豈以可述已故，諉罪於彼耶？仰再查審的確招解。李同知復吊應誥細審，原係二十六年經收糧石，有循環簿可考。仍審與吉可述侵分是實，除移文差人前去寧州查解吉可述的親兒男，至日究明另報。先將應誥并吉可述名下侵分贓糧逐項開析，仍擬應誥前罪。招解本道查審得，折應誥等糧石欠明，牌行本廳即查，折應誥與已故攢典吉可述上次原侵某項糧料若干。折應誥脱逃，於某年月日拘獲。曾否招呈，詳允陪糧，今次查出，復侵若干。既係二十六年侵盜，上次因何錯造。差錯員役應否究罪。俱要一一備細叙議，明確問擬如律。招詳本道立等轉詳行間，應誥要得撫罪，又不合捏稱同吏吉可述經收二十六、七年分鹽屯糧料八千餘石，周歲任滿，具文申詳，准令回籍事。親將糧盡數交盤與吉可述看守支放，公同閘倉官吏楊節等議，明寫立文約幫，與各項造册查盤，使費銀二十兩，其糧照數交盤。吉可述如有短少，伊一面承當，與應誥毫不相干。文約會簿見存，已經回籍四年。不期吉可述將糧盜賣與上首吏劉夢龍米、麥四百五十餘石、豌豆一百六十石零，得財豐家，暗逃回籍，詐死隱名等項虛情具申。巡按黄御史蒙批河西道查報，蒙行李同知差人拘提吉可述，不獲，行拘應誥到官審問，所申任滿具由，准令回籍事親，文卷查無可考，明係虛捏撫餂。本犯與吉可述侵欺，均分贓糧，情已明白，及審上次查盤時，廒内原無貯糧，委係承行官吏王明善等於册内誤造。彼時應誥等脱逃，原未面質成招，以致數目不的。今於三十二年正月内拘獲究審，前侵盜浥爛借支糧數是的，各情俱明，仍擬應誥前罪，照追贓糧，招呈本道詳批。任滿倉官守支不盡之糧，例也。折應誥以見在千餘石糧料交與攢典，告假回籍，此理之所必無者，況無告假之文案乎？侵盜已屬無疑，第本犯强辯情節，似不可不爲一審，不然不足以服其心也。寧州去本鎮，往回半月之程耳，仰速提吉可述之男，并呈内官吏會簿，面質明白，招解事干題請，毋草草也。

　　繳李同知依蒙差人牌行，該州申稱：吉可述并弟吉可賢、男吉體欽俱已物故，次男吉體敬未蒙之先脱逃不獲，并無家產。取有印信官文，回報本廳。應誥又不合添擬上首吏劉夢龍侵糧數多，與吉可述、男吉體欽擬開糧六百餘石陷害。吉可述脱逃，軍丁周官兒支過糧二百七十石，不行開銷，止承認一百二十石，又稱廒内稍浥米、麥、料豆約有二百餘石，堪以搭放。以前支放，俱吉可述經管，應誥絲毫不知等情。又將歇保畢林并原差黃汝吉疏縱吉可述脫逃情由，具呈本道，批仰理刑廳查報，蒙吊應誥等一干人證到官，逐一研審。衆執官吏同收支放，從來一定之規，無有一吏獨自看守之理。且交盤糧必用斗脚多人，今闔倉人等無一知見。及查交單會簿、告假文案，又俱無存，則摭飾之情自不能掩。又審周官兒借放軍糧一百二十二石七斗，已經詳允追扣，泡爛止有八十一石。餘情俱虛，將應誥仍照原擬，招解本道詳批。折應誥以倉官侵欺倉糧，溢於例外，擬斬不枉，第招内前後糧數與照出俱不相投，未知何者爲的。畢林係吉可述歇保之人，不行防範，原差黃汝吉既已提獲，復行疏縱，有無受賄賣放情弊。可述雖稱病故，未見故於何年月日，亦未見取獲該州及里鄰結狀，恐有詐死情故。係干錢糧，且係重辟，仰再一查審招解。可述侵糧，一面嚴提伊男監并，如半月内不到，將歇保及差人解比。此繳李同知復吊應誥等到官，審得歇保畢林與原差黃汝吉各因疏縱，以致吉可述脫逃，原未受賄。及查吉可述并弟吉可賢、男吉體欽俱已物故數年，次男吉體敬未蒙之先逃走別境，緝拿不獲，并無家產，取有寧州印信官文可據。招内前後不投糧數，已經改正，餘情與前無異。

　　看得折應誥典守侵欺，贓既盈例，擬斬不枉。畢林防範疏虞，合應杖徵。王明善、白璋俱應并究，但閱查侵虧錢糧，已擬徒罪，合應從重歸結。有罪未到黃汝吉拘獲另究。仍擬應誥前罪，畢林不應杖罪，招解本道，覆審無異。看得折應誥主守倉庾，故違法紀，侵贓逾例，諭斬何辭。畢林乃歇保之人，失於防範，審無別情，姑從擬杖。王明善、白璋既經閱查問徒，應從原案歸結。有罪黃汝吉提究。已故吉可述侵糧，嚴提次男吉體敬監追，具招呈詳。巡撫貢、都御史詳批，吉可述侵糧脫逃，據稱物故，明係詐死，仰再嚴提伊父子，獲日，與折應誥一審，方可以服本犯之心。若止取回文，恐未可憑也。此繳本道備行本廳，差人將吉體敬提解到廳，查審間應誥又不合將前究明虛情具呈巡按余御史，蒙批寧夏河西道，盡法究報，務要廉明官鞫質，以服其心。

　　依蒙案行，帶管理刑管糧戴同知將應誥節次告辯一干人犯行拘到官,逐一隔別細審。應誥所申任滿,請詳准令回籍事親一節,并無文案可查。至於任滿倉官守支不盡之糧,從來定規。應誥既有見在糧料千餘,安得擅交攢典,告假回籍。況諸官吏俱同收同支,而吉可述豈肯獨自看守。且交盤糧料,擡斛上廒,必用多人,倒廒盤量畫會,須得數日,闔倉豈得寂無一人聽聞。又查得交單、會簿無存,復與吉體敬面質無詞,其周官兒借放軍糧一百二十二石七斗,已經扣還本倉,取有實收在卷,浥爛止有灰土小麥八十一石,餘情俱虛。看得折應誥典守倉庚,侵漁逾例,屢審情真,擬斬不枉。吉可述物故,罪宜免議。糧於伊男吉體敬名下,監并完納。仍問應誥前罪。畢林不應杖罪,招解本道覆詳。看得折應誥主守邊餉,大肆侵漁,審勘情確,斬無可辭。畢林歇保失防,亦宜杖懲。吉可述既已物故,原侵糧料於伊男吉體敬名下,監追完納。王明善等聽另案歸結。

　　招呈巡撫黃都御史詳批。折應誥侵盜邊儲,屢審詳確,擬斬似爲不枉。但事發之後,未經與吉可述面質,招開侵分之數稍涉可疑,此本犯之所爲嘵嘵辯耳。事干奏請,不厭詳慎。仰再委官研審,具招報繳。又蒙巡按余御史詳批,折應誥監候奏請,餘准贖照行各侵浥勒限嚴并實收繳,蒙行西路錢同知關提應誥等到官研審,前情明白。看得折應誥原與已故攢典吉可述同侵盜二十六年廣武倉糧一千一百餘石,吉可述先逃,折應誥後逃。今吉可述物故,應誥即欲乘機妄辯,希圖脫網。然雖係任滿,千餘石邊糧自宜守支,應誥安肯遺糧回籍,可述安肯輕自承受。細查并無申請准令回籍事親文卷,亦未有與可述交代文約中證。吉可述、男吉體敬見在面質,原係侵盜均分,祗以事犯重辟,展轉妄辯。應誥仍擬前罪,與吉體敬同監,追比前糧。王明善、白璋照另案歸結。畢林擬杖。

　　招呈本道覆詳,看得折應誥職司典守,敢肆侵漁,與已故攢典吉可述共行盜糧數逾千石。後見吉可述身亡,輒爾藉爲口實,妄稱告准回籍,將糧交與可述接收。既無文卷可憑,又無一人可證,明屬展辯,何足爲信。吉可述雖已物故,而伊男吉體敬當堂面質,招認伊父原與應誥侵分是的。折應誥擬斬無疑。將應誥等取問罪犯一名畢林，年四十八歲，廣武營軍，招同議得折應誥等所犯，折應誥合依主守自盜倉糧四十貫，罪止律斬，照例仍作真犯死罪，奏請定奪。畢林依不應得爲而爲之事理，重者律杖八十，有大誥减等杖七十。係軍審稍有力，照例折納工價銀贖罪，完日省發著役，照出死罪。折應誥免紙。畢林民紙銀一錢二分五釐，贖罪工價銀一兩三錢五分，俱追送廣裕庫收銷。仍於折應誥名下，嚴并原侵分"元"字廒黃粟米三百二十四石一斗，"亨"字廒小麥一百三十五石七斗，"利"字廒豌豆九十四石一斗，浥爛小麥四十石五斗。吉體敬名下追已故吉可述侵分"元"字廒黃粟米三百二十四石一斗，"亨"字廒小麥一百三十五石七斗，"利"字廒豌豆九十四石一斗，浥爛小麥四十石五斗，俱追送廣武倉正項支銷，通取實收繳報，仍抄招行寧夏衛鎮撫司，將折應誥牢固監候，奏請定奪。未到黃汝吉提結。王明善、白璋聽原案歸結。餘無再照。等因。招呈到臣。

　　卷照，先是，該臣訪得，所屬倉場弊孔多端，因行該道委官盤驗，查有前弊。臣思錢糧關係軍儲，罪犯又係重辟，覆行該道，再加研審，及照見行事例，限三個月果能盡數通完，罪從末减。今據覆呈，侵盜糧料，俱各的確，監追日久，毫未完納。仍應照例擬罪，具招前來，覆詳無異。除杖罪犯人畢林，臣已批行發落外，該臣會同總督陝西三邊軍務、兼理糧餉、太子少保、兵部尚書、兼都察院右副都御史徐三畏，巡按陝西監察御史余懋衡看得，邊儲錢糧，關係重大，典守侵盜，明例森嚴。折應誥職司倉庾，罔畏法紀，與已故攢典吉可述扶同侵盜數至千餘，本犯雖巧欲展辯，而吉體敬招證之口，固甚確也，抑安所逃三尺哉？歷審情實，擬斬不枉，所當照例正法，以示懲儆者也。

　　至於管糧府佐，關防疏縱，亦應議處。但事在數年之前，官久解任，似難別議。相應題請，伏乞敕下都察院，再加覆議。合無將斬罪犯人折應誥，照例上請，定奪行下，臣等遵奉施行。緣係主守官員侵糧有據，謹遵例擬罪，以正法紀，以重邊計事理，臣等未敢擅便，爲此具本，專差承差王鎮齎捧，謹題請旨。奉聖旨："都察院知道。"

請補患病副將員缺疏

題爲痰火陡發，不能赴任，乞准具題回衛，以便調攝事。

據靖邊兵備帶管寧夏河西兵糧道右參政王愛呈：蒙臣憲牌，仰道即便差人行催新陞協守寧夏副總兵朱洪範作速前來赴任。毋得枉道回籍，遷延誤事，依蒙行准本官手本回稱：本職先任山海衝關，繼調大同中路，苦歷八年之久。蒙矜兩地之勞，計薦計資，始於萬曆三十五年十二月内推陞協守寧夏副總兵，至三十六年三月二十八日與閻參將面代訖。隨即赴任，豈料行至聚落，痰火陡作，然猶强至右衛，前疾愈篤，醫藥罔功。據醫官金應晨等言稱，結痰壅伏，脾肺俱病，若非靜養經年，勢難望其速愈。本職切以邊臣報國，非但心矢丹誠，抑且身圖奮勵，庶幾可以副任，使答隆遇也。今而心身并困於二豎，形體僅裹乎一皮。支牀之力，尚且不勝，何以鼓轡長途，援抱衝塞，盡此願效之悃哉？於斯可知，賦分淺薄，命數之奇矣。況已經交代，而猶養病舊封，於理涉乎未安。捘病至篤，而顧勉强前進，於勢斷至償懱。此卧護與興疾俱難反覆，籌惟爲國爲身，不容延誤，萬不得已，陳瀝苦狀，請賜矜憐，真切之情，俯容轉達具題，准令回衛調理。等因。到道。爲照朱洪範病疾舉發，調治弗痊，不能赴任，千里陳詞，情非假託。乞要回衛調攝，似宜俯從。況時值秋防，一切防禦事宜，皆副將之責，關係匪輕，勢難懸待。合無將本官具題回衛調理，候病痊之日，以原官推用，遺下員缺，另請選補。緣由到臣，隨批該道，再行查勘。續據呈稱：查得朱洪範患病原真，別無規避，復詳前來。

卷查，先是，該臣接得邸報，本官推補前職，臣即牌行該道，差人催促到任去後。今據前因，臣謹會同總督陝西三邊軍務、兼理糧餉、太子少保、兵部尚書、兼都察院右副都御史徐三畏議照：副總兵一官，有協鎮地方之責，關係原重，故無事則春秋簡練，以示壓之威嚴，有警則東西截剿，以禦犬豕之侵突。蓋一日不可以缺人，亦一日不可以忘備焉者。況今時在秋防，更屬喫緊。新推朱洪範患病辭任，查非假託，既已臥痾之難前，豈宜懸缺之久待。

相應具題。伏乞敕下兵部，覆議上請。合無將副總兵朱洪範准令回衛調理。所遺員缺，即於鄰近相應官員內選補一員，勒令剋期任事。庶衝邊不至缺人，而緩急有攸賴矣。緣係痰火陡發，不能赴任，乞准具題回衛，以便調攝事理，臣等未敢擅便，爲此具本，專差承差徐信齎捧，謹題請旨。奉聖旨："兵部知道。"

請補患病府佐員缺疏

題爲患病不能供職，懇乞題請，准令休致事。

據靖邊兵備帶管寧夏河東道右參政王愛呈，蒙臣批據寧夏東路管糧慶陽府同知戴一松呈稱：本職衰殘，畏寒多病，而又值此異常怪冷之地。前此具稟，猶以偶爾風寒，旦夕可愈。豈知痰嗽日久，虛損殊甚，不時眩暈，眩暈輒仆，此其病根已深，殆難速愈。邊府非養病之所，而病軀豈邊官之任。抑且一家大小，水土不服，尤難久居，乞准休致。等因。蒙批仰河東道查報，依蒙行據中路管糧同知張名坤呈：查得本官賦性真醇，才猷揮霍。當知命之年，正展采之日，祇緣水土略不相宜，而畏寒出於素稟。浩然之念，當在鎮城時，已決久矣。去歲冬間，果染寒疾，至今尚未痊愈。求去之請，委出真心，并無假託。緣由到道，看得同知戴一松，歸志既決，難以勉留，合無將本官俯賜題請，准令休致。等因。呈詳到臣。案查，先據同知戴一松呈稱：素性畏寒，懇求歸去。臣以畏寒非疾，行令照舊供職。續據本官復呈前事，已經批行該道，查報去後。

今據前因，該臣會同總督陝西三邊軍務、兼理糧餉、兵部尚書、兼都察院右副都御史徐三畏，巡按陝西監察御史余懋衡議照：寧鎮設在極邊，原無郡邑，唯有四路同知分理糧餉，而東路一員駐剳花馬，地當衝險，尤屬緊要。同知戴一松患病杜門已經數月，既難力疾以任事，可令臥治而曠官。

所據乞休情節，查無假託，相應具題。伏乞敕下吏部，再加查議。合無將同知戴一松准令致仕回籍。所遺員缺，即於鄰近才望州縣官內選補一員，勒限赴任。庶幹理不至乏人，而邊地有攸賴矣。緣係患病不能供職，懇乞題請准令休致事理，臣等未敢擅便，爲此具本，專差承差王中齎捧，謹題請旨。奉聖旨："吏部知道。"

報　災　異　疏

題爲地震事。

據靖邊兵備帶管寧夏河西兵糧道右布政使王愛呈，據寧夏衛呈，據陰陽生雷玘報稱：八月十五日巳時正三刻，地震有聲，房屋搖動，從西北方往東南方去訖。又准廣武營游擊江應詔塘報，八月十五日午時分，從西北往東南，地震有聲，搖倒本營廝墻二處，民間住房八間。續據大佛寺等墩夜不收黃忠等走報，本日地震，搖倒墩房三間，各空邊墻六處，共長一十九丈，垜墻二處，共長一十六丈。又據石空寺堡守備韓體仁塘報，八月十五日巳時分地震從西北來，搖倒本堡大城腰墻一十二丈，子城五十三丈，塌毀三層門樓、一座公館、墻三處、倉廠墻二處、民房二十一間，大寺等墩東、西二空邊墻二處，共長一十六丈。等因。

到道，該本道覆查相同，隨即行令，將各損壞邊城見今修築外，備由呈詳到臣。臣惟地道主靜，動即失常。至於頹邊垣而壞民居，則尤可異之甚者。臣雖不諳占驗，而要之見於邊地，則兵之兆也。實臣之失政，而天降之災也。本鎮虜雖就羈，而銀、歹二酋尚然離遏。近因西犯革賞，思欲逞志於我。雖目下未敢輕動，而蜂蠆有毒，豺狼善噬，恐不恣肆，其侵突不已也。臣待罪地方，愧無弭災之術，而思患備禦，敢疏枕戈之防。除通行所屬文武各官一體修省，并嚴加戒備，期保無虞外。緣係地震事理，爲此具本，專差承差陸川齎捧，謹具題知。奉聖旨："禮部知道。"

撫夏奏議卷之五

議覆邊務疏

奏爲欽奉聖諭事。

准總督陝西三邊軍務、兼理糧餉、太子少保、兵部尚書、兼都察院右副都御史徐三畏咨，准兵部咨，職方清吏司案呈奉本部送，萬曆三十六年三月二十五日，該司禮監太監成敬等於文華殿傳奉聖諭：“朕雖静攝宮中，心未嘗不念周天下，其於柔遠安邇、詰戎振武之事尤惓惓焉。昨見滇夷作孽，撲滅非難，何至日久蔓延，任其焚劫。失郡失邑，戕官殺民，如入無人之境。撫鎮官平居防守，何爲臨事，制禦何策，陳用賓、沐叡都著住了俸，戴罪殺賊自贖，如縱寇遺患，并治不貸。其保身失事，爲國死事官員，了無分別，奚以激勵人心？ 著巡按御史作速勘來處分。又粵地遠在萬里，跤夷竊發，果否遁逃，作何防剿，失事地方作何保禦，著撫按也從實勘報。其遼東建酋不思國恩，不遵貢典，招亡納叛，意欲何爲？ 地切陵京，豈容如此怠忽。該督撫鎮巡等官務要申飭軍令，嚴戒將領。毋習故役剋以失軍心，毋自弛威嚴以生戎心。若有疏虞，責有所歸。爾該部即便馬上行文，與他每知道。前余懋衡閱視，條奏邊事，業已有旨，未見奉行具奏。仍還傳諭各邊守臣，一體振刷，以稱朕意。故諭。欽此。”恭捧到部，備咨到臣。

卷查，本年二月十七日，准總督軍門咨“爲閱視事竣，敬陳邊防要務，以佐安攘事”。准兵部咨，該巡按陝西監察御史余懋衡題前事，本部覆奉欽依，合咨前去，煩照題奉欽依事理，轉行該鎮巡撫衙門，一體欽遵,查照施行。等因。備咨到臣,隨即移文寧夏總兵官蕭如薰,及案行河西、河東二道,轉行大小文武將吏,各一一欽遵,見在舉行。今莊誦聖諭,仰見皇上宵旰時廑於九重,慮念常周於四海,頃緣一二地方有警,通敕各邊守臣一體振刷,聖謨弘遠,真爲安夏攘夷之要。臣謬叨邊寄,敢不竭蹶祗遵,以仰慰聖懷。除一面復行各官著實奉行外,臣謹會同總督陜西三邊軍務、兼理糧餉、太子少保、兵部尚書、兼都察院右副都御史徐三畏,看得陜西按臣余懋衡條議十事,皆爲籌邊之至計,亦皆爲各邊之當行。

矧寧鎮以孤懸之地,當彫攰之秋,内之元氣猶虚,外之夷氛尚惡,乘此徹桑,尤爲已晚,而敢泄泄懈弛,遺皇上西顧之慮耶?夫析十事而分言,雖意各有殊,約十事而力行,總不外一實。蓋事事務實,則籌邊無餘策矣,事事核實,則馭吏無餘方矣。如按臣所謂務臻實效,無事虚文者是也。而臣等不敢不勉圖之也。爲此謹將遵行緣由照款開列,理合具本,專差承差陳用齎捧,謹具奏聞。奉聖旨:"兵部知道。"

計開:

一,積錢糧。前件臣等看得閲視,按臣余懋衡所議"積錢糧"一款,深究不足之故,而於出入兩途,尤諄諄致意焉。誠籌邊裕國之遠猷也,豈獨延鎮所當舉行哉?寧鎮錢糧,三十三年終較之三十年終雖稍稱有餘,然西鳳、平慶等府民運之拖欠則二十九萬三千零矣,小鹽池鹽價之拖欠則二萬二千零矣。淮鹽浮引之盛行,則鹽商斗頭日以減削矣。此在平時已自難支,萬一地方有警,寧不爲之寒心哉?除鹽法已經户部題覆疏通,及小鹽池近該臣等具題,添井增夫,可望漸次充足外,其拖欠之多者無如民運。臣等已照按臣所議,檄行布政司嚴查,在州縣者責以分限比徵,毋憑奸胥而滋混冒。在衛所者責以逐年清楚,毋同積識以恣侵漁。苟其催徵,無法起解不前,則又必照例參處,庶人心儆惕,而邊儲可少接濟矣。夫入之之途既闢,則出之之途亦不容不嚴。所謂虚數之耗軍儲,專司之開弊竇,則臣等亦何敢泄泄然,而不力爲之振刷也。俟有積餘,據實造册,以候下次閲查。理合奏報。

一，修險隘。前件臣等看得閱視，按臣余懋衡所議修舉者，延鎮之險隘，詳哉其言之矣。然寧鎮與延鎮壤地相接，自花馬池以西至安定堡延袤二百里，其爲沙湃，與延鎮之定邊無異。平虜以西，其爲水口亦多有之，則修築之法亦豈有異焉？查得鎮城、中衛、平虜、靈州、花馬池、興武、清水、橫城、安定城堡俱係磚包，惠安、鐵柱泉二堡近亦包完。紅山、鹽池等堡見今查議包修，其餘土堡尚多，而時難舉盈，不得不次第圖之。唯是沙湃一帶最稱衝險。近該臣等酌量地形，修築磚石空心敵臺四座，高連女墻五丈五尺，底闊二十丈，頂闊一十八丈，每座可容軍五百名，據險防守，似足以備不虞。其水口處所，如鎮朔之歸德、汝箕，洪廣之黃硤、宿嵬，廣武之三山、石溝，玉泉之青羊、金塔等處，向來雖用石築，而衝突易壞，每費工力。臣等已照按臣所議，通行各路將領各疊石口，從闊從高，從實地起，兩邊俱用石堵，口上遍架松木，以作墻腳，從上累石，高至四尺，而後築土。其水口大者酌量水勢多開數口，仍復量高數尺，以防衝突。俟修完之日，據實造冊，以候下次閱查。理合奏報。

一，練兵馬。前件臣等看得閱視，按臣余懋衡所議“練兵馬”一款，因練兵而推及於選將，誠返本窮源之論也。寧鎮兵馬既同，則選將練兵豈容有異。除守備以上聽兵部推用外，其中軍、千把總及操守等官，容臣等咨訪道府等官。先之以年貌試之，以弓矢考之，以素行——從公選用，務在得人。至於練兵之法，應如按臣所議，革其虛冒，汰其老弱，擇弓矢之精者以教各隊之弓矢，火器之精者以教各隊之火器。刀劍戈矛，亦復如是，仍須常常比試，分別勸懲。如所教人數之中賞者多，則教師并賞，責者多，則教師并責。而該管把總亦視此以爲優劣，務使技藝稱良，膽氣倍壯，以此當敵，方克有濟。而臨陣之際，則又明其賞罰，先登者賞，亡軀者恤，逗遛者罰，奔北者誅。庶乎兵將一心，紀律不易，常守此法，可無憂醜虜矣。若夫軍丁食糧原有豐約，墩軍遠近原自更番，無容再議外，俟訓練精日，據實造冊，以候下次閱查。理合奏報。

一，整器械。前件臣等看得閱視，按臣余懋衡所議“整器械”一款。大率謂軍中器械不止火器，而火器爲中國之長技，其在禦虜，尤爲切要。顧火器亦不一矣，而切於用者無如滅虜湧珠及三眼槍云。按臣於閱試之時親驗利鈍，而深究其制作之原，欲改三眼爲一眼，筒深子多，可以及遠，誠爲便利之器。而軍中之所必資者百子銃，臣嘉善嘗倣遼東之式造於大同，試之而驗。近復造之寧鎮，分發正兵營三十位，奇、游二營各二十位，其用架活法悉與按臣議同。東西俯仰，隨手可使，唯是體質頗小，尚不能如遼鎮者之得法。容臣等再移文該鎮，查取一件爲式，并前一眼槍，多行製造，以備防禦。而又嚴粗惡之禁於監造之官，慎繡鈍之防於看守之役，而藥料則責成於司庫之員役焉。但有苦窳敗壞，必繩以法，庶器械其得用乎。俟造完之日，據實造册，以候下次閱查。理合奏報。

一，開屯田。前件臣等看得閱視，按臣余懋衡所議屯田，蓋躬歷邊垂，目睹夾道，地土荒蕪，慨然爲二難一畏之說，其於屯政不啻燭照，而數計之矣。寧鎮雖無夾道，而額設屯田，爲河衝者有焉，爲沙壓者有焉。河衝、沙壓，軍亦逃亡，爲人田兩無者亦有焉。奈之何額供不日縮也。查近年以來，雖已開墾三百四十餘頃，然而未開者尚多也。深究其弊，毋乃亦二難一畏之未盡除乎。臣等已照按臣所議，督行屯田及管糧、管屯府衛各官，務令勤其勸相，禁其科索，寬其催徵。凡近堡五里內地拋荒未久者，設法召種，量減舊額徵糧。其遠堡五里外地拋荒年久者，聽民耕種，給帖勒石，永不起科。務使民皆樂趨，而軍儲有賴。臣等不敢不力行之，俟開墾完日，據實造册，以候下次閱查。理合奏報。

一，理鹽法。前件臣等看得閱視，按臣余懋衡所議“理鹽法”一款，條陳五弊，鑿鑿乎其言之也。除浮引之當停，私鹽之當禁，已該户部題覆疏通申飭外，其復開墾禁賄，買融派中，則寧鎮所宜亟行焉。何也？開墾不復則收獲之利猶微，賄買不禁則粗惡之防猶疏，派中不融則豐歉之時無辨。應如按臣所議，自衛所屯田外，但有閑曠地土可以耕種者，准令各鹽商盡力開墾，給以執照，永不起科，而塞下之粟必多矣。徵糧之日，務令管糧官親詣倉口，督率官吏，查照原派色樣，驗收入廠，毋以燕麥而抵小麥，毋以羡米而抵正米，違者必懲，而倉中之儲必良矣。派鹽之日，毋拘定額，容臣等通行各道，酌量豐歉，通融衰益。如歲豐穀賤則多請召中，無拘當年之引目，歲歉穀貴則存留少中，以俟豐年之召補。則引既不滯，額亦不虧，而各商之苦亦庶乎其少廖矣。俟行有次第，據實造冊，以候下次閱查。理合奏報。

一，收胡馬。前件臣等看得閱視，按臣余懋衡所議“收胡馬”一款，推原耗馬之由，而於養馬之無實也、貢馬之太濫也，尤致詳焉，可謂切中時弊矣。此弊不革，則在野無雲錦之群，隨營皆尩羸之騎。即有精兵良卒，能以當虜之震蕩衝突哉？臣等已行該道，嚴督各營將領及撫夷等官，凡遇貢馬之日，必詳加查驗。可收則納之，不必太苛，以失羈縻之意。不可收則謝之，毋徒曲徇，以長驕嫚之心。此臣等之所當堅持者也。若既給軍之後，則又必時其料草。而該管千把總日稽查之，驗其臕分。而該管道將月賞罰之，戒之以避征者誅，棄之以餌賊者罰，圍獵而斃虜攄，盜竊而失者償，非軍器不用之以駄載，非軍務不用之以馳驅，則茶馬、胡馬悉皆可用，而營務之充實有日矣。此臣等之所當申飭者也，俟收有次第，據實造冊，以候下次閱查。理合奏報。

一，散逆黨。前件臣等看得閱視，按臣余懋衡所議“散逆黨”一款。察其情形，限其名數。蓋遠鑒晉室雲擾之轍，近懷國家隱伏之憂，思深慮遠，徹土苞桑，此誠今日對證之劑也。其在寧鎮則漢夷有收，而其願回原籍者不強留之充丁也。真夷有收，而非帶有室家者不濫給之糧餉也。況邇年和款以來，例不收降，其充丁食糧者不過三百餘名。以之鄉導，以之衝鋒，既可以收其精銳之用，而老死不補，黨與未繁，亦可以消其颺去之思。蓋昔之散逆也，以收之說爲散也，今之收降也，以散之說爲收也。蓋非收則無以孤虜，今日之勢，非散

亦無以杜我異日之憂。按臣於各鎮收降限以四十名,寓散於收,其策
之兩得者乎。至於出境有詰,而毋容漢人之逃逸,入境有詰,毋令奸
細之潛留,則臣等與各道將敢不兢兢日爲之防也。俟散有次第,據實
造册,以候下次閱查。理合奏報。

一,酌撫賞。前件臣等看得閱視,按臣余懋衡所議"酌撫賞"一
款,大都謂夷欲難厭,撫賞難徇,革除轉堡,要在自强,此誠制款之第
一義也。查寧鎮原無轉堡之賞,自二十九年續款題定,市賞銀四萬一
千二百兩,每歲聽部解發,并不累及軍士。唯是本鎮款虜以東,則有
若黃婦、火落赤等矣;以西以北,則有若賓妻、著宰等矣。若銀定則向
來未款,而歹成則款與未款之間者也。恭順如黃婦諸酋,則臣等各照
例給賞,以示之勸。跳梁如銀、歹二酋,則臣等亦各照例革賞,以示之
懲。蓋款市唯藉以羈縻,原不以此爲重輕。故來則市,而不來則不
市,市則賞,而不市則不賞。總之,順者用撫,而不必挑釁爲兵端;逆
者用剿,而不得縱敵遺邊患。按臣所謂,款不忘戰,戰以維款者,其以
是乎。至於所爲自强之術,如峙糧糗,以備緩急,整兵馬以防侵軼,禁
將領以杜曲徇,俱應亟亟舉行,則庶乎因款修備,而不至爲虜之所愚
矣。俟撫有次第,據實造册,以候下次閱查。理合奏報。

一,定經制。前件臣等看得閱視,按臣余懋衡所議"定經制"一
款,娓娓千言,洞悉諸弊矣。蓋謂諸弊除,而後經制可定也。其在寧
鎮十九年,題定之經制,非不犁然具也。乃年久法弛,則諸弊亦漸滋
矣,而倉庫爲尤甚。臣等嘗議改監收立法查核,雖亦漸覺清楚,然未
敢謂弊端之盡鏟也。應如按臣所議,嚴行該道,加意剔除。於軍則除
軍之弊,而不得以役占妨操備,不得以虛冒潤囊橐,而故違者必究。
於官則除官之弊,而不得以闒茸滋糜費,不得以贅疣遺騷擾,而可省
者必裁。於倉庫則除倉庫之弊,而不得以疏縱養狐鼠,不得以出納忽
錙銖,而有犯者必懲。諸弊既除,經制自定,無論目前之濫觴可杜,即
以復十九年之舊額,亦何不可哉?俟經制定有次第,據實造册,以候
下次閱查。理合奏報。

叙參營堡各官經理馬匹椿朋疏

題爲乘時治安，整飭兵馬，以壯邊疆事。

准總督陝西三邊軍務、兼理糧餉、太子少保、兵部尚書、兼都察院右副都御史徐三畏會稿，准巡撫寧夏兵部右侍郎黄嘉善咨，據寧夏河西、河東二道各呈：造本鎮營、堡、衛、所萬曆三十五年分馬匹椿朋、屯田銀兩數目，并應免應薦獎罰治官員職名册由各到職，查得萬曆三十四年終，本鎮舊管馬一萬二百三十六匹，三十五年新收買補并給領茶牧馬二千四百四十匹，開除倒死并變價馬九百八匹，實在馬一萬一千七百六十八匹，比三十四年多馬一千五百三十二匹。萬曆三十四年終，舊管廣裕庫收貯椿朋、屯田等銀六百四十兩四錢零，三十五年新收椿朋、屯田馬匹變價等銀五千二百九十二兩八錢零，開除支放買馬等銀一百五十二兩三錢零，實在廣裕庫收貯銀五千七百八十一兩零，比三十四年多積銀五千一百四十兩六錢零，拖欠未完銀二百六十一兩零。等因。又准巡撫陝西兵部右侍郎、兼都察院右僉都御史顧其志，巡撫延綏都察院右副都御史涂宗濬各咨報，延、固二鎮該年馬匹椿朋、屯田等銀數目，并各應免應薦獎參罰官員，備咨俱到臣。

卷查，先准甘肅撫院會稿，准兵部咨，内開：將該鎮騎操馬匹及椿朋、屯田銀兩備查，要見原額、倒失、已未買補各若干，不及分數照例住俸若干，已及分數免住若干。其椿朋、屯田銀兩亦要明開原收若干，買馬支銷若干，見收在庫若干，拖欠若干。又該前撫臣田樂題議，止以上次額數視今次實在查參，如馬死少而椿銀完多者薦獎，馬死多而椿銀完少者參罰，馬死多椿銀即完多亦必參，馬死少椿銀即完少姑免參。其應住廩俸各官，間有陞遷及革退不管事，以前者免支，以後者准開。又該臣三畏具題，議將住俸官員追椿及數，止許開支，住過者不許補支，俱經該部覆奉欽依，備咨前來，已經通行欽遵。等因。准此，該臣查得，馬匹椿朋之查參唯甘肅爲然，其延、寧、固三鎮從來未行查參。法令不一，漫無懲創。議將三鎮照依甘肅事例，各營堡馬匹即以三十四年閱視實在爲舊管，自三十五年正月起，要見一年之内倒死變價若干，買補給領茶牧馬若干，未補若干，以舊管較比，有無增損。其樁朋、屯田、老馬、馬駒贓皮等銀，亦自三十五年正月起逐一清查，要見已收在官貯庫若干作爲舊管，節年拖欠未完若干，立爲見徵續入，遞年新增。其後一年之内完過若干，開除若干，實在若干，每年終令四鎮撫臣查叙明白，咨臣類參。等因。具題，該兵部依擬覆奉欽依，備咨前來，已經通行各撫臣欽遵稽查，咨報去後。

今准前因，會稿到臣。除延、固二鎮聽該鎮撫臣具題外，臣謹會同總督陝西三邊軍務、兼理糧餉、太子少保、兵部尚書、兼都察院右副都御史徐三畏議照：寧鎮地當虜衝，防禦追逐，全藉馬力，而買補馬匹，惟賴樁朋，向來舉刺不行，故各官率多慢視。今一行查參，比之上年則多馬一千五百匹，多銀五千一百四十兩零，其裨益於疆場者不淺也。既經各道册報前來，該臣等覆核無異，相應照例分別，以示勸懲。除馬匹損失數少、銀兩未完不多，及革任參守等官王大璽等例免賞罰不開外，其馬死少而樁銀完多，與無馬有銀而全完，并完及八分以上者，如寧夏總兵官蕭如薰、花馬池營先任副總兵、今陞陝西總兵官王邦佐、寧夏陞任副總兵姚國忠、靈州營參將吳繼祖、中衛營陞任游擊于翔儀、興武營游擊丁繼祖、廣武營游擊江應詔、安定堡陞任守備潘應元、石空寺堡陞任守備金成、橫城堡守備戴邦治、中軍正兵營原任守備熊彦吉、花馬池營指揮盧養材、靈州營千户王承恩、興武營千户陳有光、廣武營千户孫崇忠，千總正兵營原任守備黄培忠、指揮勉忠，奇兵營指揮陳應武、把總正兵、營指揮李承爵，千户尹天順、張慶元，百户江統，奇兵營武舉官石賢，百户鍾鳴陞、劉綬、紀應麒，標下前司指揮金汝卿、後司指揮江鯤，花馬池營指揮馬應龍、余之龍，百户江英，靈州營陞任千户郭維校，百户虞文善、張大綬、楊武、李芹，中衛營千户劉寀、馬允祥，百户周召的，興武營千户宗孔教、廣武營百户毛克忠、安定堡百户林應禎、石空寺堡百户張書紳、橫城堡百户高棟、清水營百户王廉、操守威鎮堡指揮楊廷輔、紅山堡武舉署所鎮撫盧養麟、鐵柱泉堡千户余光憲、棗園堡指揮雍時泰、永興堡指揮王綬、永寧堡指揮葛忠、寧夏左屯衛管屯指揮吳徵、中屯衛管屯指揮納尚文、中衛管屯指揮馮繼孝，以上五十四員，俱例應薦揚，聽候紀錄。如游兵營游擊潘國振、洪廣營陞任游擊劉芳聲、玉泉營游擊賀維禎、大壩堡守備施大顯，中軍游兵營指揮徐珩、洪廣營百户苟伏威、玉泉營千户方震，千總正兵營百户何寬、游兵營百户王養廉，把總正兵營千户張琮、武舉官車應龍、奇兵營千户路忠，游兵營千户包三略、百户周從武，洪廣營百户李承憲、毛卜剌堡操守千户陳誥、寧夏前衛管屯指揮馬載道、平虜所管屯指揮許登麟，以上一十八員，俱例應獎賞。其馬死數逾二分，追樁又不及數，與無馬有銀而全未完者，如紅寺堡操守所鎮撫白可成、石溝營革任操守指揮李統、小鹽池營革任操守百户張承勛、靈州所管屯指揮韓世芳，以上四員，俱例應住俸。內李統、張承勛，雖經革任，仍應罰治，以警將來者也。

伏乞敕下兵部，再加查議。如果臣等分別不謬，將蕭如薰等紀錄，潘國振等獎賞，白可成等住俸，李統等量加罰治，仍行見任各官，將倒失馬匹作速買補，未完樁朋等銀上緊追徵，俟完足額，方許開俸。其以前住過者不准補支，庶勸懲既明，而馬政聿修，衝邊少有裨益矣。緣係乘時治安，整飭兵馬，以壯邊疆事理，臣等未敢擅便，爲此具本，專差承差陳金齎捧，謹題請旨。奉聖旨："兵部知道。"

催補河東道疏

題爲衝邊兵道久缺，新推未任，聞憂乞賜亟補，以重疆圉事。

據靖邊兵備帶管寧夏河東道右布政使王愛呈，准新陞本道副使朱芹關稱：於本年八月初四日自紹興府起行赴任，至嘉興地方接得家報，有父在家病故，例應回籍守制。等因。到道。相應具呈，合無題請另行推補，備詳到臣。

卷查，該臣先已牌行該道催促去後。今據前因，時督臣員缺，臣謹會同巡按陝西監察御史余懋衡議照：寧鎮止原設兩道，一在河東分理靈州、興武等處，一在河西分理平虜、玉泉等處。蓋兩河皆屬重地，而修防各有專責，所關非淺淺也。先是，兩道并缺爲日已久，該部以知府朱芹推補河東，奉有俞旨。臣等方喜其來，而今復以憂報，則河東一道虛矣。郎中朱化孚先補河西，久未得請，而續補李茂春又爲山西借留，則河西一道又虛矣。東西千里，彈壓無人，兵馬錢穀，誰司其事？臣等爲此凛凛，真有目不交睫、食不下咽者。況今銀、歹二酋，以革賞蓄憤，思欲狂逞，苟疏一日之防，恐有四郊之虞。而臣嘉善，以衰病一身，強爲揩拄，雖髮膚罔惜，而伎倆易窮。閔閔焉，冀該道之共濟，殆不啻如農夫之望歲矣。

所據前缺，相應具題。伏乞敕下吏部，速於就近司道擇其精明強幹者推補一員，并將原擬朱化孚陞補河西道前疏統祈檢發，俾令剋期前來任事。庶邊務克濟，而重鎮有攸賴矣。緣係衝邊兵道久缺，新推未任，聞憂乞賜亟補，以重疆圉事理，臣等未敢擅便，爲此具本，專差承差陳完齋捧，謹題請旨。奉聖旨："吏部知道。"

獲功報捷疏

題爲狡虜糾衆入犯，官兵堵剿獲捷，謹先報聞事。

本年十月初一日，據中衛參將賀世勛塘報，據巡邊夷人湃彥兒密說，銀定自六月間，親往河東吉囊處討兵回來，同歹成約了七個台吉，要在沿邊并新疆搶掠。因秋防俱有兵馬，未得入犯。今帶領精兵達子二千六百，見住山後鹽池，不知犯搶何處。等情。臣一面飛檄中衛等處，收斂人畜，厲兵秣馬，擐甲以待，如有入犯消息，務要奮勇剿殺，大獲全勝。鄰兵聞警，不待調遣，星馳策應。一面發署奇兵營事坐營都司馬允登，領兵駐廣武適中等處聽援。至本月初七日辰時，據賀世勛塘報，初五日午時分，虜衆三千入犯，撲至城門，撒馬鵰搶。本官統兵對敵,斬首四顆,奪獲達馬六匹,陣亡軍丁三名,殺死夜不收一名,重傷軍丁七名,輕傷四名,射死官馬九匹,回營倒死四匹,搶去男婦一十三名口,馬、驢、牛、羊二百四十二匹頭隻。各賊於本日戌時,仍從原口出邊去訖。等情。臣慮賊既近城,蹂躪必多,所報搶掠之數恐不止此,隨牌行河西道并理刑同知王三錫嚴查去後。

十五日,據平虜參將聶自新塘報,據巡邊夷人土卜賴密報,有銀定等酋在山後蒲草泉聚結,要在二三日內犯搶玉泉、廣武一帶。臣即會同總兵官蕭如薰,選發鎮城各營精健官兵,責委游兵營游擊潘國振統赴玉泉等處按伏間。十八日辰時,據鎮城東南角樓守瞭軍人張興報稱:迤南新渠舉放烟砲,從石空寺堡傳來,隨該總兵官蕭如薰統領本營并前後司官丁一千八百餘員名,前去策應,臣復遣標下中軍游擊黃鈇隨營監陣。賊因烽火傳早,是日未敢入邊。

二十二日,據坐營都司馬允登等塘報,二十日,據廣武游擊江應詔差夜不收王名走報,有銀定等達賊二千有餘,在於井溝口墩北空清山水地方聚結,苗頭犯搶廣武等處。本職同正兵營兵馬到彼待戰。二十一日午時分,前賊由本口入境,烟砲傳到,當即統兵馳拒。賊見我兵截堵,一齊吶喊迎敵,隨有鎮城游擊潘國振領兵五百員名,廣武游擊江應詔、玉泉游擊賀維禎各領兵三百員名,亦皆馳至,合營剿殺。就陣斬獲首級二十三顆,奪獲坐纛一杆。賊見我兵奮勵,遂潰亂奔走。官軍乘勝追趕,直至邊外。賊復據險回敵,我兵槍砲齊發,打死甚眾。又斬獲首級六十顆,欲再窮追,因天色已晚,恐有伏兵,一同收兵進邊。查得各營共斬虜首八十三顆,內正兵營六十四顆。據通丁王卜剌認有首領恰首級一顆,係銀定下好人別蓋恰。奇兵營七顆,游兵營六顆,廣武營四顆,玉泉營二顆,并前中衛先斬四顆,共八十七顆。奪獲戰馬五十四匹,夷器四百五十三件。及查各營通共陣亡軍丁四名,重傷家丁一十四名,輕傷七名,射死官馬一十六匹。等因。到臣。

該臣看得,銀、歹二酋,素稱桀驁,而又有山後流虜為之羽翼,故西則屢犯甘、凉，近則竊窺本鎮，爲患非一日矣。在歹成，自前犯鎮朔，已經革賞，銀定則又獨自跳梁，不受羈縻者也。近因要挾未遂，蓄憤思逞。或今日借兵某酋，或明日聲犯某路，露爪張牙，情形久著，臣於報灾報缺疏中已屢言之。今突犯中衛，未遭大創，乃敢復犯廣武。幸而我兵預布，一戰而斬虜首八十餘顆，雖未殲厥渠魁，而敵加我應，彼逆我剿，亦足以寒外夷之膽，而伸中國之威矣。今二酋猶結兵未散，除臣嚴檄各該將領萬分戒備，以防報復。及行該道查勘兩處功罪，并地方有無隱匿重情，容臣查明，另行分別具題外，緣係狡虜糾衆入犯，官兵堵剿獲捷，謹先報聞事理，爲此具本，專差舍人江梓齎捧，謹具題知。奉聖旨："兵部知道。"

叙議各官功罪疏

題爲狡虜兩次入犯，各官功罪不同。謹據實參叙，懇乞聖明，分別賞罰，以昭勸懲，以重邊防事。

據慶陽府管理寧夏理刑同知王三錫呈：蒙臣憲牌，仰本職即便親詣中衛，查勘入犯達賊的係某枝，共有若干，原與某日時，從某邊段進入，直至某處。官兵曾否拒敵、搶掠人畜，并陣亡損傷軍丁的有若干，斬獲首級是否真正强壯，應當作何陞賞優恤，及地方有無隱匿別情，務要從實詳報，遵依查勘。間又蒙憲牌，仰本職即將虜犯廣武官軍堵敵獲功情由，一并核查明確，詳報以憑，具題施行。

該本職查勘得，酋首銀定自本鎮續款之後向未入羈。歹成初雖款市，亦自萬曆三十三年犯鎮朔革賞，以故數年以來東西窺伺，大爲各鎮之患。本年十月初一日，該中衛參將賀世勛據巡邊夷人湃彥兒密説，銀定自六月間，親往河東吉囊處討兵回來，同歹成約了七個頭目，要在沿邊并新疆搶掠，因秋防俱有兵馬設備，未得入犯。今帶領精兵達子二千五六百，見住山後鹽池，不知犯搶何處。等情。塘報，當蒙本部院申飭中衛等路將領，收斂人畜，擐甲堤備，如有入犯消息，大加剿殺，務期全勝。鄰兵聞警，不待調遣，星馳策應。隨發署奇兵營事坐營都司馬允登領兵五百員名，駐廣武適中等處聽援。

初二日，有見款酋首賓妻部下散夷、播兒害、賽令達住、楊賣四名到中衛城下求開小市，本營參將賀世勛因非市期未允，隨問銀、歹消息。各夷回說往清雙山去了，本官信以爲實，不復偵探。至初五日早晨，四夷復至該營講說買賣間，隨有銀、歹二酋帶領達賊二千餘騎，於本日午時分，從本路地名暖泉兒口進邊。該哨爪夜不收楊希道舉砲一個，瞭角軍夜張佑未即接傳，及復放砲二個，方纔走報。該營本衛因止距邊十里，故虜衆突至城下，一半堵擋西、南二門，一半撒馬鵰搶。賀世勛與本營中軍官馬允祥方從東門統兵出城，於西北角樓下屯劄，各賊擁衆相持，彼此敵戰。本官督令軍丁，用弓箭、火器向前射打，僅止斬獲虜首三顆，奪獲達馬五匹。鎮虜堡操守李時芳聞警收斂，隨提兵追堵，行至疊路湖，遇賊二十餘騎。本官奮勇對敵，斬强壯虜首一顆，奪獲達馬一匹。本日戌時，各賊從原口出邊去訖。賀世勛當將播兒害等四夷絣拿收監，比時原發署奇兵營事坐營都司馬允登，同廣武營游擊江應詔各聞警，統兵馳至棗園堡迤西，據報賊已離境，未得臨敵。

查得該營與鎮虜堡共斬獲虜首四顆，達馬六匹，被賊殺死夜不收一名，施召的陣亡家丁黃大化等三名，中傷回營身故軍一名盧景，重傷軍丁韓萬等七名，輕傷李均兒等四名，射死施召的等官馬九匹，射重回營倒死韓萬等官馬四匹，殺死軍餘馮阿三等六名，被擄男婦內走回張千保等九名。實搶去邰藍州等四十七名口、王三等馬六匹，張松等牛一百二十八隻、騾一頭、驢四十五頭、羊一百七十隻。職恐猶有隱情，復出牌曉諭，許殘害居民不時首告，仍行中衛經歷鄒濂、掌印指揮馮繼孝，及管所地方等官田產玉等，逐門審查相同，取具各官不扶甘結在卷。

本月十五日，該平虜參將聶自新塘報，據巡邊夷人土卜賴密說，銀定等酋在山後蒲草泉聚結，要在二三日內犯搶玉泉、廣武一帶。隨蒙本部院，會發鎮城各營精健官兵，委令游兵營游擊潘國振統赴沿山衝要玉泉等城堡防禦。十八日，據鎮城東南角樓守瞭軍人張興稟報，迤南新渠舉放烟砲，從石空寺堡傳來，蕭總兵即領本營并前後司官丁一千八百餘員名，前去策應。又蒙本部院復遣標下中軍游擊黃鈇隨營監陣。本日，各賊見烽火預傳，未敢入邊。二十日，廣武游擊江應詔差夜不收王名出邊探得，銀定等達賊約二千有餘，在地名井溝口墩北空清山水聚結，苗頭犯搶本營大壩等處。走報都司馬允登，同正兵營司中軍把總熊彥吉、賈隆等赴彼設伏。二十一日午時分，前賊由本口入境，烟砲接傳，各兵即時馳拒。賊見我兵截堵，一齊吶喊迎敵，數陣當有。鎮城游擊潘國振帶領官兵五百員名，廣武游擊江應詔、玉泉游擊賀維禎各領官兵三百員名，亦望烽馳至，聯營合戰，就陣斬虜首二十三顆，奪獲坐纛一杆。賊見我兵勇猛，披靡奔走。官兵乘勝追至邊外二十餘里，復鏖戰許久，槍砲打死數多，俱被拉去。又斬獲虜首六十顆，欲要窮追深入，時因天晚，恐有埋伏不便，收兵進邊。查得各營共斬虜首八十三顆，內正兵營六十四顆。據通丁王卜利認有首領恰首級一顆，係銀定下好人別蓋恰。奇兵營七顆，游兵營六顆，廣武營四顆，玉泉營二顆。各營共奪獲達馬五十四匹，內中傷回營倒死一十匹，夷器四百五十三件。陣亡軍丁胡谷才等四名，重傷乜克賴等一十四名，輕傷把他哈等七名，射死李進元等官馬一十八匹。以上并中衛先斬虜首共八十七顆，逐一查驗，俱係真正。內願陞強壯二十九顆，願賞強壯二十九顆、次壯一十一顆、幼小一十八顆，中間并無買冒隱匿別情。取具各該中軍、把總等官甘結在卷。

其前功級業，蒙本部院驗明，照例每名先給小賞銀三兩、梭一疋、布一疋，共銀二百六十一兩，梭、布一百七十四疋。并量賞獲功員役花紅共銀八兩、中段六疋、下段一十疋、梭布一十四疋，以示鼓舞訖。及照前項斬獲首級，除願陞蕭臺賴等二十九名顆，內有小頭目恰一顆，應照例加陞外，願賞五十八顆，內強壯爲首樊得等二十九名顆，次壯爲首捨剌克探等一十一名顆，每名顆該銀五十兩，共銀二千兩。幼小辛湃祝戶等一十八名顆,每名顆該銀二十兩,共銀三百六十兩。爲從強次壯忽纏大等六十九名,每名該給賞銀二兩、布二疋,折銀四錢,共銀一百六十五兩六錢。幼小打刺等一十八名,每名該量賞銀二兩,共銀三十六兩。陣亡除願陞胡谷才等三名外,願賞有父子哮芀等五名,每名該銀三十兩。回營身故盧景一名,該銀一十五兩。共銀一百六十五兩。以上通共該銀二千七百二十六兩六錢。與前願陞員役,應候具題。陞賞各陣亡軍丁八名,每名該給棺木銀一兩,共銀八兩。重傷軍丁二十一名,每名該給湯藥銀五錢,共銀一十兩五錢。輕傷軍丁一十一名,每名該給湯藥銀三錢,共銀三兩三錢。通共該銀二十一兩八錢。與獲功員役銀、梭、段疋,應於庫貯撫賞內動支。其小賞因無夷畜變價銀兩,俱於椿朋銀內支給。與射死操馬三十一匹,行令各該營庫照數開銷。奪獲達馬照例三分入官,變價聽候小賞。其餘七分并各夷器,俱給原獲軍丁充賞。仍備細造册,聽按院核勘。等因。并叙議功罪官員,詳由到臣。

案照,先據中衛參將賀世勛偵報,銀、歹二酋,東西會兵,意圖穿塞。臣一面飛檄各將,堅壁清野,擐甲以備,一面會行總兵官蕭如薰,督同正、游二營聽援。且慮中衛僻在西南,距鎮四百里,恐一旦有警,重兵必難猝至。隨先發署奇兵營事坐營都司馬允登領兵駐廣武適中地方策應。至十月初七日,據賀世勛塘報,虜衆三千入犯,本官對敵斬首四顆,奪獲達馬六匹,陣亡并傷損軍丁一十五名,射死官馬一十三匹,搶去男婦一十三名口,馬、牛、驢、羊二百四十二匹頭隻。等情。臣即牌行河西道并理刑同知王三錫查勘去後。十五日,據平虜參將聶自新塘報,銀、歹二酋自犯中衛之後,仍聚結邊外,臣計此酋驟勝而驕,勢必再逞。隨會發鎮城各營官兵,分布設防。十八日,烽砲傳來,該總兵官蕭如薰統兵策應,臣復遣官監督。二十二日,據坐營都司馬允登等塘報獲功緣由,并稱二酋仍結兵未散,該臣即時馬上傳諭各該將領萬分戒備,以防報復。一面備行該道核查,一面具本於二十三日報聞訖。續據各營呈解虜級,奪獲達馬、夷器,并獲功員役前來,臣親詣教場,同鎮臣查驗,前後共斬虜首八十七顆,內强壯五十八顆,次壯一十一顆,幼小一十八顆,俱各真正。照例先給小賞花紅,并量賞獲功各員役,以示激勸外,時帶管寧夏河東、河西、靖邊道右布政使王愛偶報病故,所遺二道事務俱皆停滯,尚無帶攝之人。臣以事關虜情,難以緩待,復催行同知王三錫核勘冊報去後。今據回詳,隨與賀世勛前報查對,內比今勘之數多報虜一千,少報搶掠軍民三十餘名、頭畜一百餘隻,被殺軍餘六名隱匿未報。臣不勝切齒痛恨。蓋世勛習蒙蔽之故,智掩失事之重情,而不知隱匿之罪,反甚於疏虞,臣益不能爲之解矣。

時督臣員缺,臣請得而備言之。查得銀、歹二酋雖向屬本鎮,而叛服不常,屢爲邊患,所從來遠矣。銀定自二十九年續款,通未入市,而歹成則助之爲虐,介於順逆之間者也。故臣於前犯鎮朔,題革其賞,乃復恃其桀驁,滋爲不道,連年如犯涼州永安等處,皆彼爲亂首。臣屢與督臣責以大義,而執迷不悛,反思謀我。臣嘗日夜私計,恨不即滅此而後朝食。故方諜得其情,即行該路嚴防,不啻三令五申,使能多方偵探,以觀其疾徐而爲之備。則我兵雖寡,彼亦不至得利而去。乃徒狃夷言,遂爾休殆,致令乘機突入,蹂躪近郊。本官雖城外對敵,而一步不敢前,尚可謂有將官之氣乎? 以故虜志益驕,旋復逞於廣武。幸而陳兵預待,并力迎擊,斬獲首功八十有奇,奪獲夷器四百有奇。狂鋒大剉,前恥足雪,而將來之窺伺,或亦可少息矣。然臣等之力不能及此,實皆我皇上神武,昭布廟謨遐宣之所致也。所據前項功罪,廉勘已明。若不分別懲勸,何以風厲人心。

除中衛掌印指揮馮繼孝收保欠嚴,該臣徑行戒飭革換,并軍夜張佑捆打發落外,參照寧夏中衛參將賀世勛,身膺保障,計乏綢繆。戎馬在邊,頓忽枕戈之備,門庭玩寇,全無死綏之心。報虜則飾少以爲多,盡欲塗人耳目;失事則擬輕而掩重,忍令蕩我邊陲。既隳軍實而長寇讎,難逭文網而辭疏縱。本營中軍副千户馬允祥,全軀念重,臨事謀疏,不能賈勇以前驅,但聞擁兵而自衛。以上二官,雖獲有三級,而得不償失，難以贖罪，俱應革任提問，分別正法者也。至於獲功各官，如鎮守寧夏總兵官都督同知蕭如薰，忠義疾風勁草，韜鈐紫塞長城。鞠旅陳師，指顧奪豺狼之魄；臨敵決策，俄頃清鷄鹿之塵。駿烈孔昭，燕然可勒。此一臣者，相應優叙。鎮城游兵營游擊潘國振、廣武營游擊江應詔、玉泉營游擊賀維禎、臣標下中軍游黃鈇、署奇兵營事坐營都司馬允登，正兵營中軍原任守備熊彥吉，心懷馬革，志在狼胥。擐甲當鋒，共殱方張之虜；援枹鼓氣，克成汛掃之功。以上各官，俱應叙賚。各營把總賈隆、田科、謝起、王柄、劉盈科、姜道、孟應熊、毛克忠、陳進忠、李時芳，以上各官，或作前茅而矢石不避，或當後勁而斬掔稱雄，均應量加賞賚。內賈隆等七員，俱有部功，應照例陞級。其餘哨司各官，查無俘馘者，臣不敢以濫及也。

再照，有順有逆，乃犬羊之異態，順撫逆剿，宜威惠之迭施。今二酋徹亂，臣固不敢縱敵，而各虜奉盟，臣亦不敢多事。業已諭令黃婦等酋，照舊住牧，與之相安。唯是銀、歹負固有年，罪難貸賞，既已肆其瘲噬，終難馴其跳梁。容臣遵照明旨，相機處置，但有蠢動情形，即行搗虛批亢。庶乎兇逆可除，而款事不爲其所撓敗矣。至於各營奪獲達馬，應照例三分入官，變價聽候，小賞支用。其餘七分并夷器，俱給原獲軍丁充賞。獲功願賞首級等項，共該銀二千七百二十六兩六錢，應候速發查給。其擒獲四夷，既稱係款酋部落，似應待以不死，令其歸我人畜，然後貸罪釋放，或亦操縱款虜之一處也。

既經本官查明，詳報前來。又該臣覆核無異，除將各營領兵把總，及獲功首從、傷亡軍馬等項造冊，咨送兵部，以備核查外，相應具題。伏乞敕下該部，覆議上請。合無將賀世勣革任，與馬允祥俱行巡按御史提問究罪，并將廣武獲功將吏一并核勘，照例陞賞。及地方有無隱匿別情，明白議擬，徑自具奏。及照中衛極稱衝險，又當夷情孔棘之日，所遺該路參將員缺，應於就近廉勇官內速爲推補。其小賞花紅、勳過椿朋撫賞銀兩、段布，對陣射死官馬，各准照開銷。緣係狡虜兩次入犯，各官功罪不同，謹據實參叙，懇乞聖明，分別賞罰，以昭勸

懲，以重邊防事理，臣未敢擅便，爲此具本，專差承差袁陞齎捧，謹題
請旨。奉聖旨："兵部知道。"

報慶藩火灾疏

題爲火灾異常，燒毀藩府宮藏事。

據慶府長史司呈"爲火灾異常，府宮庫藏突被燒毀，懇乞題賑，以
固邊藩事"。内稱：本年正月十七日亥時，本府突然火起，將寝宮庫
藏并皆燒毀。其中衣帛、器具等物，一無所存。變出非常，極爲慘苦，
請乞具題。等情。又據闔鎮宗儀倪燧、李麟等各呈前事到臣，俱批行
寧夏河西道查勘去後。續據分守河西帶管本道右參政高進孝呈稱，
行據寧夏理刑同知王三錫申，查得慶府分建本鎮，三面鄰虜，風土苦
寒，禄産原薄。向者哱、劉爲亂，復遭搶劫。當時今王方纔六歲，慶先
王妃方氏藏王地窖，自縊死節，内外財産盡歸逆手，至今物力匱詘，猶
且不支。近正月初一日寅時，王將望闕朝賀，偶見火光如斗，自南墜
落。乃於本月十七日夜二更時分，陡然火起，燃燒寝宮。此時王已睡
熟，幸而天誘其衷，忽即驚覺，急取册寶，從窗中走出。風狂火烈，救
護難前。遂將寝宮庫藏燒毀二十餘間，歷來頒賜諸物及一應器帛盡
成煨燼。又侍女被傷數人，今已續死三口。如此灾變，委屬異常。

查得萬曆三十二年，晉府被火，曾經題討遣禄并宗儀積剩銀兩修
建，奉旨俞允。三十六年，蜀府報灾，亦蒙聖慈矜憫。該藩事體正與
相同，而艱難苦楚過之，似應俯從輿情，題加賑恤。等因。到道，看得
慶藩自向罷多變，府事久已衰薄。及王承襲以來，亦尚摧殘，未復澹
泊謹守，有同寒素。不謂天復降灾，倏焉被火，宮寝頓作土墟，帑藏俱
成灰燼，非但日用金帛毫無所存，即從來珍收諸器悉歸烏有。親王那
堪此厄，實爲地方一異灾也。合無照例具題，亟議優恤，備詳到臣。
時督臣未任，該臣會同巡按陝西監察御史楊一桂，看得慶藩分封巖
塞，當西北極邊之地，風土寒苦，已非腹裏可比。壬辰哱、劉肆逆，横

遭逼劫,彼時王躬甫在襁褓煢煢,兼失怙恃,遘難既多,遂爾衰替。今年齡漸長,貴而能貧,唯是元氣未復,而蕭條尚如故也。乃今復罹回祿,既焚其寢室,又延及庫藏,雖稍遠房廊幸有救免,而彝器典策則蕩然無復存矣。夫災變之來,何地蔑有,而見於藩府摧殘之後,其情亦良苦也。臣等待罪地方,何忍嘿嘿。

　　既經該道查有二藩火災事例,詳報前來,相應具題。伏乞聖慈,特加軫恤,敕下禮部查例,覆請施行。緣係火災異常,燒毀藩府宮藏事理,臣等未敢擅便,爲此具本,專差承差張祿齎捧,謹題請旨。奉聖旨:"禮部知道。"

方面九年考滿疏

　　題爲藩臣九年給由,遵例考核,亟請陞擢,以酬勞績,以示風勵事。

　　准巡撫陝西等處地方、贊理軍務、兵部右侍郎、兼都察院右僉都御史顧其志會稿,據陝西布政司呈,准本司左布政使王民順咨稱:本職年六十一歲,江西撫州府金溪縣人。由進士,隆慶五年六月內除授廣東肇慶府廣寧縣知縣,調繁本府新興縣知縣,行取選授湖廣道監察御史,差按蘇松常鎮陞山東按察司僉事,丁父憂復補廣東按察司僉事,陞本省布政司右參。議以軍功欽賞銀幣二次,陞本省按察司副使,陞福建布政司右參政,丁母憂復補廣東布政司右參政,陞本省按察使。陞陝西布政司右布政使,萬曆二十八年六月二十九日到任,三十年七月內以原任參政軍功。欽賞銀十五兩,陞俸一級。三十一年三月十五日陞授今職,本年四月初八日到任,扣至本年五月二十八日止。以左右布政使通歷三年任滿,呈詳總督、撫按、各部院會題,吏部覆奉,欽依復職。又自三十一年五月二十九日起,至三十四年四月二十八日止。通前實歷俸六年任滿,呈詳總督、撫按、各部院會題,吏部覆奉,欽依復職。又自本年四月二十九日起,至三十七年三月二十八日止,通前連閏,實歷俸一百八個月,九年任滿,例應給由。任內節蒙薦舉三次，經管一應錢糧，俱已支放，交盤明白，并無粘帶不了及未完事件，合咨前去，煩爲轉呈施行。等因。通詳到臣。

查得《會典》內開一款："在外大小文職，若九年已滿，託故在任久住，不行赴部及不申缺者，參問放回閑住。"又一款："外官給由，歷俸一百八個月，准九年考滿。若多歷少歷者俱參問，少歷一月以上者，問罪補任。未及一月者，若任內錢糧等項完結，亦照例問罪，免其補任。如有未完事件，須回任完結，方許給由。"又一款："司府官員九年考滿，到部考核，繁稱無過，陞二級，有過并簡，而稱職無過，陞一級。"等因。俱遵依外，今據前因，會稿到臣。

該臣會同巡撫陝西等處地方、贊理軍務、兵部右侍郎、兼都察院右僉都御史顧其志，提督軍務、兼撫治鄖陽等處地方、都察院右副都御史黃紀賢，巡撫延綏等處地方、贊理軍務、都察院右副都御史涂宗濬，巡撫甘肅等處地方、贊理軍務、都察院右副都御史周盤，巡按陝西監察御史楊一桂、侯執蒲議照：陝西布政司左布政使王民順，才鉅作用，自別資深。勣名彌隆頻荷，廷推允宜節鎮。"稱職"。

茲當九年給由，考核無礙，准令照例起送赴部外，相應具題。伏乞敕下吏部，將左布政使王民順照例考核施行，再照全陝素稱繁劇，時復多故。本官經營拮據，勞績最懋。況方面官二品三考，向所未睹，節鎮卿寺之推不翅十數，以此知公論之素孚。本官心懷止足，力求退休，移疾呈請者數矣。臣等爲地方挽留，荏苒遂及九載，不有特簡，曷勵賢勞。合無遇有相應員缺早爲推補，上請亟賜點用，庶人材不致終棄，而士氣益知振奮矣。緣係藩臣九年給由，遵例考核，亟請陞擢，以酬勞績，以示風勵事理，臣等未敢擅便，爲此具本，專差承差陳用齎捧，謹題請旨。奉聖旨："吏部知道。"

甄別練兵官員疏

題爲甄別練兵官員，以昭勸懲，以勵人心事。

　　准總督陝西三邊軍務、兼理糧餉、兵部左侍郎、兼都察院右僉都御史顧其志會稿，案照，先准兵部咨前事，該本部題，內稱：延、寧、甘、固各督撫衙門於年終甄別疏內，將本鎮額定、實在主客官兵，及馬、贏、軍火、器械有無增損，召補果否，修舉廢弛，俱照《遼東甄別練兵疏》例開注，以議功罪、定賞罰。又准該部咨“爲分布防秋兵馬，以禦虜患，以奠衝疆事”。本部覆議，移文各該督撫，嚴督大小文武將吏相機戰守。秋防畢日，查果信地無失，應援有功，破格優薦陞賞。若或自分彼此，逗遛觀望，貪功債事，督臣即照欽奉璽書，查其失事輕重。總兵題參究治，副、參以下按法重處。等因。俱題奉欽依，遵行在卷。今照萬曆二十六年秋畢歲終，所據防練大小各官，行准該鎮撫臣，開報到臣，例應會題。等因。會稿到臣。該臣查得，邊鎮事例，監司將領，俱當於年終甄別。本鎮兩道并缺，而帶防在事者又偶值物故，難以循例具疏。除練兵文冊咨送督臣，類送兵部查考，及任淺勞未、卓樹過細、尚堪策勵者，臣等徑行獎戒。中衛失事參將賀世勛，臣已先疏參革，俱不敢瑣瀆聖聽。所有應薦應刺各官，謹會同總督陝西三邊軍務、兼理糧餉、兵部左侍郎、兼都察院右僉都御史顧其志，爲我皇上陳之。

　　如協守寧夏副總兵凌應登，猷略克兼文武，豪雄獨擅干城。績著北門，久知名於戎狄；英蜚西夏，已增險於金湯。緣履任未久，不敢概叙外，查得協守東路花馬池副總兵石尚文，七尺雄軀，六韜偉略。推心撫士，椎牛惠洽。師中厲氣防胡，牧馬塵清塞外。靈州營參將吳繼祖，保障身當鐵壁，綢繆險峙金墉。八面雄才，一腔義膽。平虜營參將聶自新，英發風標，揮霍才刃解推；人樂爲用，修扞虜不敢侵。鎮城游擊潘國振，坐甲防胡，投醪結士。勇敢桓桓飛將，操修表表清流。臣標下管中軍事游擊黃鈇，力堪扛鼎拔山，誠可貫金鑴石。箕表不忝，韜略稱奇。廣武營游擊江應詔，砥節終能如始，練兵勇且知方。績懋邊垣，望隆將閫。洪廣營游擊文應奎，裹革雄心，犁庭勁氣。馭黠虜潛消窺伺，當險塞備見綢繆。屯田水利游擊趙維翰，以勞勤事，有志吞胡。掃除積蠹一清,疏瀹諸渠永賴。玉泉營游擊賀維禎,年資英茂,膽力沉雄。簡蒐足壯軍容,張弛能操戎索。興武營游擊丁繼祖,偉岸丰標,老成幹局,固圉四郊。靖壘枕戈,無日忘胡。坐營都司馬允登,望之如挺山岳,恢乎不鈍鋒芒。借箸雄謨,建旄偉器。安定堡守備郭維校,藝精貫蝨,才捷劌犀。修防時廑衣袽,撫恤真同醪纊。撫夷守備張曙,聳壑雄姿,懸河辯口。制款戎輸五利,折衝邊藉長籌。以上諸臣,修防訓練,克效勤勞,俱應薦揚,以備擢用。內吳繼祖資俸最深,譽績尤懋,相應加銜久任,以竟才猷者也。

又訪得大壩堡守備施大顯,志懈年衰,時唯縈情利藪;日玩月惕,略不著意邊防。一,占種民田三頃,撥軍耕種,仍斂闔堡糞土五百餘車,張付等證。一,包占匠役戴邦誠等三十餘名製造鞍轡、納紗等物,全不應差,王保等證。一,私役軍丁,采打湖草三萬餘束運送草場,代納無馬軍草一百餘分,每分扣糧銀三錢,張道等證。一,隱冒逃故軍人楊英等三十餘名,每月糧銀扣留入己,識字殷榮等證。一,小市不遵原限,私與夷人交易,歲換馬、牛、羊隻數百,每致乘機生事,騷擾地方,敖刺氣等證。一,向所屬蔣鼎等堡,每堡發銀一兩,要糯米一石,鵝、鴨十隻,又銀五錢,要草十車,各堡照數交送,仍將原價封還,夜役陶陞保證。一,指稱年節索要軍丁禮銀,每十二月、正月各扣銀一錢,姜法等證。一,漢壩堡官周成武包奸樂婦楊女兒,本官訪知,挾要銀十兩,莊貴等證。一,派餘丁車牛運磚二十餘車,赴家私用,致傷耕牛三隻,飲恨不敢聲言,朱樂等證。一,指稱衙門器具向所屬七堡,每堡要榆木二車,製造圍屏等物,運送私家,管隊張通等證。一,堡屬邊墩五十餘座,每月每墩索要網子三頂,乾柴十束,各役供應不暇,常失瞭望,墩軍周青等證。一,縱子包占樂婦楊住兒往來行走,因而綽攬民草,沈萬良等證。此一臣者,以官爲市,已覺溪壑之難填,無事不隳,那堪營伍之再壞。相應革任回衛,以警官邪者也。

伏乞敕下兵部,再加查議。如果臣等甄別不謬,將石尚文等循資擢用。吳繼祖量加副總兵職銜,照舊管事。施大顯革任回衛差操。

所遺員缺，另行推補。庶法有勸懲，人知奮勵，而於邊防將重有裨益
矣。緣係甄別練兵官員，以昭勸懲，以勵人心事理，臣等未敢擅便，爲
此具本，專差承差陳完齋捧，謹題請旨。奉聖旨："兵部知道。"

年終議薦將材疏

題爲議薦將材，以備擢用事。

案照，先准兵部咨，該本部具題，各邊缺多人少，合候命下，移咨
各督撫衙門，會行巡按御史，各將所屬衛所指揮、鎮撫、千百户，及各
營路中軍、千把總等官，加意諏訪。如果年力精強，才猷諳練，謀勇兼
長，緩急可恃者，即於年終酌量奏薦，逐名注考。要見某某宜於衝邊，
某某宜於次衝，某某堪任大將，某某堪任偏裨，另爲一疏。惟其人無
拘名，數貴乎精，勿當冒濫。等因。題奉聖旨："是。各衛所武官，材
勇堪任的著督撫等官博訪精核，從公奏薦，與武舉相兼備用，不許冒
濫。欽此。欽遵。"備咨前來。又准總督軍門咨同前事，准此，俱經通
行，欽遵訖。今照三十六年已終，又備行該道博訪，開報到臣，臣覆逐
加詳核，所有得於聞見之真，可備將材之選者，謹會同總督陝西三邊
軍務、兼理糧餉、兵部左侍郎、兼都察院右僉都御史顧其志，巡按陝西
監察御史楊一桂，爲我皇上陳之。

查得標下前司把總中屯衛指揮同知金汝卿，抱略滿腔，匣裏之龍
泉欲吼；從征萬里，刀頭之鯨血猶腥。河西道中軍右屯衛指揮僉事沈
勛，壯志泥封函谷，雄風劍指樓蘭。塞徼長城，將林嫡矢。河東道中
軍靈州所指揮僉事孟崇禮，磊落才猷，圓融機智。叱咤風生劍戟，指
揮氣奪樏槍。原任守備大同玉林衛副千户辛志德，忠肝義膽，妙略雄
謨。築四臺三載經營，增重險百年保障。正兵營千總寧夏衛指揮僉
事勉忠，昂若千里之駒，勇則百夫之特。惠洽虎旅，威振龍荒。靈州
營中軍靈州所正千户王承恩，氣采英明，風猷凝遠。鼓舞三軍雷動，
繕修百堵星聯。正兵營中軍原任守備、寧夏衛前所鎮撫熊彦吉，貌類

虎頭，胸藏豹略。制勝中權能運，策勛外閫堪期。奇兵營中軍左屯衛
正千户姜道，目空群馬，氣卷長虹。操弧百中應弦，料敵萬全在握。
左屯衛掌印寧夏衛指揮同知吕應兆，唾手武闈蟠胸，將略志恥冒詢。
干進才堪，屏翰輸猷。鎮北堡操守、寧夏衛武舉官石賢，燿穎雄才，穿
楊妙技。射策早閑三略，練兵能用六花。寧夏衛掌印前衛指揮僉事
汪濟民，心無蹊徑，才類干將。輕緩雅有儒風，澹泊渾同寒士。游兵
營千總、寧夏衛實授百户王養廉，瑤珉德器，金石純心。常期掃穴犁
庭，可許搏風奮翮。標下聽用西安左衛、武舉所鎮撫張國勛，志在請
纓繫虜，文能草檄籌邊。矯矯干城，翩翩跗注。靈州營把總、靈州所
試百户李枝芳，生有俠骨，少稟剛腸。才名已擅專城，志慮不營三窟。
靈州營把總、大沙井遞運所實授百户張大綬，運甓勤勞，標銅志向。
潔守纖塵盡滌，雄心百折難撓。毛卜剌堡操守、靈州所副千户陳誥，
雄如脱兔，捷若承蜩。沉機堪借前籌，疾足允稱上駟。以上諸臣，在
金汝卿、沈勛、孟崇禮、辛志德、勉忠、王承恩、熊彦吉、姜道，宜於衝
邊。在吕應兆、石賢、汪濟民、王養廉、張國勛、李枝芳、張大綬、陳誥，
宜於次衝。俱應隨才器使，以究厥施者也。至大將偏裨，則臣等未敢
預擬。又查得原任游擊、寧夏後衛指揮僉事石棟，富韜鈐聲寒虜幕，
平叛逆義在劍端；英雄未可投閑，鎖鑰終期靖塞。此一臣者，敢戰知
名，夙閑忠義，而久在困衡，人惜其才，相應并薦，以備起用者也。

　　伏乞敕下兵部，再加查訪。如果臣等所舉不謬，將金汝卿等及石
棟酌量推用，庶緩急可濟，而邊陲有攸賴矣。緣係議薦將材，以備擢
用事理，臣等未敢擅便，爲此具本，專差承差陳完齎捧，謹題請旨。奉
聖旨："兵部知道。"

報小池撈鹽分數疏

　　題爲邊鎮薦饑，議處備荒事宜，懇乞聖明，俯賜采納，以保重地，
以弭後艱事。

　　准總督陝西三邊軍務、兼理糧餉、兵部左侍郎、兼都察院右僉都御史顧其志會稿，准巡撫寧夏、兵部右侍郎黃嘉善咨，據寧夏河東道右參政秦尚明呈，據委官寧夏理刑同知王三錫呈稱：親詣小鹽池，查得每歲額鹽二十萬石，萬曆三十六年分撈過鹽二十萬三千五百三十六石，已經報完，堆積聽挈間，節被風雨於内消折五萬九千一百石外，止實挈過并見在鹽共一十四萬四千四百三十六石。數由到道覆查，該年撈鹽溢額，乃被消折五萬之上，經管員役安辭其咎問？擬大使王繪與該吏壩夫俱安置不如法，各徒杖罪名，另行通詳發落外，轉報到職。看得撈完前鹽，其消折之外計數止足七分，所據管鹽各官，除靖邊兵備帶管寧夏河東道右布政使王愛物故、府同知張名坤丁憂回籍、州同知王國繕劣陞王官，俱無容別議外，大使王繪例應戒飭。等因。到臣。

　　卷查，先准户部咨，該前督臣郜光先題本部覆議，每年終會同延、寧貳鎮巡撫，將二池額課，查其完欠分數參治，該道亦視此鹽法，修廢舉刺。又准該部咨，亦該前督臣郜光先等題本部覆議，每年小池額鹽二十六萬四千八百四十石，大池額鹽二十萬九千八百五十六石，務要撈曬如數，以充邊餉。如再分數不及，該督撫及巡鹽御史照例查參。又准該部咨，該前督臣葉夢熊會題本部覆議，將大池額鹽減去五萬二千四百六十四石，尚存一十五萬七千三百九十二石爲額，小池額鹽減去六萬四千八百四十石，尚存二十萬石爲額。以後管鹽官，全完薦揚陞擢，九分、八分分別獎勵，七分、六分獎戒并免，五分重加戒飭，不及五分與四分以下者罷斥。又准該部咨，該前督臣徐三畏等會題本部覆議，大小鹽池各增井一百眼、壩夫一百名，年終查參，照依今例。全完者薦揚陞擢，九分以上者獎勵，八分者獎戒俱免，七分者戒飭，六分以下者革職。等因。俱題奉欽依，備咨前來，通行遵依去後。

　　今准前因，會稿到臣。除右布政使王愛病故、府同知張名坤丁憂、州同知王國繕劣轉，俱免議外，該臣會同總督陝西三邊軍務、兼理糧餉、兵部左侍郎、兼都察院右僉都御史顧其志，巡按山西等處監察御史陳于廷議照：小池鹽課悉供寧、固二鎮軍餉，即今倉庾匱乏，正宜加意采辦，以裕國計。茲據查報，止足七分，所有經管官員，咎自難逭。如鹽課司大使王繪職司鹽務，調停無法，鹽石消折虧額，軍儲何繇接濟。雖經究罪，仍應照例戒飭。

伏乞敕下戶部，再加查議。合無行臣等將王繪戒飭，其消折鹽石，仍責令接管鹽務州同知陳萬言并大使王繪督同壩夫撈采，務足原數。以後積鹽尤宜周防，若敢似前消化虧損，定依法重處。緣係邊鎮薦饑，議處備荒事宜，懇乞聖明，俯賜采納，以保重地，以弭後艱事理，臣等未敢擅便，爲此具本，專差承差田文俊齎捧，謹題請旨。奉聖旨："戶部知道。"

虜犯石空查參失事將領疏

題爲狡虜修怨入犯，劣弁怠事疏防，謹據實查參，乞敕嚴勘，以肅邊紀事。

據寧夏河東帶管河西兵糧道右參政秦尚明呈：蒙臣憲牌，仰道即查石空寺堡地方入犯達賊，原係某枝的有若干，進境馳至某處，該段哨爪軍夜曾否即傳烽火，各該官兵曾否遇賊堵敵，於某時方纔出邊，搶去人口頭畜各若干，傷亡軍丁各若干，并地方有無隱匿別項重情，逐一查勘明確，作速詳報。毋得扶同，容隱未便。又蒙總督軍門閱視，茶院憲牌亦同前事，俱行本道，依蒙行據帶管西路鎮城監收同知駱任重呈：查得本年六月二十一日，有石空寺堡邊外潛住銀定、歹成部落達賊三百餘騎，覘知守備韓體仁赴邊，兵馬出堡，隨於本日辰時分，從本堡枒楂山墩西北撒馬，由大寺墩東空邊口入境。比時墩軍王世爵、劉二，夜不收沈別子、楊希道各失瞭望，俱未即傳烽火。提墩管隊張淮亦不行巡視，以致各虜從柳條渠橋闖入，撲搶大寺灣地方人畜。至午時分，本官方纔聞警，回兵追堵間，有西路參將李崇榮亦隨提兵前來接應，對敵數合。賊見兵馬衆多，隨於本日酉時，復從原口出邊去訖。

今查陣亡石空寺堡軍丁四名：王朝奉、楊俊、趙士賢、閆加才，西路營內丁一名：牛大，輕傷軍丁七名：張伏四、汪住兒、平坦、劉刺兒、周七哇、哱羅、王大志。殺死餘丁黃石妻一口，搶去民餘徐桂、徐松等男婦八十二名口，行路不知名一人。又王舉官騾一頭，劉刺兒等官馬五匹，民餘何禮、羅恩等牛、羊、驢、騾一百一十頭隻，燒毀張思恭豌豆三車、小麥一堆。該本職逐一查審，俱各是實。并將各該人犯呈解到道，覆審無異。爲照虜情動靜，全資哨探，申嚴烽燧，不啻諄切。乃守備韓體仁、把總楊衡漫不戒嚴，軍夜王世爵等坐失瞭望，以致賊虜乘隙入境，搶掠數多，不行實報，罪俱難道。除失事軍夜聽參題，至日具招，其被虜人畜花名各數見今造冊，候按院核勘。及將韓體仁等議參詳報前來，臣恐尚有隱匿，復駁行該道，再加嚴勘。

續據呈稱：復行本官細查，委止搶掠前數，中間并無扶隱別情。具由覆報到臣，案照，先據韓體仁塘報稱：六月二十一日辰時，虜衆入犯，斫死軍丁二名，損傷軍丁六名，搶去官馬二匹，民餘男婦七名口，牛、羊、驢、騾一十三頭隻。等情。又據西路參將李崇榮塘報相同。臣以該堡距邊咫尺，且時當耕耨，虜既擁衆突入，所掠必不止此。隨牌行該道嚴查，務期實報去後。

今據前因，該臣會同總督陝西三邊軍務、兼理糧餉、都察院右都御史、兼兵部右侍郎顧其志，看得石空寺堡當勝金關之東，逼鄰虜藪，最稱險要。向自銀、歹被創，其部落在山後者，無日不耽耽思逞。臣等申飭戒備，不啻再四，使能嚴明烽燧，早爲收保，使能入而不能掠。又使聞警之後，速扼橋梁，斷其一綫之路，使能掠而不能歸。則虜雖鷙悍，殲之亦易。乃韓體仁等始不設備，既復畏敵，束手觀望，怯不敢前。直待李崇榮兵至，而後合營追擊，然虜已得利而出矣。一級未獲，猶復侈言截堵。且并搶掠之數而隱匿焉，是尚知有三尺法乎？參照石空寺堡守備韓體仁，職司專城，才疏禦侮，堤防無術，致犬豕得以縱橫。截剿後時，俾人畜竟遭鹵掠。而況隱多報少，良心已澌滅無餘。兼且嗜利剥軍，穢狀更彰，聞有據誰階之屬，難逭厥辜。本堡把總寧夏衞試百户楊衡，闒茸無爲，選愞不振。虜來失禦，既户牖之疏防，敵任狂張，敢弁髦乎職守。此二臣者，俱應革任提問，分别治罪者也。西路營參將李崇榮，身屬路將，責固難辭。但聞警遠能馳至，臨敵復敢前驅，虜之不能深入者，實得其力。且到任未久，情稍可原。此一臣者，似應免議。該道右參政秦尚明，代庖隔遠，勢難周顧，虜犯突出於倏忽，查核能發其奸欺。此一臣者，應照近例原免。

伏乞敕下兵部，再加查訪。合無將韓體仁、楊衡先行革任，俱行巡按御史提問正法。秦尚明等免議，仍查地方有無隱匿别項重情，聽其徑自具奏施行。其石空寺堡所遺守備員缺，速行推補。緣係狡虜修怨入犯，劣弁怠事疏防，謹據實查參，乞敕嚴勘，以肅邊紀事理，臣等未敢擅便，爲此具本，專差承差賈住齎捧，謹題請旨。奉聖旨："兵部知道。"

調補副將疏

題爲秋防正急，副將缺官，乞賜就近調補，以重邊備事。

該臣看得副總兵一官，關係原重。蓋以協同大將，有提攝各路之責，扞衞衝疆，藉勷勷一臂之力。殆不可以一日缺人焉者。本鎮副總兵凌應登調補京營提督巡捕，業已奉有俞旨矣。臣愚爲地方計慮，方擬以靈州營管參將事副總兵吳繼祖請補，偶接邸報，見陝西撫臣于若瀛一本"爲秋防伊邇，邊報孔棘等事"，題將本官陞補洮岷。夫在彼在此，均屬重地。臣亦何敢異視，第其具題在凌應登未調之前，尚不知本鎮缺官，故權宜於緩急者如此耳。今秋風正高，虜易蠢動，狡酋如銀定者，又屢報近邊，思欲逞志，於我不可謂非多事之時也。且沿邊一帶，無處不衝，而往來調度，又一切於副將是賴，不可謂爲不急之官也。所據前項員缺，似應亟補。第恐借才别鎮，未免時日之或淹，若即就近擇人，庶得緩急之有濟。臣竊謂吳繼祖可調補也，蓋本官數載靈武,勞績最著,發硎之刃既已試於衝城,熟路之車又何難於重鎮。
況橫城馬頭見在修築,秦壩石閘又正查議。本官未畢之前功,若仍令
料理,以終成之,亦永利也。頃臣於年終甄別,議加銜久任者,亦正爲
地方計耳。今副將急缺,而本官尤最相宜,臣何敢默默而處於此。謹
會同總督陝西三邊軍務、兼理糧餉、都察院右都御史、兼兵部右侍郎
顧其志議照:靈州營管參將事副總兵吳繼祖,百鍊雄才,萬全偉略。
竭心思而繕塞,險增一路金湯;誓薪膽以防胡,安貽四民衽席。久負
干城之望,足當疆場之衝,相應改補,本鎮以盡其長者也。

伏乞敕下兵部,再加查議。如果臣等所言不謬,將吳繼祖以原官
調補鎮城協守副總兵,所遺靈州營參將員缺,另行推補。庶衝邊得
人,而地方有攸賴矣。緣係秋防正急,副將缺官,乞賜就近調補,以重
邊備事理,臣等未敢擅便,爲此具本,專差承差張禄齎捧,謹題請旨。
奉聖旨:"兵部知道。"

請 補 該 道 疏

題爲新補兵道聞言未任,懇賜亟補,以重邊備事。

該臣查得本鎮河西兵糧道員缺,自按察使高世芳丁憂之後,今已
三年久矣。彼時先以武選司郎中朱化孚推補,久未得請。及改推山
西參政李茂春,又爲彼中借留。而朱化孚之補前缺則始於去冬得之
者也,臣接見邸報,隨牌行該道催趣。近據本官呈稱:遵依前來,行
至中途,偶聞前任被論,義難趨赴。且復兼身病除職,徑疏控陳外,請
乞具題。等因。到臣。臣謂本官既有前疏,則或來或止,當必獲命而
後決,而今猶未也。衝鎮監司虛而無官,臣得不以此爲兢兢乎!謹會
同總督陝西三邊軍務、兼理糧餉、都察院右都御史、兼兵部右侍郎顧
其志,巡按陝西監察御史楊一桂議照:本鎮孤懸河外,最稱衝險,向
止以兩道分轄,責任原重。凡所爲詰戎儲餉,固圉防胡,一切征繕之
事,何者不賴該道。而河西今日尤屬喫緊,乃朱化孚方補,又復以掛

議辭任，逡巡道路之中，雖其疏未批發，而缺已久懸，難再虛待。況今銀酋猖獗，我是用急，又當多事需人之會乎？

所據前缺，相應題補。伏乞敕下吏部，速於就近相應官內推補一員，責令剋期任事。其朱化孚另候部覆，庶邊務克濟，而重地有攸賴矣。緣係新補兵道，聞言未任，懇賜亟補，以重邊備事理，臣等未敢擅便，爲此具本，專差承差徐完齋捧，謹題請旨。奉聖旨："吏部知道。"

撫夏奏議卷之六

守備患病并議就近推補疏

題爲守備患病，不能供職，乞准回衛調理，并議就近推補，以重防守事。

據寧夏河東兵備道右參政秦尚明呈，據東路管糧同知蔡可行呈，查得清水營守備王都只自幼原有弱疾，任後不時舉發，近自三月以來，困憊尤甚。該堡邊長地衝，必須精神壯盛，方可責成備禦。今既受二豎之侵，似難勝一方之任。第其才力可惜，合暫卸責，回衛調養，候疾愈另用。呈詳到道。爲照本官年力正壯，衝邊倚賴方殷，不意宿疾舉發，屢行乞歸。既經同知蔡可行查勘是實，委難任事，合無即爲題請，准令回衛調養。所遺員缺，另速選補。等因。轉報到臣。

案查，先據本官呈稱：本職舊疾舉發，調治不痊，乞賜准放回衛。等情。已經批行該道查報去後。今據前因，該臣會同總督陝西三邊軍務、兼理糧餉、都察院右都御史、兼兵部右侍郎顧其志看得，清水營守備王都只年方青少，藝尤閑習。諸務頗有調停，四體亦能展布。祇緣宿疾糾纏，遂爾委頓精力。既已難前衝邊，豈容臥治。既經該道查勘，情非假託，合應准令回籍調理。及照清水營設有市廠，地極衝要，非兼有才勇者難肩其任。且今各虜交關正煩，撫處似應就近遴補。查得標下前司把總、寧夏中屯衛指揮同知金汝卿，膽氣驍雄，才猷駿發。知彼已明如觀火，當盤錯易若摧枯。且其薦數已多，賢聲甚著，若即填補前缺，最屬相宜。

相應具題。伏乞敕下兵部，再加查議。如果臣等所言不謬，將王都只准令回衛調理。遺下員缺，即以指揮金汝卿陞補。庶衝地得人，而防守有賴矣。緣係守備患病，不能供職，乞准回衛調理，并議就近推補，以重防守事理，臣等未敢擅便，爲此具本，專差承差袁昇齎捧，謹題請旨。奉聖旨："兵部知道。"

查參馬匹樁朋疏

題爲乘時治安，整飭兵馬，以壯邊疆事。

准總督陝西三邊軍務、兼理糧餉、都察院右都御史、兼兵部右侍郎顧其志會稿，准巡撫寧夏兵部右侍郎黃嘉善咨，據寧夏河西、河東二道各呈：造本鎮營、堡、衛、所萬曆三十六年分馬匹樁朋、屯田銀兩數目并應免，應薦，應獎、罰治官員職名册由各到職，查得萬曆三十五年終，本鎮舊管馬一萬一千七百六十八匹，三十六年新收買補并轉收馬八百五十九匹，開除倒死并變價轉除馬一千五百七十五匹，實在馬一萬一千五十二匹，比三十五年減馬七百一十六匹。三十五年終，舊管廣裕庫收貯樁朋、屯田等銀五千七百八十一兩零，三十六年新收樁朋、屯田馬匹變價等銀六千二百二十九兩九錢零，開除支放買馬銀九百九十七兩二錢零，實在廣裕庫收貯銀一萬一千一十三兩七錢零，比三十五年多積銀五千二百三十二兩七錢零，拖欠未完銀三百八十六兩三錢零。等因。又准巡撫延綏都察院右副都御史涂宗濬、巡撫甘肅都察院右副都御史周盤、巡撫陝西都察院右僉都御史于若瀛各咨報，該鎮本年馬匹、樁朋、屯田等銀，并應免，應薦、獎、參、罰官員數由到臣。

卷查，先准甘肅撫院會稿，准兵部咨，內開：將該鎮騎操馬匹及樁朋、屯田銀兩備查，要見原額倒失、已未買補各若干，不及分數照例住俸若干，已及分數免住若干。其樁朋、屯田銀兩亦要明開原收若干，買馬支銷若干，見收在庫若干，拖欠若干。又該前撫臣田樂題議，止以上次額數,視今次實在查參,如馬死少而椿銀完多者薦獎,馬死多而椿銀完少者參罰,馬死多椿銀即完多亦必參,馬死少椿銀即完少姑免參。其應住廩俸各官間有陞遷及革退不管事,以前者免支,以後者准開。

又該前撫臣徐三畏具題,議將住俸官員追椿及數止,許開支住,過者不許補支,俱經該部覆奉欽依,備咨前來,已經通行欽遵。等因。准此,該前督臣徐三畏查得,馬匹、椿朋之查參唯甘肅爲然,其延、寧、固三鎮從來未行查參。法令不一,漫無懲創。議將三鎮照依甘肅事例,各營堡馬匹即以三十四年閱視實在爲舊管,自三十五年正月起,要見一年之內倒死變價若干,買補給領茶牧馬若干,未補若干,以舊管較比,有無增損。其椿朋、屯田、老馬、馬駒贓皮等銀,亦自三十五年正月起逐一清查。要見已收在官貯庫若干作爲舊管,節年拖欠未完若干,立爲見徵續入,遞年新增,其後一年之內完過若干,開除若干,實在若干。每年終,行四鎮撫臣,查敘明白,咨報類參。等因。具題,該兵部覆奉欽依,備咨前來,隨經通行各撫臣,欽遵查咨去後。

今准前因,會稿到臣。除延、甘、固三鎮聽該鎮撫臣具題外,臣謹會同總督陝西三邊軍務、兼理糧餉、都察院右都御史、兼兵部右侍郎顧其志議照:寧鎮地當虜衝,征防騎操,全資馬力,其買補馬匹,尤藉椿朋等銀,故馬匹責成用心飼養,椿銀俾其嚴加催徵,均於邊備有裨,分別查參,庶可勸懲。除馬匹倒失數少、銀兩未完不多,及參革與新任副、參等官,賀世勛等例免賞罰不開外,其馬死少而椿銀完多,與無馬有銀而全完,并完及八分以上者,如寧夏總兵官蕭如薰、花馬池副總兵石尚文、靈州調任副總兵吳繼祖、平虜參將聶自新、寧夏游擊潘國振、廣武游擊江應詔、興武游擊丁繼祖、中衛先署參將事原任游擊石棟、安定堡守備郭維校,中軍正兵營原任守備熊彥吉、奇兵營千戶姜道、花馬池營指揮盧養材、靈州營千戶王承恩、游兵營指揮吳徵、興武營千戶陳有光、平虜營千戶鍾鳴陞、廣武營千戶孫崇忠,千總正兵營原任守備曹以忠、游兵營百户王養廉,把總正兵營指揮李承爵、吳朝珍,千户張應元、百户馬文林,奇兵營千户路忠,百户紀應麒、馬如龍,游兵營百户龐烈、武舉官許仲,標下前司指揮金汝卿、後司千户陳三策,花馬池營指揮余之龍、千户岳芝蘭,百户孟崇德、江英,靈州營百户盧文善、張大綏、楊武、李芹、李枝芳,平虜營千户鄭良臣、百户韓嘉爵,興武營千户宗孔教,操守平羌堡百户周從武、棗園堡指揮雍時泰、鎮虜堡指揮李時芳、鳴沙州百户吳夢麒、紅山堡武舉所鎮撫盧養鱗、永清堡百户路勇,寧夏衛管屯指揮姜燧、左屯衛管屯指揮徐珩、右屯衛管屯指揮保國材,平虜所掌印指揮許登麟,以上五十二員,俱例應薦揚,聽候紀録。如玉泉營陞任游擊賀維禎、橫城堡守備戴邦治、清水營守備王都只,中軍玉泉營千户方震,千總正兵營指揮勉忠、百户何寬、奇兵營指揮陳應武、游兵營千户孟應熊,把總正兵營千户尹天順、百户石峋,奇兵營百户劉綏,游兵營千户吕徵兆、芮光先,百户楊國禎,玉泉營百户陳盡忠、大壩堡百户鄭應鴻、橫城堡百户高棟、清水營百户許誠,操守毛卜剌堡千户陳誥、鎮北堡武舉官石賢,前衛管屯指揮馬載道,以上二十一員,俱例應獎賞。其馬死數逾二分,追樁又不及數,并樁銀雖完多亦宜參,與無馬有銀未完伍分以上者,如洪廣營游擊文應奎、把總百户李承憲、紅寺堡操守所鎮撫白可成、中衛管屯指揮李時馨、靈州所管屯指揮韓世芳,革任操守李綱堡所鎮撫何廷璋、小鹽池千户郭維藩、石溝營指揮蘇崇節,以上八員,俱例應住俸。內何廷璋、郭維藩、蘇崇節,雖經革任,仍應罰治,以警將來者也。

伏乞敕下兵部,再加查議。如果臣等分別不謬,將蕭如薰等紀録,賀維禎等獎賞,文應奎等住俸,何廷璋等量加罰治。仍行見任各官,將倒失馬匹作速買補,未完銀兩上緊追徵,俟完足額,方許開俸,住過者不准補支。統候覆請行下,臣等遵奉施行。緣係乘時治安,整飭兵馬,以壯邊疆事理,臣等未敢擅便,爲此具本,專差承差駱大齋捧,謹題請旨。奉聖旨:“兵部知道。”

請補兵備官員疏

　　題爲急缺衝邊兵備官員，乞賜亟補，以重疆圉事。

　　據寧夏中路管糧同知唐仁暎揭報，河東兵備道右參政秦尚明於本年十一月初三日申時，偶得痰厥身故。等因。到臣。該臣會同總督陝西三邊軍務、兼理糧餉、都察院右都御史、兼兵部右侍郎顧其志，巡按陝西監察御史楊一桂看得，本鎮河東，隔虜一墙，最屬衝要。其所可託重而恃力者，實惟該道是賴。頃緣河西缺官，而河東一道又有兼攝，兩河之責不啻稱艱鉅矣。乃參政秦尚明任事未幾，溘爲物故。即今二篆空懸，百務盡滯，衝疆千里，一無分理之人。臣等何恃而不爲地方之慮乎！

　　所據員缺，亟應推補，相應具題。伏乞敕下吏部，速於就近相應官內推補一員，勒限前來赴任，并將臣等先題河西道前缺亦行速補，庶邊務不致廢弛，而重鎮有攸賴矣。緣係急缺衝邊兵備官員，乞賜亟補，以重疆圉事理，臣等未敢擅便，爲此具本，專差承差陳惟剛齎捧，謹題請旨。奉聖旨："吏部知道。"

議補衝邊將領疏

　　題爲急缺衝邊將領，乞賜就近推補，以重邊防事。

　　據靖邊兵備帶管寧夏河西兵糧道副使李維翰呈稱：寧夏北路平虜營參將聶自新於萬曆三十七年十二月二十九日，偶得痰疾身故，所遺員缺，請乞題補。等因。到臣。除將該營兵馬事務暫行委官署管外，該臣謹會同總督陝西三邊軍務、兼理糧餉、都察院右都御史、兼兵部右侍郎顧其志議照：平虜設在鎮城之北，最爲孤懸。蓋東則逼鄰河套，而西則接連賀蘭，勢當背阬，虜易生心，故戰爲必攻之地，而款亦難撫之區，所從來遠矣。今參將告缺，非得熟諳邊事者當之恐難有濟。查得鎮城游擊潘國振,生長邊陲,閑習戰陣。義氣常懷馬革,威名久著龍荒。且其勤勞已試,資俸及期,若即就近推補,似屬相宜。

相應具題。伏乞敕下兵部,再加查議。如果臣等所言不謬,將潘國振推補平虜營參將,責成任事。所遺鎮城游擊員缺,另聽該部查補。庶要塞得人,而緩急有攸賴矣。緣係急缺衝邊將領,乞賜就近推補,以重邊防事理,臣等未敢擅便,爲此具本,專差承差王鎮齎捧,謹題請旨。奉聖旨:"兵部知道。"

奏 報 邊 儲 疏

奏爲稽考邊儲事。

據靖邊兵備帶管寧夏河西、河東兵糧道副使李維翰呈繳:查過寧夏一鎮,萬曆三十七年七月初一日起,至本年十二月終止,秋冬二季收支過一應主客兵馬錢糧,分別舊管、新收、開除、實在總數文册到臣,據此卷查。先准户部咨,該本部題,合無通行各邊,各照地里遠近,每季終將一鎮各項錢糧,不分本色、折色,分別舊管、新收、開除、實在總數造册,差人具奏本部。編置文簿,開寫由語,定擬格式,用印鈐記,發與巡撫、都御史收掌。季終,將舊管、新收、開除、實在備細數目填寫完備,并置空白文簿,付差來人役,一同繳部,以憑查筭印給。等因。題奉欽依,備咨前來,節經通行遵依訖。續准該部咨前事,煩將印完三十七年秋冬二季主客邊儲空簿二扇,查照依期填報施行。准此。隨經轉行該道,查造去後。

今據前因,該臣覆核相同。及查本鎮冬衣布花銀兩,該前撫臣楊時寧因當罷變之後,各營增兵不等。歲計布花該增銀一千一百三十兩五錢四分五釐,議於西安等府所屬州縣派徵。等因。具疏款題,該部覆奉欽依,允行,備咨到臣。隨行布政司遵照議派。節據呈稟,皆謂賦額有定,難復加增,庫藏久虛,無可移抵,以此稱難,尚無成議。臣雖催駁再四,而淹逾未報,或亦苦於無米之炊耳。以故數年以來,正項常少,那湊常多,計陸續借過軍餉銀一萬二千一百九十五兩六錢四分六釐零。雖續解間有撥補,而後借又成虛懸,年復一年,愈借愈多。臣每於歲報布花疏內已詳言之,但事關軍需,終應酌處。俟該司覆詳至日,另議奏請。惟是臣將離任,而前項錢糧首尾宜明。茲值奏繳邊儲,不敢不詳爲查核,開注今冊實在之下,以便後日之稽考也。除文簿照依該部定擬格式填完,咨部查考外,今將造完寧夏一鎮萬曆三十七年秋冬二季收支過一應主客兵馬錢糧分別舊管、新收、開除、實在總數文冊,理合開坐具本,專差承差王仲賢齎捧進繳,謹具奏聞,奉聖旨:"戶部知道。"

報小池撈鹽分數疏

題爲邊鎮薦饑,議處備荒事宜,懇乞聖明,俯賜采納,以保重地,以弭後艱事。

准總督陝西三邊軍務、兼理糧餉、都察院右都御史、兼兵部右侍郎顧其志會稿,准巡撫寧夏兵部右侍郎黃嘉善咨,據靖邊兵備帶管寧夏河東道副使李維翰呈,據委官東路管糧同知蔡可行呈稱:親詣小鹽池,查得每歲額鹽二十萬石,萬曆三十七年分撈過鹽二十萬四千七百五十五石,并無虛擬情弊。數由到道,覆核相同。轉詳到職,看得撈完前鹽,計數溢額,所據該管各官,例應薦揚。及查大使王繪已經陞任,府同知王三錫署管未久,分守河西帶管寧夏河東道右參政高進孝告病已歸,該道右參政秦尚明在任物故,俱無容議敘外,如靖邊兵備帶管本道副使李維翰、中路管鹽同知唐仁晛俱應照例薦揚,州同知陳萬言、知事廖廷試亦當并錄。第前後分任,相應獎勵。等因。到臣。

卷查,先准戶部咨,該前督臣郜光先題本部覆議,每年終會同延、寧二鎮巡撫,將二池額課,查其完欠分數參治。該道亦視此鹽法,修廢舉刺。又准該部咨,亦該前督臣郜光先等題本部覆議,每年小池額鹽二十六萬四千八百四十石，大池額鹽二十萬九千八百五十六石，務要撈曬如數，以充邊餉。如再分數不及，該督撫及巡鹽御史照例查參。又准該部咨，該前督臣葉夢熊會題本部覆議，將大池額鹽減去五萬二千四百六十四石，尚存一十五萬七千三百九十二石爲額，小池額鹽減去六萬四千八百四十石，尚存二十萬石爲額。以後管鹽官全完薦揚陞擢，九分、八分分別獎勵，七分、六分獎戒并免，五分重加戒飭，不及五分與四分以下者罷斥。又准該部咨，該前督臣徐三畏等會題本部覆議，大小鹽池各增井一百眼、壩夫一百名，年終查參，照依今例。全完者薦揚陞擢，九分以上者獎勵，八分者獎戒俱免，七分者戒飭，六分以下者革職。等因。俱題奉欽依，備咨前來，通行遵依去後。

今准前因，會稿到臣。除參政高進孝去任、秦尚明物故、大使王繪陞任、府同知王三錫管理未久，各免叙外，該臣會同總督陝西三邊軍務、兼理糧餉、都察院右都御史、兼兵部右侍郎顧其志，巡按山西等處監察御史陳于廷議照：小池鹽課皆屬供軍額餉，矧今倉廩告匱，倚用尤殷。該年鹽數溢額，頗濟軍需，即其采辦之勤，足鏡程督之功。所據各官委宜録叙，如靖邊兵備帶管寧夏河東道副使李維翰，心勞經國，計裕籌邊。殫區畫而釐政克修，嚴稽核而軍儲有賴。寧夏中路管鹽慶陽府同知唐仁暎，才識晶瑩，幹局妥練。督率不辭拮據，關防能發奸欺。俱應照例薦揚。見任管鹽固原州同知陳萬言、先任署管寧夏衛知事廖廷試，職業能修，撈采溢額，例當并薦，緣各分任，相應獎勵。

伏乞敕下戶部，再加查議。將李維翰等紀録，以俟陞擢。陳萬言等行臣等獎勵示勸，庶人心知勵，鹽政益修矣。緣係邊鎮薦饑，議處備荒事宜，懇乞聖明，俯賜采納，以保重地，以弭後艱事理，臣等未敢擅便，爲此具本，專差承差陳完齎捧，謹題請旨。奉聖旨："戶部知道。"

陞 任 控 辭 疏

奏爲蒙恩逾分，自揣難前，懇乞聖明，俯賜罷免，別選才賢，以重邊寄事。

萬曆三十八年三月二十七日，接見邸報，該吏部等衙門會推奉聖旨：「是。黃嘉善陞都察院右都御史、兼兵部右侍郎、總督陝西三邊軍務、兼理糧餉，寫敕與他。欽此。」臣聞命自天，不勝跼蹐。伏思臣以一介書生，荷蒙皇上造植，拔至今官。未報高厚之恩，時切虛糜之懼。茲復仰荷優容，誤被任使，敢不矢心，以圖稱塞。第臣自前歲患病，迄今未痊。雖已屢疏乞休，未蒙批發。近緣兩道并缺，地方多故，尚未敢申前請。然而衰病誤事，臣罪實多，得免誅罰，已為殊幸，而叨恩反渥，於義何居？況都御史乃風紀崇階，總督係封疆重寄，自非通才宿望，何以克稱此官。臣十載夏州，藐無寸樹。才能庸謭，既難以制變消萌；謬謬彰聞，又豈能建威却敵。即展四體，以率舊職，猶懼不給，其況能任全陝之事？且臣去冬感寒，前病復劇，形神俱瘁，鬚髮盡白。即今痰火上壅，動輒眩暈，而欲以委頓之身，當艱鉅之任，又萬萬知其不能也。臣如靦顏祗承，不顧其後，他日驅策不效，罪將安辭。臣無足惜，其如皇上之疆場何？伏祈聖慈，憐臣久病，放歸田里，別選才望之臣，以充是任。庶殘息少延，重地有賴。臣愚無任籲望之至，緣係蒙恩逾分，自揣難前，懇乞聖明，俯賜罷免，別選才賢，以重邊寄事理。為此具本，專差指揮彭世爵齎捧，謹具奏聞，伏候敕旨。奉聖旨：「總督重任，黃嘉善猷望素著，簡用已有成命，著遵旨到任供職，不准辭。吏部知道。」

秋防薦舉監司疏

題為秋防事竣，循例薦舉監司官員，以勵邊臣事。

准總督陝西三邊軍務、兼理糧餉、都察院右都御史、兼兵部右侍郎顧其志會稿，先准兵部咨，內稱：練兵一事，俱照《遼東疏》例開注，各司道果能加意整理，一體從優叙錄。題奉欽依，備咨前來，欽遵外，今照萬曆三十七年秋畢歲終，所據在事各官，俱應照例叙錄。等因。

會稿到臣。臣謹會同總督陝西三邊軍務、兼理糧餉、都察院右都御史、兼兵部右侍郎顧其志查得，靖邊兵備帶管寧夏河東、河西二道副使李維翰，品格端方，心思縝密。飭戒操縱得體，率屬清肅可風。此一臣者，履任雖未及期，然兼攝兩道，勞勩獨著，相應薦揚，以備擢用。又查得督糧道副使陳寧，游刃有餘，迎機無滯。徵法有程有度，灌輸如坻如京。雖無兵防之責，而職專稅糧，邊鎮軍餉，全賴督催，所當并薦者也。

伏乞敕下吏部，再加查核。如果臣等所舉不謬，將李維翰等紀錄擢用，庶邊臣奮勵，疆場有賴矣。緣係秋防事竣，循例薦舉監司官員，以勵邊臣事理，臣等未敢擅便，爲此具本，專差承差王鎮齎捧，謹題請旨。奉聖旨："吏部知道。"

甄別練兵官員疏

題爲甄別練兵官員，以昭勸懲，以勵人心事。

准總督陝西三邊軍務、兼理糧餉、都察院右都御史、兼兵部右侍郎顧其志會稿，案照，先准兵部咨前事，該本部題，內稱：延、寧、甘、固各督撫衙門，於年終甄別疏內，將本鎮額定、實在主客官兵，及馬騾、軍火、器械有無增損，召補果否，修舉廢弛，俱照《遼東甄別練兵疏》例開注，以議功罪、定賞罰。又准兵部咨"爲分布防秋兵馬，以禦虜患，以奠衝疆事"。該臣具題，本部覆議，合行各該督撫嚴督大小文武將吏，相機戰守。秋防畢日，查果信地無失，應援有功，破格優薦陞賞。若或自分彼此，逗遛觀望，貪功僨事，督臣即照欽奉璽書，查其失事輕重。總兵題參究治，副、參以下按法重處。等因。俱題奉欽依，遵行在卷。今照萬曆三十七年秋畢歲終，所據防練大小各官隨行各鎮撫臣及該道開報前來，會稿到臣。臣蒙恩轉任，例有舉劾，似應少俟交代，一并具疏。第歲期久逾，難再皋緩。督臣以各官功罪，當早處分，而臣之事體，實與相同。除復命之日，亦不敢重複再題，瑣瀆聖聽。及今兵馬文册咨送督臣,類送兵部查考外,其賢不肖之尤者,臣謹會同總督陝西三邊軍務、兼理糧餉、都察院右都御史、兼兵部右侍郎顧其志,爲皇上陳之。

查得原任協守寧夏副總兵、今調京營提督都督僉事凌應登,滿腹龍韜豹略,一腔赤膽忠肝。紫塞聲弘,金壇望重。花馬池副總兵石尚文,智慮恢宏,胸懷激烈。偉略允稱長子,雄風足扞衝陲。原任靈州副總兵、今調洮階協守吳繼祖,虎姿雄偉,豹略深沉。籌邊千里金湯,滅虜一生肝膽。平虜參將潘國振,奇抱空群,沉機先物。賈勇氣吞萬騎,分甘義結三軍。廣武游擊江應詔,手標山峙,計略淵涵。簡兵色壯旌旄,徹土防先牗戶。洪廣游擊文應奎,吞胡志壯,超乘才雄。衝疆扞衛無虞,難事咄嗟立辦。臣標下中軍游擊黃鈇,偉貌嚴嚴壁立,長才燁燁雲流。績著邊陲,望隆節鉞。屯田水利游擊趙維翰,骨幹精強,謀猷弘遠。治水殫心區畫,督屯履畎循行。坐營都司馬允登,才貌俱長,忠勤匪懈。翩翩跰注白眉,矯矯干城赤幟。撫夷守備張曙,馭虜有操有縱,治軍克愛克威。身如鐵壁,氣作金戈。安定守備郭維校,雄心裏革銳氣,昂霄防邊力殫。綢繆恤士,恩同解推。大壩守備辛志德,謀略沉雄,才華超脫。繕塞雲連雉堞,防邊風静龍沙。以上諸臣,修防訓練,克效勤勞,俱應薦揚,以備擢用。內凌應登、吳繼祖雖已陞任,但秋防在事,著有勞績。辛志德雖未及期,然任事亦在秋防,且修臺有功,例應并薦者也。

又訪得中衛參將李崇榮,才識疏庸,志行貪鄙。聲言革退,而旗識秦朝等皆行買求,指稱紙紅,而部軍張朴狗等動有科剋隱瞞。軍張奴兒等逃故,不行呈報,而自冒月餉章,可畏經手,可據擅放。軍陳有三等回籍討取盤纏,而扣糧三月,崔大盛與事足憑。或稱造册,或稱置旗號,俱爲朘削之計,營軍王秀一等怒不敢言。或散絨帽,或散紫花布,盡作科斂之圖。把總白尚采等退有後議,撥軍輪班,守邊是矣,而回日,每軍索狐皮一張,是遵何法乎?遣人打草,供用可也,而散堡每束扣糧伍分,寧無斂怨乎?互市原非得已,而索取稅銀每馬三錢、每羊三分，俱識字李雲春經收，所得已不貲矣。虜情最宜撫處，而盜回貨物有駞一隻，有鹽三石，俱營軍丁小四等賠還，忍心亦已甚矣。此一臣者，貪縱有聲，守防無術，宜應革任回衛，以示懲創。再照中衛設在衝邊，又當款虜互市之區，防禦操縱，必須勇謀兼資者方克勝任。查得歸德游擊蕭捷，勇敢夙聞，謀略素著，久處危地，應恤其勞，相應陞補該衛參將，以重邊防者也。

伏乞敕下兵部，再加查議。如果臣等甄別不謬，將凌應登等循資擢用，李崇榮革任回衛。所遺員缺，即以蕭捷陞補，勒限任事，庶勸懲嚴明，人心奮勵，而衝塞大有裨益矣。緣係甄別練兵官員，以昭勸懲，以勵人心事理，臣等未敢擅便，爲此具本，專差承差王鎮齎捧，謹題請旨。奉聖旨："兵部知道。"

年終議薦將材疏

題爲議薦將材，以備擢用事。

案照，先准兵部咨，該本部具題，各邊缺多人少，合候命下，移咨各督撫衙門，會行巡按御史，各將所屬衛所指揮、鎮撫、千百戶，及各營路中軍、千把總等官，加意諏訪。如果年力精強，才猷諳練，謀勇兼長，緩急可恃者，即於年終酌量奏薦，逐名注考。要見某某宜於衝邊，某某宜於次衝，某某堪任大將，某某堪任偏裨，另爲一疏。惟其人無拘名，數貴乎精，勿當冒濫。等因。題奉聖旨："是。各衛所武官，材勇堪任的著督撫等官博訪精核，從公奏薦，與武舉相兼備用，不許冒濫。欽此。欽遵。"備咨前來。又准總督軍門咨同前事，准此，俱經通行欽遵訖。今照三十七年已終，又備行該道博訪，開報到臣。臣覆逐加詳核，除年資尚須、閱歷才識猶待磨礱者不敢濫及外，所有謀勇已試，得於聞見之真者，時按臣員缺，臣謹會同總督陝西三邊軍務、兼理糧餉、都察院右都御史、兼兵部右侍郎顧其志，爲我皇上陳之。

查得河西道中軍右屯衛指揮僉事沈勛，倚劍翩翩俠氣，談兵鑿鑿奇猷。績著傳宣，人稱孝友。河東道中軍靈州所指揮僉事孟崇禮，氣節昂藏才情，俊拔淬水新硎。發刃著鞭，神驥飛霜。原任游擊後衛指揮僉事石棟，平叛孤忠慷慨，籌邊壯略沉雄。虎賁名流，鷹揚偉器。正兵營千總、寧夏衛指揮僉事勉忠，貌偉而氣更雄，藝精而才尤練。渾身膽略，百事真誠。正兵營千總、原任守備中屯衛指揮僉事曹以忠，身經百戰，勇冠千夫。天驕素懾威名，月旦共高行誼。靈州營中軍靈州所正千戶王承恩，韜略夙閑，影衾無愧。橫槊氣吞沙漠，揚旌色動風雲。正兵營中軍原任守備、寧夏衛前所鎮撫熊彥吉，驍雄氣概，敏練才華。指揮令肅風霆，訓練光騰甲胄。靈州營把總、大沙井遞運所實授百戶張大綬，猛若嘯風之虎，捷踰得霜之鷹。法諳韜鈐，威寒氄幕。奇兵營中軍左屯衛正千戶姜道，志期橫草，藝擅穿楊。飽經塞上風霜，凜肅營中刁斗。原任守備、中屯衛副千戶黃培忠，七尺雄軀，千尋壯氣。忠義彰於剿逆，精神常在吞胡。鎮北堡操守、寧夏衛武舉官石賢，凌霄壯志，脫穎雄才。練達克諳邊籌，慷慨允稱國士。左屯衛掌印寧夏衛指揮同知呂應兆，發迹武闈，澡身儒行。策虜雅多勝筭，握符久韞光芒。寧夏衛掌印前衛指揮僉事汪濟民，才本老成練達，守尤峻潔堅貞。介胄干城，封疆羆虎。靈州營把總、靈州所試百戶李枝芳，氣宇清揚，才鋒敏捷。任事已騰早譽，籌邊更有沉機。花馬池營中軍後衛指揮僉事盧養材，標儀清偉，才識靈瑩。鳳蜚英杰之聲，大屬干將之器。毛卜剌堡操守、靈州所副千戶陳誥，雄才壯志，妙技誠心。防胡鐵甲披霜，躍馬青萍掣電。標下前司把總、寧夏衛副千戶孟應熊，輕緩雅度，盤錯通才。司兵節制恒嚴，料敵機宜咸當。後衛掌印本衛指揮僉事葉愈華，驍雄體貌，駿發才猷。當機游刃有餘，決拾穿楊不爽。以上諸臣，在沈勛、孟崇禮、石棟、勉忠、曹以忠、王承恩、熊彥吉、張大綬、姜道、黃培忠，宜於衝邊。在石賢、呂應兆、汪濟民、李枝芳、盧養材、陳誥、孟應熊、葉愈華，宜於次衝。雖大將偏裨固難預擬，而才謀勇略皆足扞疆。內石棟戰陳屢經，邊籌尤練，如此可用之才，難以一蹶而棄，均應及時推用，以藉其勷勤之力者也。

伏乞敕下兵部,再加查訪。如果臣等所舉不謬,將沈勛等酌量推用,庶人心知奮,而邊陲有攸賴矣。緣係議薦將材,以備擢用事理,臣等未敢擅便,爲此具本,專差承差王鎮齎捧,謹題請旨。奉聖旨:"兵部知道。"

患病請告疏

奏爲夙疾日沉,新任難赴,懇乞天恩憐放,以遂生還,以重疆圉事。

臣賦質孱弱,素患脾胃之疾,自待罪西夏,時常舉發。雖已屢疏乞骸,概未得請。而守在衝疆,不敢不勉强任事,然而精力則憊甚矣。多病曠官,分當顯斥,不謂偶以承乏,復蒙被全陝之命。臣揣庸揣病,自知難堪,隨即拜疏控辭,不惟未蒙俞允,且復仰荷温綸,臣感激洪恩,捐糜難報,何敢遽忍言去。第臣自五月以來,前病復作呻吟,牀褥已屬不支,乃忽得家報,又聞有子女之變,一時過爲傷痛,以致益損眠食。始則汗出如漿,晝夜不止,既則神昏若夢,恍惚靡寧。氣血因而兩虛,形神俱已衰敗,百計醫療,略無起色。緣以時值秋防,未敢遽請。而一念犬馬之私,亦尚冀望生甦,以圖稱塞。於萬一不虞,日甚一日,狼狽至此極也。今氣息奄奄,旦暮難保,力疾赴任,而勢已不能,杜門苟延,而義尤不可。三秦何地,總督何官,而可令病臣冒濫,致誤封疆之事哉?竊思皇上遷臣之官,臣不能效一日之力,辜恩罪重,臣實知之,但命與病會,而病與時會,臣亦奈之何哉?

臣孤身在鎮,苦楚萬狀,伏枕哀陳,一字一淚。伏乞皇上憐臣疾痛之苦,察臣迫切之情,准以原官休致,別選才望之臣,以代臣任,使得生入里門,以遂首丘。是又皇上無窮之陰功,而臣之子子孫孫,當益銜結於奕世者也。臣下情不勝隕越待命之至。緣係夙疾日沉,新任難赴,懇乞天恩憐放,以遂生還,以重疆圉事理,爲此具本,專差承差張友志齎捧,謹具奏聞,伏候敕旨。奉聖旨。

患 病 再 請 疏

　　奏爲病臣困憊已極，邊事曠廢可慮，再懇天恩，蚤賜允放，以全微生，以安重地事。

　　先是，臣以患病日沉，不能赴任，已於前月具疏，哀鳴於皇上之前矣。仰冀俞旨，不啻如枯苗之望膏雨。乃兩月以來，未蒙批發。臣屏息候命間，九月二十八日，准督臣顧其志咨送印卷到臣。臣伏枕籌思，督臣既已啓行，印卷無所歸著，臣不敢不暫收領。但臣狗馬之疾，委屬狼狽，纏綿日久，痊可無期。始猶手足麻木，今則已成痿痺矣。始猶飲食減少，今則不能運化矣。始猶蒸熱止於脊背，今則或上或下，遍及一身之間矣。如此景象，曷可長久，尚能一日任軍旅之重乎？臣如興疾，以往強顏從事。各鎮之咨會者臣不能應，將吏之稟白者臣不能行，戎馬之在四郊者臣不能禦。即治臣以溺職之罪，臣固無所逃。死而遺害封疆，致煩我皇上西顧之慮，此實臣之所大懼耳。

　　竊意皇上之不即放臣者，得無以各邊督撫之臣亦有乞歸不報，而亦無廢事。臣之事體可與相同乎？然彼已在事之臣也，責久肩承，故事無停滯。臣則甫受命而疾興，未任事而陳請者也。如一日不放臣，則誤地方一日之事。臣之軀命雖微，而事之關係則重。皇上縱不爲臣計，獨不爲疆圉計乎？且臣一人之身，而兩地之責任攸繫。在巡撫，經理一方，已不宜偃仰臥治；在總督，提衡四鎮，又豈可虛擁曠官。

　　臣瀝血控陳，萬非得已，如敢有一言假飾，則天地鬼神，實鑒臨之。伏乞皇上矜憐臣苦，蚤放生還，庶邊事不至耽誤，而臣罪少逭，即死有餘幸矣。臣不勝激切籲望之至。緣係病臣困憊已極，邊事曠廢可慮，再懇天恩，蚤賜允放，以全微生，以安重地事理，爲此具本，專差承差尹耕齋捧，謹具奏聞，伏候敕旨。奉聖旨。

保留給由府佐疏①

題爲遵例保留給由府佐官員事。

據陝西布政司呈：蒙總督撫按衙門批據平涼府管理寧夏西路糧儲同知錢通呈爲給由事。俱蒙批本司查報，依蒙行據平涼府申，查得本官見年三十五歲，直隸大名府元城縣人。由舉人，萬曆二十六年五月內除授順天府薊州玉田縣儒學教諭，二十九年三月內陞南京國子監助教，三十年九月內陞山西大同府朔州知州，三十二年七月內調繁蔚州知州，三十四年十二月內陞授今職，三十五年閏六月初三日到任，扣至三十八年五月初二日，連閏實歷俸三十六個月，任滿，例應給由。任內獎勵四次，所管錢糧俱各收支明白，并無短少，亦無參罰降級、公私過名、違礙情弊，并將按察司及守巡兵備，與寧夏河西、河東各道考注"稱職"緣由申詳到司，該本司覆查相同。考得本官雄渾氣魄，剛大直養而不撓；穎異才猷，雅練推准而有素。稱職。其本官原係邊方管糧官員，事務繁重，難以離任，合無照例考核具奏，保留在任供職。仍將任內行過事迹造冊，具結齎司，送部查考。等因。通詳到臣。

卷查，先准都察院咨，准吏部咨"爲酌議考課之法，以肅吏治事"。本部題議，今後官員給由，在外方面府佐照舊赴京，有事地方照舊保留，免其赴京，撫按官從公考核賢否具奏。先令就彼復職管事，牌冊差人齎繳。又准吏部咨"爲給由事"，內開：以後凡遇方面及邊方管糧府佐，并地方有緊要事情，官員考滿，俱照舊奏留。又准史部咨"爲酌時宜陳愚見，以圖省便，以裨聖治事"。本部題議，各省直撫按遇有方面有司等官，考滿從公考核，據實直書，分別"稱職""平常""不稱職"三等，填注考語，具題給由，以憑本部議處。等因。俱題奉欽依，

---

① 原書目録注此篇作者爲錢通。

備咨前來,通行遵依外。續據同知錢通呈任滿緣由,已經批行該司查報去後。

今據前因,時巡按御史缺,該臣會同巡撫陝西等處地方、贊理軍務、都察院右副都御史崔應麒,巡茶御史穆天顏考核得,平涼府管理寧夏西路糧儲同知錢通,才思縝密,器局端凝。司儲出納恒嚴,敷政弛張得體。稱職。茲當任滿,例應給由。第本官職專錢穀,既屬繁劇之司,而設在衝邊,又當多事之際。舉凡政務,咸藉劻勷,委難時刻離任,所當照例保留者也。

既經該司查議前來,相應具題。伏乞敕下吏部,再加查議。合無將同知錢通准令復職,照舊支俸管事。其任內行過事迹,造冊齎部,聽候考核,題請施行。緣係遵例保留給由府佐官員事理,臣等未敢擅便,爲此具本,專差承差陳完齎捧,謹題請旨。奉聖旨:"吏部知道。"

考選軍政官員疏

奏爲考選軍政官員事。

據寧夏河東帶管河西兵糧道僉事楊文忠呈報:所屬衛所應考選大小官員賢否冊揭到臣。卷查,先准兵部咨,該本部題,武選清吏司案呈。卷查,萬曆三十二年十二月內,該本部題前事,內開:各都司、衛所軍政官員,五年一次考選,本部通行預先訪察。在外從三司掌印,并分守分巡官各用心博采賢否實迹,填注考語,各造揭帖,密切封送。撫按官不在附郭并遠在邊方者,公同鎮守總兵三司、分守分巡官,各秉至公,嚴加考選。每衛定掌印官一員、佐貳官二員、衛鎮撫一員。如無衛鎮撫將,相應千戶署掌,每所正副千戶各一員、所鎮撫一員、百戶十員,俱不許增損。其該考軍政官員,果係公勤幹濟、撫恤軍士、才識可取、政務不廢者,照舊存留。若有職業不修、剝削害軍及罷軟無爲、年六十以上者,即爲黜退,就於多餘見任并帶俸官員內選補。如果本衛缺官,方於別衛多餘官內調補。中間有年雖六十以上,精力未衰、公勤服衆者亦聽存留。其考定官員，俱要專一在任掌印管事，非有緊急軍情不許擅差。以後軍政有缺，撫按衙門會同選補。考選畢日，將考選過官員職名造冊，奏繳青冊，送部稽考。等因。題奉欽依，遵行在卷。

今照萬曆三十八年例，該五年考選之期通查，案呈到部覆議。合候命下，通行各處撫按等衙門，轉行所屬都司、衛所，通將前項應該考選官員預先訪察，博采賢否，填注考語，密切封送。該考衙門，悉照前項舊例，秉公考選。畢日，將考選過官員職名造冊，送部稽考，以憑參詳去留上請。等因。奉聖旨："是。欽此。欽遵。"備咨前來。又准總督軍門咨，准兵部咨同前事，准此，隨經備行該道，查造去後。

今據前因，時巡按御史缺，該臣會同巡茶御史穆天顏、鎮守寧夏總兵官署都督僉事韋子宣，督同該道僉事楊文忠從公考選，得寧夏等衛指揮等官汪濟民等，才識通明，政務修舉，俱應存留。指揮等官楊名顯等，幹濟無能，剝削有議，俱應黜退。及選得徐珩等，任事公勤，操行謹飭，俱應代補。蓋爲官擇人，不敢不矢諸天日，而因人授事，務期有禆於地方。其考定各官，隨即遵例，行令管理訖。相應具奏。爲此除青冊咨部查考外，今將造完考選過本鎮各衛所軍政官員職名文冊，理合開坐具本，專差承差陳完齎捧進繳，謹具奏聞。奉聖旨："兵部知道。"

軍政查參將領官員疏

題爲考選軍政官員事。

本年四月二十八日，准總督軍門咨，准兵部咨前事，煩照該部題奉欽依內事理，通將所屬大小將領、都司等官，查照近題事理，多方詢試。如有不職者，不拘名數多寡，速行議斥。准此行間，又准軍門咨，准兵部咨同前事，煩照該部題奉欽依內事理，轉行總兵、副總兵，但係都督職銜者，依限自陳。其餘副、參、游、守，原係都指揮使以下等官，從公詢試，一體考核具奏。等因。備咨到臣，除行令鎮守寧夏總兵官署都督僉事韋子宣遵例自陳外，時巡按御史缺，該臣會同巡茶御史穆天顏議照：防邊禦侮，繫惟將吏之是賴，故五年一選，載在令甲，誠重之也。蓋以人有賢否，實關地方之利害，而法嚴彰癉，庶俾人心勸懲。臣等矢公矢慎，固不敢過爲吹毛，亦不敢縱令漏網，期以襄蕩平之大典而已。所有物議彰聞、不堪驅策者，謹據實爲我皇上陳之。

訪得寧夏橫城堡見任守備戴邦治，擁腫爲軀，貪饕成性。剝貧軍殆盡皮骨，守衝塞如同贅疣。一，先任河西道中軍，每事騙詐，如指選門子受張宇、周尚文等四名，每名銀二兩，方行開送，應當各門役證。一，索要夜不收王萬益等六名，每名銀四兩，准收隨班，俱伊彥達送證。一，後司家丁張虎等八名事故，索受新丁雷四等每名銀三兩，共銀二十四兩，識字許漢送證。一，節年防秋，指稱迎接將官，剋扣本堡軍丁秋季月糧，每軍銀一錢，共銀一百三十餘兩，識字蔡勛等證。一，占使打牲軍丁吳住住等三十餘名，每冬三月各交黃羊一隻、狐皮一張，如少一色，折銀三錢，賀真等證。一，私差管隊汪中帶領軍丁一百餘名采打灘草三年，共一萬餘束，一半散給軍丁魏老老等，每二十束索銀一錢二分，共銀四十餘兩，一半充商人鹽草，得價五十餘兩，俱汪中證。一，舊例軍伴十二名，本官多占一倍，每名每月交銀四錢，仍送鵝、鴨、肉菜等物，田保兒證。一，私開小市，勾引達虜麥大等往來堡內交易，如今歲五月內私換達馬四匹，與米、麥八石，布十疋，酒家來心泉證。一，空糧軍十六名，每月糧銀俱家人林得才關領，但遇上司行查，將本堡餘丁應名充點，王陞等證。一，黑氈匠偷盜倉糧，官吏具呈，本官索要銀五兩、大布十疋，阿思忠等證。此一臣者，一籌不展，三窟是營。昔任中軍久府，辜於嚇騙。今當重地，更飲怨於誅求，穢德日彰，官箴大壞。所當革任回衛，以警官邪者也。

伏乞敕下兵部，再加查訪。如果臣等所言不謬，將守備戴邦治革任回衛，所遺員缺，另行推補。庶懲一警百，而邊疆有收賴矣。緣係考選軍政官員事理，臣等未敢擅便，爲此具本，專差承差陳完齎捧，謹題請旨。奉聖旨："兵部知道。"

保留給由府佐疏①

題爲遵例保留給由府佐官員事。

據陝西布政司呈：蒙總督撫按衙門批據慶陽府管理寧夏鎮城監收同知駱任重、理刑同知王三錫各呈爲給由事，俱蒙批本司查報，依蒙行據慶陽府申，查得同知駱任重，見年三十八歲，四川重慶府墊江縣人。由進士，萬曆二十九年六月内除授山西太原府陽曲縣知縣，三十年十一月内更調平陽府洪洞縣知縣，三十五年四月内陞授今職，本年閏六月初三日到任，扣至三十八年五月初二日，連閏實歷俸三十六個月，三年任滿，例應給由。任内薦舉四次，獎勵四次。本官所管一應錢糧，收放俱各明白，并無侵虧短少及參罰俸級、違礙情弊。

又據該府申，查得同知王三錫，見年四十一歲，山西平陽府翼城縣人。由舉人，萬曆二十三年四月内除授陝西鞏昌府成縣知縣，二十九年二月内陞西安府乾州知州，三十一年十一月内丁母憂回籍守制，三十四年二月内服滿赴部，本年八月内復除直隸河間府滄州知州，三十五年四月内陞授今職，本年九月二十二日到任，扣至三十八年八月二十一日，連閏實歷俸三十六個月，三年任滿，例應給由。任内薦舉三次，獎勵八次。本官職司理刑事務，并無經管錢糧及參罰俸級、違礙情弊。并將二官按察司及守巡兵備，與寧夏河西、河東各道考注"稱職"緣由申詳到司，該本司覆查相同。考得同知駱任重，英標玉立，雅操冰凝。聽斷月皎一簾，收支清風兩袖。同知王三錫，才揮霜刃，守湛冰壺。聽讞肺石無冤，修濬口碑有頌。俱皆"稱職"。其二官原係邊方管糧、理刑官員，事務繁重，難以離任，合無照例考核具奏，保留在任供職。仍將任内行過事迹造冊，具結齎司，送部查考。等

---

① 原書目録注此篇作者爲駱任重、王三錫。

因。通詳到臣。

卷查，先准都察院咨，准吏部咨"爲酌議考課之法，以肅吏治事"。本部題議，今後官員給由，在外方面府佐照舊赴京，有事地方照舊保留，免其赴京，撫按官從公考核賢否具奏，先令就彼復職管事，牌册差人齎繳。又准吏部咨"爲給由事"，內開：以後凡遇方面及邊方管糧府佐，并地方有緊要事情官員，考滿俱照舊奏留。又准吏部咨"爲酌時宜，陳愚見，以圖省便，以裨聖治事"。本部題議，各省直撫按遇有方面有司等官，考滿從公考核，據實直書，分別"稱職""平常""不稱職"三等，填注考語，具題給由，以憑本部議處。等因。俱題奉欽依，備咨前來，通行遵依外，續據同知駱任重、王三錫具呈任滿緣由，隨經批行該司查報去後。

今據前因，時巡按御史缺，該臣會同巡撫陝西等處地方、贊理軍務、都察院右副都御史崔應麒，巡茶御史姚鏞考核得，慶陽府管理寧夏鎮城鹽收同知駱任重，心源寧静，才識精瑩。掃除積蠹一空，出納纖塵不染。理刑同知王三錫，性無矯飾，力有擔當。清修不愧四知，整刷能興百廢。俱各"稱職"。兹三年任滿，例應給由。第在駱任重則專司軍餉，而錢穀之責任實繁，在王三錫則總理刑名，而軍屯之事務并萃。況今各虜交關，一切市賞，皆賴綜理，委難一日離任。

既經該司查議前來，相應具題。伏乞敕下吏部，再加查議。合無將同知駱任重、王三錫准令復職，照舊支俸管事。其任內行過事迹，造册齎部，聽候考核，題請施行。緣係遵例保留給由府佐官員事理，臣等未敢擅便，爲此具本，專差承差韓愷齎捧，謹題請旨。奉聖旨："吏部知道。"

請補患病守備員缺疏

題爲守備患病，不能供職，乞准回衛調理事。

據寧夏河東帶管河西兵糧道僉事楊文忠呈，據寧夏西路管糧同知錢通呈，蒙本道批，據石空寺堡守備韓完卜呈稱：職叨授今職，分出望外，敢不捐軀，以報國恩。惟是生長西徼，水土不服。前奉命推陞本堡，告辭間，蒙陝西撫院咨，改舊洮州地方。未蒙題覆，隨於三月十六日赴石空任事。未幾，痰火并發，且親丁四十餘人，悉皆染病。見今數月，療治不效，勢難供職，若不告歸調理，殘軀難保。等因。批仰本職勘報。依蒙查得守備韓完卜，原因不服水土，得患痰火疾病，調理日久，尚未痊可，呈要回衛一節，似應准從。具呈到道。爲照本官履任未久，尋即患病，據查原非假託，似難責令臥治。合無具題，准令回衛調理。所遺員缺，另速選補。備詳到臣。看得寧夏石空寺堡守備韓完卜，年資正壯，才識更優。撫番曾效勤勞，禦虜亦能展布。但患病日久，痊愈無期，衝邊難令杜門卸事，宜從解任。

　　既經該道查報前來，相應具題。伏乞敕下兵部，再加查議。如果臣言不謬，將韓完卜准令回衛調理。遺下員缺，另於就近相應官内推補，勒限赴任。庶邊事不廢，而地方有賴矣。緣係守備患病，不能供職，乞准回衛調理事理，臣未敢擅便，爲此具本，專差承差陳山齎捧，謹題請旨。奉聖旨："兵部知道。"

京 察 自 陳 疏

　　奏爲久病庸臣，自陳不職，乞賜罷斥，以重大典事。

　　照得萬曆三十九年，屬當内察之期，臣備員樞貳，例該自陳。伏念臣蒙皇上恩命，畀以總督之任，亦既數月於兹矣。緣臣遘病危篤，未能任事。除已兩疏陳情，屏息候旨外，臣見年六十二歲，山東萊州府膠州即墨縣人。由萬曆五年進士，歷縣郡臬司，薦陞今職。十年忝竊，罪釁彰聞。綿才未展乎一籌，末路實窮於五技。拊循無術，猶然内地之空虛；備禦多疏，動有外夷之窺伺。休養訓練，事事無能。錢穀甲兵，在在可慮。藐無分毫之事業，徒遺愁嘆於封疆。尸位妨賢，已非一日。且自夏月患病，迄今未痊。二豎堅據於膏肓，百藥反虧其血氣。臣之苦楚情狀，哀鳴於前疏者，不啻詳矣。近聞臣妻又故，病益不支。人非鐵石，何能堪此？即今委頓牀褥，朝不及夕，鎮道諸臣，所親目睹。此豈醫藥所能療，數月所能愈哉？夫由前言之，則臣實溺職，臣罪多矣，罪當罷也。由後言之，則臣實誤事，臣病久矣，病亦當罷也。況今邊方多故，推轂宜付真才，而察典最嚴，褫服當先久濫。不才且久，無如臣甚亟，應首黜無疑者也。

伏乞聖明垂察，即賜顯斥，則不惟汰一庸臣，以昭至公，抑且歸一病臣，以全大造，所爲風示官聯者，益弘遠矣。臣不勝懇切待命之至。緣係久病庸臣，自陳不職，乞賜罷斥，以重大典事理，爲此具本，專差承差徐完齎捧，謹具奏聞，伏候敕旨。奉聖旨："黃嘉善簡任總督，著益展猷，爲以副委，寄不准辭。吏部知道。"

題查馬價夾鐵疏

題爲馬價銀內夾鐵，弊屬異常，伏乞敕部嚴究，以正法典事。

據寧夏河東帶管河西兵糧道僉事楊文忠呈，據寧夏理刑同知王三錫呈稱：本年七月內，蒙本部院憲牌爲互市事，行委本職支放平虜市廠馬價，該職當同委官指揮呂應兆等，將京運市本內解到萬曆三十六年馬價銀兩支出五百兩傾銷，小錠內鏨出三錠，中俱裏鐵一塊，各重不等，共鐵二十六兩六錢。職等不勝驚駭，隨稟，蒙本部院牌行本道轉行本職，會同監收駱、同知通將前銀查明申報，其原鏨字樣俱不許損動。

蒙此卷查，先爲欽奉明旨，覆議善後長策。等事。蒙本部院案驗，准兵部咨，合候命下，劄付太僕寺，於常盈庫貯馬價銀內動支二萬二千四百兩，兌給本部。委官中書舍人趙得己解赴陝西布政司交兌明白，仍咨寧夏巡撫衙門差委的當官員領回，以充三十六年互市之用。等因。題奉欽依，解領前來，照收貯庫。今因動支互市馬價，查出前弊，隨將原解銀二萬二千四百兩，計四百四十八錠，逐錠鏨開，將原來字號存留。內檢出無鐵銀三百七十二錠，共銀一萬八千七百二十二兩六錢。有鐵銀七十六錠，共該銀三千六百七十七兩四錢。俱係委官趙得己解交馬價，內鳳陽縣、懷遠縣各九錠，壽州一十八錠，泗州十錠，盱眙縣、潁上縣各五錠，潁州霍丘縣、太和縣各四錠，靈壁縣三錠，虹縣、蒙城縣各二錠，天長縣一錠。查得此銀俱是鳳陽府屬一十三州縣解交之數，銀槽自然不同，今看銀錠規模一樣，則其弊似易見也。宜將夾鐵銀兩委官解部查驗，呈詳到道。爲照馬價乃備邊正項，何得夾雜鐵塊。似此奸弊，眞爲非常，請乞具題，或咨部查驗根究。等因。轉詳到臣。

案照，先准兵部咨，前事委官解運該年馬價銀兩，臣即遵照，差官領解，到鎮貯庫。續據理刑同知王三錫稟稱夾鐵情弊，隨行該道，備查去後。今據前因，該臣看得銀內夾鐵，已可駭異，而數至七十餘錠之多，則尤蔑法之至極者。且鐫字雖分州縣，而銀槽却無異同，其弊或多在解官。臣前見邸報，薊遼督臣一本爲馬價錠內裹鐵，稱係鳳陽所屬，而此亦鳳陽。其或銀係一項，解係一官，未可知也。若不嚴行查究，何以重警將來。

除將夾鐵原銀七十六錠，共三千六百七十七兩四錢，差委百户王文彬解送兵部查驗外，相應具題。伏乞敕下該部，即將前項銀兩鏨取鐵塊，兌准數目，轉行太僕寺照數補發，急濟支用。仍行彼處撫按衙門，嚴究侵盜之人，以懲奸弊。庶使人心知警惕也。緣係馬價銀內夾鐵，弊屬異常。伏乞敕部嚴究，以正法典事理，臣未敢擅便，爲此具本，專差承差劉明齎捧，謹題請旨。奉聖旨："該部知道。"

題河西道患病疏

題爲道臣中途患病，不能赴任，乞賜准令回籍調理事。

據新陞寧夏河西兵糧道陝西按察司副使李之芬呈稱：本職由萬

曆壬辰科進士,①初任山西襄陵縣知縣,歷陞户部主事郎中、薊州兵備
參議,尋陞今職。正思勉力,以圖報塞。緣職賦體素弱,近復感有脾
胃之證,調理未愈,憑限屆期,遂裹藥就道,尚圖痊可。不意行至河南
新安等縣,前疾轉劇,咽喉之下,常覺鬱塞。每日食不滿盂,猶復作酸
嘔吐,以致肌膚漸消,四肢疲困,即今左腿舉步不前。詢之醫家,僉謂
飲食不化,血脉不貫,皆因思慮傷脾。計今惟宜專攝,顧職思邊疆重
地,兵糧重任,難容抱病卧而料理。懇乞俯准代題,回籍調治。等情。
到臣。該臣詳批,該道缺久,邊疆重地,正急望料理。偶爾微恙,自易
痊愈,何遽動高尚之思耶? 仰仍照限赴任去後。

今據本官復呈,切照職抱病已久,恐違憑限,於九月內力疾赴任,
不虞中途增劇,勢不能前,已經具呈請告。隨蒙本部院勉留,職宜竭
蹷趨赴。顧職數月以來,脾病不痊,腿麻更甚。無論形容,業已漸悴,
即起處更覺艱難。奄奄病體,不堪重寄。審己量力,分宜自裁。伏乞
早爲具題。等情。呈詳到臣。時按臣未至,該臣議照,新陞河西兵糧
道副使李之芬,轉自衝邊,夙稱才望。臣日望受事,不啻眼穿,乃今屢
稱患病,情詞懇切。即其中道難前,知非引疾假託。所據告歸調理,
相應准從。再照寧鎮地列兩河,止設二道。在河西,孤懸河外,兼復
創殘,不惟山後之夷氛甚惡,而且內地之悍卒難馴。即使該道有人,
猶懼有意外之虞。自按察使高世芳丁憂,於今五載,雖屢經推補,然
或以借留,或以掛議,又或以病告,相繼俱未任事,前缺遂久虛懸。即
今印務雖有河東道兼攝,而兩地皆衝,勢難周顧。況臣卧病杜門,人
心懈弛,所需該道,尤在喫緊。臣安得不以此爲廩廩耶?

相應具題。伏乞敕下吏部覆議,將副使李之芬准令在籍調理,俟
病痊之日照例起用。遺下員缺,即於就近司道內推補,勒限前來任
事。庶衝地不致乏人,而邊疆重有攸賴矣。緣係道臣中途患病,不能
赴任,乞賜准令回籍調理事理,臣未敢擅便,爲此具本,專差承差田文

---

①　萬曆壬辰:即萬曆二十年(1592)。

俊齎捧，謹題請旨。奉聖旨："吏部知道。"

議　復　餉　銀　疏

題爲額餉驟減，兵難輕銷，懇乞聖明，俯賜議復，以杜釁端，以保重鎮事。

案照，萬曆三十六年十一月內，准戶部咨"爲遵奉明旨，革除積弊，修明監政事"。內稱：將寧鎮前議淮、蘆鹽引折價銀四萬五千兩，或核虛冒，①或汰老弱，在於本鎮自行設處，勿得以京運爲常，當以三十六年爲止。儻謂新兵勢難擅撤，餉無措處，作速計議施行。等因。該臣備將本鎮營伍單弱、地方困苦、兵難裁減、餉難措處等情移咨本部，照舊議發。隨准部咨，云本鎮新兵難撤，則餉難議減，但太倉匱乏，別無措處。邇來兩淮鹽法積滯稍疏，每歲以七十萬引帶徵，衆擎易舉，仍舊就引帶鹽徵銀，解部轉發，并將前銀補解到鎮。乃遵行。未幾，復於三十七年十二月內，准本部咨"爲京邊匱極，設處計窮，謹循職掌，再申前請，以濟艱危事"。內一款：征寧夏開淮、蘆鹽引，至三十一年改就引帶鹽。淮南每引帶鹽十斤，徵銀五分。淮北每引帶鹽二十斤，徵銀一錢。長蘆每引帶鹽十斤，徵銀四分。共徵銀六萬五千餘兩。查得前銀特因哱賊作逆，一時權宜，非虜警增戍之兵，非額定應派之餉。事平即當停止，相應撤回前課，酌量支給。如前課不撤，即於該鎮年例銀內如數扣留，仍聽督撫設法清查，務復舊額。等因。題奉欽依，備行到臣，內實減本鎮銀四萬五千兩，隨備行寧夏河西、河東二道會同查議。或消汰老弱以減兵，或設法措辦以復額，務俾經久可行去後。

續據寧夏河東帶管河西兵糧道僉事楊文忠呈稱：行據寧夏監收同知駱任重呈，會同理刑同知王三錫申，查得本鎮舊額，京運主兵銀

---

① 核：《〔乾隆〕寧夏府志》卷一八《藝文‧奏疏》作"查"。

五萬五百三十九兩九錢七分五釐。自萬曆二十年殘破之後，營伍空虛，兩河召募軍丁，并功陞新增官員，及加添軍丁、夜役月糧，清勾填實，新軍驛所甲軍月餉，馬、騾料草，共該本折銀七萬一千四百六十五兩六錢八分。蒙先任督撫按院具題部議，自二十二年為始，內增淮鹽八萬引，每引該價銀五錢。蘆鹽二萬引，每引該價銀二錢五分。共該引價銀四萬五千兩。召商報中上納本色糧料，聽備兵馬支用，仍該折色銀二萬六千四百六十五兩六錢八分，并入年例之內。又二十四年新增花馬池安定堡，并兩河馬、騾月糧、料草銀二萬九千七百一十二兩，亦入年例之內。繼於二十七年起，將前鹽引議免，召納止照引價解銀，通共該主兵銀一十五萬一千七百一十七兩六錢五分五釐。內除小池鹽課四川改解銀共二萬八千四百二十二兩四錢外，每年戶部該實發一十二萬三千二百九十五兩二錢五分五釐。又每年額該客兵市本銀共二萬兩。自二十九年續款之後，止發銀一萬兩充市，本應用客餉，通未解發，且小池每歲欠課銀六七千兩。三十四年，京運主兵河南，兌欠銀八千二百八十二兩九錢九分零。三十七年，河南兌欠銀二萬八千四百一十一兩零。三十八年未發。今坐兌河南銀四萬八千二百九十五兩零。及查本鎮每年額該屯稅糧料一十四萬九千八百九十三石零，草一百七十一萬二千束零。自二十九年起，三十五年止，因連遭荒歉，拖欠糧料一十四萬三千四百六十二石零，草三十九萬四千四百六十束零。民運額銀一十萬八千餘兩，每年約解六七萬兩，節年拖欠不下三十餘萬兩。每年開派淮浙鹽引，歲時豐歉不一，大約糧料十萬石，草四十餘萬止耳。近因鹽法壅滯，商人逃避，三十五六兩年鹽糧尚未徵完，三十七八兩年亦尚未派，除此三項之外別無措處。其軍丁老弱者每經汰革，無可再減。

及查本鎮官軍，見在三萬三千餘員名，馬、騾一萬二千九百餘匹頭。每歲除閏月不計外，大約應支本色六個月，該糧二十二萬三千三百石零，料六萬八千八百石零，草一百九十五萬八千束零。折色六個月，應支銀一十二萬四千三百兩零，折草價銀一萬一千一百兩零。計

一歲共支糧料二十九萬二千石零，銀一十三萬五千四百兩零。內不
敷本色。又每歲約用召買銀五萬餘兩，以入較出，以前那後，以多接
寡，一歲僅足一歲支用。見今倉庾空虛，應放本年三月分月糧、料草。
該銀二萬一千八百餘兩，庫貯無多，不足支放。又應預備防秋、易買
糧草等銀四萬八千餘兩，尚無分文。當此邊方多事之秋，令人真是寒
心。所據前項淮盧引價銀四萬五千兩，乃軍士計口之需，委難停止。
合無轉詳題討，并前河南兌欠三十四等年，京運年例銀八萬四千九百
餘兩，催解前來，以濟燃眉。等因。到道。查得本鎮兵馬向稱單弱，
自哱、劉叛逆之後，當事者爲善。後計會議，題請添補軍丁，加增本折
糧料，內該淮、盧鹽引價銀四萬五千兩并入年例，經制已定。今奉查
議，職反復思維，豈不知財用之當省，但稽之額餉，節經閱查，并無虛
冒爲耗。考之軍丁，屢次汰除，亦無老弱可裁。實兵實餉，似難減縮。
且聞哱、劉之事，原起於餉不及時，遂致倡亂，竟至莫可藥救。今查所
加淮、盧鹽引，正軍丁計口之需也，乃復一旦而議停革，不知此萬衆者
仍留之乎？將散之乎？如謂留之，有兵而無餉，彼安肯枵腹以待斃
也。如謂散之，此輩坐食已久，驟欲斥逐，既無田以業農，又無本以經
商，不必貧困之後，始相率而爲盜，恐令一下，必皆荷戈而起矣。哱、
劉之事，豈不再見於今耶！至此時而復議兵議餉，其爲費當不減於前
矣。況兵又不可減者，兩河極稱衝要，即多兵分防，猶懼其寡。如前
歲石空之事，虜且直入，若再求減，將以何人防禦？且京運既已愆期，
而鹽糧又復拖欠，儻再停革此四萬五千之餉，雖有桑孔握算、韓范當
事，恐亦不能爲之計矣。

相應呈請，合無將前引價銀兩，俯賜題復，載入年例解發，並前河
南兌欠銀兩，嚴催速解前來，接濟兵馬支用，庶保地方無虞。等因。
備詳到臣。該臣議照，本鎮越在河外，三面受敵。東起定邊，西接甘
固，袤延千有餘里，無處不衝，視他鎮不啻稱孤懸矣。而兵馬錢穀曾
不及他鎮之十一，此中外之所知也。歷查原額官軍共七萬有奇，馬、
騾二萬有奇，乃節年消耗，半減於前。迨至壬辰之變，而營伍殘壞，益

不可支,是以當事諸臣目擊艱危,題增兵馬及新增功陞官員俸糧,加添軍丁月糧、馬匹料草,計每年共該增銀七萬一千四百六十五兩六錢八分,議入年例解發。隨經本部議覆,題奉欽依,自二十二年爲始,即於本鎮添開淮鹽八萬引,每引官價五錢。蘆鹽二萬引,每引官價二錢五分。計一十萬引,該銀四萬五千兩。隨同額鹽糧料召商輸納,以充前餉,仍少銀二萬六千四百六十五兩六錢八分。先借太倉銀,①與同年例解發,候運司徵完,添引餘没銀解京,照數抵補。等因。備咨在卷,此引價議設之原行也。嗣因前引召商掣支,不便改議,②帶鹽折價,以至於今。雖節經議停,而竟未之停者,則以本鎮彫劾之故耳。③ 矧當時建議原在事平,特爲善後而設,非謂今日可增而明日可減,目前可急用而將來可不必用也。若必如部議停革,勢必銷兵而後可。邊疆重地,誰能去兵,此不待智者而決也。

又勢必常無事而後可,然本鎮豈無事之區乎?群醜之向化未醇,銀定之匪茹正肆,兼以瘡痍甫起,倉廩甚匱,一遇有警,猶不勝空拳搏虎之懼。而再於單弱中議裁,④匱詘中求省,臣竊以爲非計也。且前餉兵糧雖云取給引價,而解發不時,每呼庚癸,或暫借囷金以濟燃眉,⑤或折兌商糧而滋偶語,前撫臣告急之文可按而睹也。臣受事以來,東那西補,僅免脱巾,每慮邊長兵寡,議量加增,而祇以錢糧難處,竟從中止,未敢請分毫於經制之外也。今議以鹽法壅積,⑥減停引價,鹽法固當通而邊卒可枵腹乎?以七十萬引帶十萬引之價,猶易辦也,而以四萬餘餉頓汰四十以外之兵,其將能乎?雖虛冒老弱,難必盡無,而屢經查閱,爲數能幾?額餉已歷多年,一旦復行更革,臣竊以爲非體也。至於設處一節,臣非不極力搜刷,第本鎮彈丸邊地,別無郡

---

① 太倉:《〔乾隆〕寧夏府志》卷一八《藝文·奏疏》作"大倉"。
② 議:《〔乾隆〕寧夏府志》卷一八《藝文·奏疏》作"易"。
③ 彫劾:《〔乾隆〕寧夏府志》卷一八《藝文·奏疏》作"凋敝"。
④ 單弱:《〔乾隆〕寧夏府志》卷一八《藝文·奏疏》作"軍餉"。
⑤ 囷金:《〔乾隆〕寧夏府志》卷一八《藝文·奏疏》作"商軍"。
⑥ 壅積:《〔乾隆〕寧夏府志》卷一八《藝文·奏疏》作"雍積"。

縣徵輸之積。向惟民屯鹽糧支吾，接濟在民糧，額在西慶等府，素疲州縣，加以歲事不天，常多逋負，每年檄催徒煩，僅完十之六七。是正項且縮，又堪分外加之乎？則民糧措處之難矣。

在屯田，自大兵之後，繼以凶年，邊民父子，死徙相半。又河灘沙壓，虛懸糧草數多，小民望空包賠，已不勝苦。方欲勘明題豁，爲殘黎請旦夕之命，而可復捶楚橫征，以益重其困耶！則屯糧措處之難矣。在鹽糧，近因南中壅滯，各商困苦，見今召中不前，視爲陷阱。即其乞憐陳請，急迫可知，則鹽糧又難之難矣。即今內帑如洗，司農告匱，臣敢不仰遵成命，痛加節縮。唯是無米而炊，巧婦所難，不食則饑，貧卒易動。展轉籌思，計無所出。臣之不職，何所逃罪？然臣猶有說焉。糧餉，重務也，省嗇，美名也。假使減之安妥，臣抑曷敢聒瀆？[①] 第恐一減之後，反增多事。彼時即以起釁罪臣，臣不敢辭。竊恐所費不貲，又不止十倍於此者，非臣之所忍言也。臣查該部前疏，題奉明旨，今內外各稱匱乏，難以裒益，是邊餉歸掣之難，已爲聖明所洞悉矣，又何待臣言之畢乎？總之，在鹽言鹽，鹽臣之職也，議掣自是苦心。在邊言邊，邊臣之職也，議留亦非過計。是在計部從長議處，以無失當年加設之意，則法守一而紛紜可息矣。

既經該道呈詳前來，相應具題。伏乞皇上軫念彫殘重地，利害攸關，敕下戶部，再加酌議。俯將本鎮前項原額淮、蘆鹽引價銀四萬五千兩照舊議發。如或以有妨鹽務，亦即於別項改撥，增入年例，每歲全發。仍將三十七、八兩年原停未發銀九萬兩，照數補發，以濟兵馬支用。并將河南原兌欠三十四等年年例銀共八萬四千九百八兩零，[②]嚴催解鎮，庶人心可安，不至有洶洶之虞矣。緣係額餉驟減，兵難輕銷。懇乞聖明，俯賜議復，以杜釁端，以保重鎮事理，臣未敢擅便，爲此具本，專差承差伊禮齎捧，謹題請旨。奉聖旨："戶部知道。"

① 抑：《〔乾隆〕寧夏府志》卷一八《藝文·奏疏》作"亦"。
② 欠：《〔乾隆〕寧夏府志》卷一八《藝文·奏疏》無此字。

包完邊堡城工開銷錢糧疏

　　奏爲衝城堡城工包修已完,乞賜開銷錢糧事。

　　據寧夏河東兵備道僉事楊文忠呈,據帶管中、東二路管糧事理刑同知王三錫,監收同知駱任重呈:查勘得惠安堡原議包修城工料物價值及夫匠口糧鹽菜等項,共銀四千二百九十三兩二錢二分八釐。該靈州營調任副總兵吳繼祖、中路丁憂同知張名坤總理,包完大城一座,周圍工長四百三丈八尺,門臺六座,城樓一座,角樓四座,懸樓二座。城裏面水道八處。添修南關土城一座,工長一百二十丈,腰鋪二座,圈城小牆四十七丈,馬道四處,關門一座,樓房三間。内除木植鐵料取用官物者不計外,打石采炭、燒造磚灰做工軍夫,及添買木植并各色匠作轉運牛車,各日期、數目不等,共支過口糧、鹽菜、料物、脚價等銀三千五百六兩四錢一分七釐八毫八絲,比原議節省銀七百八十六兩八錢一分一毫二絲。

　　鐵柱泉堡原議銀七千四百二十七兩七錢四分三釐。該花馬池營先陞任副總兵王邦佐接管,今陞任副總兵石尚文、原任守備今復補守備辛志德綜理,包完大城一座,周圍工長五百四十丈,門臺二座,城樓一座,角樓四座,懸樓八座,漫道門樓一座。添修城裏面水道一十四處。内除木植、鐵料取用官物者不計外,打石采柴、燒造磚灰做工軍夫,及添買木植并各色匠作轉運牛車,各日期、數目不等,共支過口糧、鹽菜、料物、脚價等銀共四千三百七十四兩八錢二分四釐四毫八絲,比原議節省銀三千五十二兩九錢一分八釐五毫二絲。

　　以上二堡,通共實用過銀七千八百八十一兩二錢四分二釐三毫六絲,内照原議動支椿朋銀二千五百兩,臥引斗底銀七百二十二兩,班價銀二千九百八十兩八錢,軍餉銀一千六百七十八兩四錢四分二釐三毫六絲,應准開銷。至於二堡節省共銀三千八百三十九兩七錢二分八釐六毫四絲,係班軍行糧折價,及原借軍餉之數,應聽本項支用。其工程俱各堅固，并督工效勞官員冊詳到道。爲照二堡城工，原議共以二十一個月爲期。題奉欽命，節蒙督撫明文勒限督催。但彼時兩河邊垣俱有緊要之工，皆隨時修葺。又鳳漢備禦軍丁納銀免班所在無多，因是二工不能齊舉，遂分爲先後興作，中間或寒暑暫停，風雨時輟。自三十四年二月肇工，至三十六年十二月內相繼告完。雖將及三載，以二堡分論，均未越期。該職親閱工程，俱堅固如法，巍然金湯并峙，保障永垂。所費錢糧，清楚無弊，節省更多。合無將督工、管工、效勞各官，分別獎賞，用過錢糧，准作開銷，其節省銀兩，仍歸原項支用。等因。呈詳到臣。

卷查，先准總督軍門咨，准兵部咨"爲及時包修衝要邊堡，以固保障事"。該臣等會題本部覆議，合候命下，移文該鎮督撫衙門，將鐵柱、惠安二堡如議，作速興工修葺。其所議椿朋、臥引斗底，及暫借軍餉并班價行糧等項，准令照數支銷，如有不敷，另行議處。管工官員必須加意選委，責成督理。工程務要堅固，可垂永久。錢糧務要節省，以免冒濫。工完之日，分別舉刺。并將修過工程及用過錢糧借動抵還數目，逐一造冊，奏繳青冊，送部查考。等因。到臣。一面嚴催鳳漢班價銀兩，一面督令道將等官上緊興工。續據前道呈報修完冊由前來。因所用錢糧中有差訛，屢經駁查去後。

今據前因，時按臣尚未抵任，該臣議照，禦虜莫先於保障，防邊宜預於綢繆。河東諸堡，包修已多，而未修之中，則惠安、鐵柱稱極衝焉。乃城垣蠱壞，防禦焉資。今修繕俱已報完，堅固尤堪永久。且錢糧多省，查無虛冒。而添修關廂，又出於當時原議之外。此一役也，謀始底成，俱經鎮道，則調任總兵蕭如薰、丁憂右布政李起元之功居多，而經營分理則吳繼祖等與有力焉。第二堡告竣，適當閱期，業經閱視，荼臣核明造冊，并將在事鎮道將領等官統於八事，內叙薦訖。惟有一二效勞卑官，臣亦酌量獎賞，俱不敢再叙，瑣瀆聖聽。

所據修完工程用過錢糧，相應造冊，具奏開銷，除青冊咨部查考外，伏乞敕下該部，再加查核。將前支過錢糧并原借餉銀准照開銷，見在節省糧銀仍歸原項支用。緣係衝堡城工包修已完,乞賜開銷錢糧事理,臣未敢擅便,爲此今將造完包修過惠安、鐵柱二堡城工,并用過及節省錢糧各數目文册,理合開坐具本,專差承差孫齡齎捧進繳,謹具奏聞。奉聖旨:"該部知道。"

奏銷三十一年互市錢糧疏

奏爲套虜畏威悔禍,輸誠納款,懇乞聖明,早定大計,以安重鎮事。

據寧夏河東帶管河西兵糧道僉事楊文忠呈稱:萬曆三十一年分,套虜龍虎將軍切盡黃台吉先存今故妻切盡妣吉等酋,於三十二年十月初一等日赴邊互市。各酋住牧遠近不同,來市遲速不一,至三十八年五月內方纔陸續通完。計清水、中衛、平虜三廠,共易過夷馬三千四百三十一匹。照依原議格例,各用價值銀貨不等,共用馬價椿朋等銀三萬四百一十兩三錢一分五釐。撫賞宴待大小酋夷貨物、酒肉等項,共用馬價椿朋等銀八千七百九十兩一錢七分五釐二毫。以上通共用銀三萬九千二百兩四錢九分二毫。商民易換馬、駝、牛、羊,共抽過稅銀二十七兩八錢九分六毫,中間并無隱漏稅銀,及虛糜、侵冒、科斂等弊。及查該年原發客餉,充市本銀一萬兩,俱經秋防兵馬支完,已於邊儲册內開銷訖。今次以原議市本銀四萬一千二百兩爲額,共計存剩銀一千九百九十九兩五錢九釐八毫。其易過夷馬,照依原議,分發各營內。堪騎者印給無馬軍丁騎操,稍堪者牧放,俟膘壯收操,不堪者變價,聽充馬價支用。至於歹成犯順停賞在於三十三年,其前恭順年分給過市賞,應并開銷。且本酋今已悔禍認罰,屢懇復市,容講妥,另行議呈外,今將易馬宴賞等項,用過銀貨及馬匹毛齒、軍丁姓名造册,呈報到臣。案查,先准兵部咨前事,該臣等題議。各虜續款緣由并善後事宜,俱經本部覆奉欽依,備咨前來。

又准總督軍門咨同前事,俱各遵依在卷,除三十年市竣已經奏報外,續准兵部咨,發三十一年馬價銀二萬二千四百兩到鎮,并動支本鎮椿朋、固原馬價及上次夷馬變價等銀。查照原議，收買紬段、布疋等物。仍會同鎮守寧夏總兵官、都督同知今調任蕭如薰，及督行各該道將選差通官，前去虜巢，傳諭黃婦等枝，各將馬匹進貢到邊，照例宴賞。隨將進貢上馬，并虜官頭目散夷的名緣由，備咨延綏撫院，轉解宣大軍門，類進留邊馬匹，分給軍丁騎操訖。內因丑氣、苦素二枝今歲方市，以此牽綴。兹據呈報通完，該臣覆核明白，例應奏報。及查本鎮未款之前，戶部歲發銀二萬兩，專備河東秋防客兵支用。至二十九年續款，臣恐夷情叵測，仍請全發。內議一萬兩充市本，一萬兩充客餉。自三十年以後，該部止發銀一萬兩，而客兵一萬兩以虜款停矣。然餉雖減發，而兵難遽撤。其歲發前銀，僅足供客兵支用，而市本未之支也。臣已於邊儲冊內節次奏銷矣。再照本鎮續款，雖以三十年爲始，而節年相沿赴市常遲。蓋緣舊時各廠拘定限期，或今日催某酋，明日添某賞，而不來不已，致長驕慢。遂使彼故延緩，以規厚利，而我亦曲徇，以完歲局，例外多費，率由於此。故臣於題款之初明白酌議謂，來則市，不來則不市，而遲速無拘。市則賞，不市則不賞，而操縱在我。臣執此術，不恤其他，以故已市錢糧頗多省嗇，而未市之年分則皆存積之實數也。蓋臣之愚慮謂，苟無四郊之虞，則不妨爲一日之積，而留以待用，或亦緩急之一助乎？至於歹成犯順在三十三年，當年市賞，已經議革，而前此恭順年分，自難靳而不與。且今乞款甚殷，屢經鑽誓，容臣查議明妥，另疏上請。所據三十一年給過之賞，相應一并開銷，除用過錢糧、易過夷馬各數目，及監市酋首照依舊規咨報戶、兵二部，并造冊具奏外，今將造完本鎮三廠易馬宴賞、收支銀貨簡明總數，及馬匹毛齒、軍丁姓名文冊，理合開坐具本，專差承差孫齡齎捧進繳，謹具奏聞。奉聖旨："該部知道。"

薦舉方面官員疏

題爲循例薦舉方面官員事。

　　臣奉命巡撫寧夏，已逾十年。茲蒙恩陞任，所有監司各官例應舉劾。但臣屬原止兩道，河西又久懸缺，臣不敢過爲搜求。除提學副使洪翼聖物望素隆，新聲蔚著，緣涖任尚淺，例不列薦外，訪得布政司左布政使汪道亨，介節千尋峻壁，弘才百鍊精金。冠冕儀刑，巖廊譽望。清軍兵備道副使常守信，琴鶴襟期，經綸手段。膏液全秦雨露，操修寒歲松筠。寧夏河東兵備道僉事楊文忠，籌邊壯略，許國真心。賸有兵甲蟠胸，恒先準繩率物。

　　以上諸臣，皆一時蕃臬之良，所當薦揚，以備擢用者也。伏乞敕下吏部，再加查訪。如果臣言不謬，將汪道亨等紀錄擢用。庶才賢知奮，而吏治益修矣。緣係循例薦舉方面官員事理，臣未敢擅便，爲此具本，專差承差韓愷齎捧，謹題請旨。奉聖旨："吏部知道。"

薦舉有司官員疏

　　題爲薦舉有司官員，以飭吏治事。

　　臣奉命陞任，所有撫屬有司官員例應舉劾。第寧鎮原無州縣，僅止府佐五員，內中路同知唐仁映已經督臣參論，見今在事各官俱能盡職，臣抑曷敢苛求。訪得寧夏管糧慶陽府同知駱任重，操同冰蘗，品類琼瑝。當機氣定神閑，司庾風清弊絕。寧夏理刑慶陽府同知王三錫，操履堅貞，才思敏捷。作事皆關永利，明刑盡洗沉冤。寧夏西路管糧平涼府同知錢通，恬淡絕無矯飾，渾厚濟以精詳。廨舍無塵，閭閻有頌。

　　以上三臣，皆一時有司之良，相應薦舉，以備擢用者也。伏乞敕下吏部，再加查訪。如果臣言不謬，將駱任重等循資擢用，庶人心奮勵，而吏治有裨矣。緣係薦舉有司官員，以飭吏治事理，臣未敢擅便，爲此具本，專差承差韓愷齎捧，謹題請旨。奉聖旨："吏部知道。"

薦舉遷謫官員疏

題爲薦舉遷謫官員事。

臣蒙恩陞任，所有撫屬遷謫官員例應薦舉。訪得按察司經歷司添注知事逯中立，忠貞肝膽，卓越經綸。抗疏瑣垣，久著巖廊之譽；埋光皁幕，益堅松柏之操。此一臣者，困衡既久，磨鍊尤深。雖處約能甘，終是疾風之勁草；然有賢不録，實爲滄海之遺珠。所當薦揚，以備擢用者也。

伏乞敕下吏部，再加查訪。如果臣言不謬，將逯中立及時擢用，則昔棄今收，益有光於聖治，而小屈大受，抑且重勵人心矣。緣係薦舉遷謫官員事理，臣未敢擅便，爲此具本，專差承差韓愷齎捧，謹題請旨。奉聖旨："吏部知道。"

薦舉首領官員疏

題爲薦舉首領官員事。

臣奉命陞任，所有首領官員例應薦舉。訪得寧夏衛經歷陳星耀，才華本自通達，操守尤能謹飭。寧夏右屯衛經歷邢受全，攝符纖毫不染，承委鉅細咸宜。

以上二臣，皆爲首領之良，相應薦揚，以備擢用者也。伏乞敕下吏部，再加查訪。如果臣言不謬，將陳星耀等酌量擢用，則卑官知淬勵，而職業益修舉矣。緣係薦舉首領官員事理，臣未敢擅便，爲此具本，專差承差韓愷齎捧，謹題請旨。奉聖旨："吏部知道。"

薦舉王官疏

題爲薦舉王官，以重輔導事。

照得慶藩長史雖原設二員，而右者久缺。向來鈴束宗儀、稽核禄糧諸事，皆左長史一人任之。兼以彫敝之後，調劑尤難，其心亦良苦矣。兹臣陞任得代，相應并薦。訪得慶府長史司左長史郭可畏，悃愊無華，端莊有體。輔導諴陳詩禮，操修志在圖書。

此一臣者，雖處冷局，實多廣譽，所當薦揚，以示激勸者也。伏乞敕下吏部，再加查訪。如果臣言不謬，將郭可畏紀録久任，庶王官不甘於暴棄，而宗儀有攸賴矣。緣係薦舉王官以重輔導事理，臣未敢擅便，爲此具本，專差承差韓愷齋捧，謹題請旨。奉聖旨："吏部知道。"

舉刺將領官員疏

題爲舉刺將領官員，以昭勸懲事。

臣蒙恩叨轉，所有撫屬將領例得舉刺。且三十八年防練各官，亦當甄別，謹據實爲皇上陳之。除花馬池營副總兵石尚文、屯田游擊趙維翰、洪廣營游擊文應奎俱經陞任，不敢列薦外，訪得協守寧夏副總兵王宣，胸藏豹略，威振龍荒。結士醵纊騰歡，制虜皋牢有法。平虜營參將潘國振，倚劍雄心，追風駿足。借箸謀吞萬虜，談兵氣壓千人。鎮城游擊王承業，襟懷壯烈，技藝精良。防胡計裕綢繆，恤士恩同推解。廣武營游擊馬允登，七尺雄軀，六奇妙略。出塞功多橫草，彎弧巧擅穿楊。撫夷守備張曙，操機中窾，決策多奇。斿裘膽落英風，士卒心傾化日。大壩堡守備辛志德，謀略沉雄，才華超脱。練伍壯三軍壁壘，修邊峙百雉垣墉。安定堡守備郭維校，驍雄膂力，練達才猷。防邊烽燧不驚，馭卒寬嚴得體。以上諸臣，皆一時武弁之良，所當薦舉以備擢用者也。内馬允登蒞任雖淺，緣轉自臣屬，例應并薦。

又訪得原任標下中軍、今陞中衛參將黃鈇，斗筲小器，溪壑貪心。初政猶矯飾近名，末路遂恣肆敗檢。一，先任標下中軍，索要鎮朔堡操守方試元銀三十兩，玉泉營把總陳盡忠銀二十兩，俱各主證。一，取鋪行王平夷段絹，每疋止給半價，後又欠銀三十七兩，亦止與草一堆,本人證。一,取店户白連等黃銅二百餘斤,打造盔甲,發與外路將官,每副索價二十餘兩,郭仲信等證。一,新收圍子手金璧等二十五名,每名索銀七八兩,傅賢過證。一,派出哨夜役,私將朱應其等百名暗免,每名索受月錢銀二錢,俱各役證。一,將赴墩夜役吳孫保等三十餘名派納鹿角、暖皮、鹽魚等物,如無,折乾受價,各被害證。一,索前司管隊吳萬國銀十兩,又私換家丁李朝雲官馬一匹,郭仲禮證。一,侵占橫城官湖一段,撥派軍夫采草販賣,每年不下百兩,傅得虎等證。一,指軍政查訪嚇守備金汝卿銀段等物,與積書孟學孔分使,傅應虎過證。一,方到中衛,即先查養廉銀兩,因署事趙游擊先已收去,本官隨差人守追,中軍官羅三杰證。此一臣者,鮮廉寡恥,不思僇辱。家聲使氣凌人,敢於弁髦法紀。迹其舉動,已若喪心,遲之歲時,恐益階厲。

清水營守備金汝卿,膽氣原雄,邊情亦練,但其志在模棱,每圖因人成事,政務粉飾,率多襲陋承舛。一,指防秋接迎過往,每軍丁扣銀五分,共二十餘兩,楊伯通證。一,包月軍牛全等一十二名,每月扣糧銀七兩二錢,楊伯通證。一,占使各色匠役劉天和等一十五名繡織衣服等物,識字呂印證。一,占役軍伴季萬等五十餘名,通不差操,又占逃故軍孟章義等空糧一十五分,糧銀冒支入己,薛萬庫等證。一,不遵禁約,私與虜人小市,易換牛、馬等物,張誠等證。一,三十八年五月,放給軍丁折色糧銀,每軍扣銀一錢,共四十餘兩,各軍丁證。一,指易換馬匹,扣八月本色糧一百三十八石,薛萬庫等證。一,因軍政考察,妄行鑽刺,致被孟學孔等騙詐,郭仲禮等證。此一臣者,怠視職業,精神全不奮揚,急在誅求,意念止知溫飽。久滋物議,已玷官箴。俱應革任回衛,以警官邪者也。

伏乞敕下兵部,再加查訪。如果臣言不謬,將王宣等循資擢用,黃鈇等革任回衛,庶彰癉明,而法令肅矣。緣係舉刺將領官員,以昭勸懲事理,臣未敢擅便,爲此具本,專差承差韓愷齋捧,謹題請旨。奉聖旨:"兵部知道。"

薦舉將材官員疏

題爲循例薦舉將材，以備擢用事。

臣待罪寧鎮，已經十載。其於衛所各官，知之頗真。茲蒙恩得代，且當薦舉將材之會，謹擇其尤者，爲皇上陳之。

訪得正兵營中軍右屯衛指揮僉事沈勛，才裕有爲，機沉不露。料敵如持左券，摧鋒可建前茅。河東道中軍靈州所指揮僉事孟崇禮，志不營私，勇堪破敵。握篆雅能幹濟，提兵蔚著聲聞。原任游擊、後衛指揮僉事石棟，雄心猿臂，義膽忠肝。百戰血染征衣，一念誓甘裹革。靈州營中軍本所正千戶王承恩，英毅足當一面，精誠可動三軍。有守有爲，多謀多智。中衛參將營中軍原任守備、中屯衛指揮僉事曹以忠，身經百戰，勇冠千人。面目猶帶刀痕，威望久寒氊幕。奇兵營中軍左屯衛正千戶姜道，清標不染一塵，杰識可空群策。封疆偉器，鞿鞀名流。正兵營千總、寧夏衛指揮僉事勉忠，力能射虎，志在封狼。防邊塵洗腥膻，練卒光生壁壘。靈州營把總、大沙井遞運所實授百戶張大綬，姿雄羆虎，氣壯風雲。當鋒勇敢先登，臨事咄唑能辦。原任守備、中屯衛副千戶黃培忠，義氣空群，手標邁衆。滿腔盡屬兵甲，二卯難棄干城。正兵營千總、榆林衛試百戶左光先，請纓壯志，裹革丹心。英發若出新硎，敏練有如熟路。河西道中軍左屯衛指揮使馬載道，貌如冠玉，心若淵冰。當機井井有條，策虜鑿鑿中窾。寧夏衛掌印前衛指揮僉事汪濟民，儒紳雅度，赤子真心。握篆宜民宜人，禦虜能攻能守。原任守備寧夏、左屯衛指揮同知李繼先，才猷練達，體貌驍雄。逸足爭憐伏櫪，修翎更望冲霄。標下前司把總、寧夏衛副千戶孟應熊，芳年銳志，妙技雄才。拊揗甘苦能同，操持纖毫必謹。河東道把總、靈州所副千戶陳誥，儀度不俗，襟懷尤壯。守堡錚錚著譽，提身凜凜恒嚴。寧夏左屯衛、中所試百戶胡國賢，論兵克諳韜鈐，律己無慚衾影。塞上白眉，將林巨擘。正兵營把總、靈州所實授百戶吳世忠，智能料敵，志不後人。發揚儘有英風，慷慨一團勁氣。後衛掌印本衛指揮僉事葉愈華，體貌魁偉，才識精瑩。潔守遠超紈袴，雄謀足備干城。小鹽池營操守、靈州所試百戶陳志伊，志向高明，才華敏捷。俠氣思甘金革，少年能讀孫吳。毛卜剌堡操守、靈州所試百戶李枝芳，骨幹清奇，藝能習練。遇事任勞任怨，秉心不忮不求。標下聽用西安左衛武舉所鎮撫張國勳，名高武榜，識諳戎機。雅有緩帶風標，可卜長纓事業。靈州所掌印本所指揮僉事戴誥，吞胡有志，握篆無營。精神可以折衝，力量不難肩鉅。以上諸臣，雖才品不同，要皆一時武弁之良，所當薦揚，以備器使者也。

伏乞敕下兵部，再加查訪。如果臣言不謬，將沈勛等酌量推用。庶材官知奮，而緩急有賴矣。緣係循例薦舉將材，以備擢用事理，臣未敢擅便，爲此具本，專差承差韓愷齎捧，謹題請旨。奉聖旨："兵部知道。"

附録：宁夏及山東舊志所載
黄嘉善撰寫詩文

漣漪軒記[①]

寧夏，北邊重鎮也。其地雜戎夷間，仕於此者日爲戎是詰，鉦鐃旌纛是耳目。蓋其職也，《記》曰："張而不弛，文武弗能。"《易》曰："悦以先民，民忘其勞；悦以犯難，民忘其死。"此南薰之南塘，字川張公與南澗楊公所以相嗣修之，以備譏閒之適者歟。

余叨撫茲鎮之期月，鎮務既稍稍舉，則詢其所爲南塘者往觀焉。維時淵泓停蓄，塘水無恙，而經哼、劉之後，風景彫蕭，氣象慘淡，雖佳勝在眼，若障若翳，無能與懷抱相觸發。及詢楊公之所作知止軒者，則已化爲煨燼，無復存矣。余悵然之餘，因思茲鎮故所稱"塞上之江南"，茲塘故亦有"西湖"之號。蓋古名寧爲西夏云者，正謂其地與中夏埒，一方勝概，實在於此。而使二公之高蹤湮滅不傳，將爲地靈所笑。

一日，語觀察高君，亦大以余言爲然。及再越月，則已披故址，繕頹垣，蓋構斧藻，悉還遺制。凡軒於前者四楹，廳於後者六楹，左右各有厢房各四楹。軒前一坊，迫塘而峙。塘之中有亭屹然，孑出水光上。落成之日，適薰風乍來，邊溽欲洗，余與元戎馥亭蕭公挈榼命酒，款集廳事。既而散步棹楔之下，極目隄岸之秒，則百畝一鏡，天水一碧，蕩搖游氛，沉浸倒景。每冷風徐徐，渡水而至，輒飄然欲羽。乃登舟進楫，浮游中央，溯沿四際。時見菱菰藻荇，茂密參差，戲鷺泳鱗，飛躍上下。而繞岸綠樹，婀娜翁鬱，咸如拱揖而勸綠醑、環向而送清陰者。已乃捨舟陟眺亭上，遙見賀蘭屏翰於西北，黃河襟帶於東南，漢、唐

① 據《〔萬曆〕朔方新志》卷四《詞翰》錄文。參見《〔乾隆〕銀川小志·古迹》。

兩渠，分流左右，余曰："虜在吾目中矣。"長嘯而返。既抵軒，因謂元戎蕭公曰："夫斯地非范文正之所嘗經略者耶？悅使楊志也，後樂范志也。非斯地也，紛擾柴栅之意孰與擺脱？必斯地也，鉦鐃旌纛之節孰與主持？吾之志在《伐檀》之首章矣，爲名其軒曰'漣漪'。夫惟悟'漣漪'之旨者，然後能對漣漪之景，然後能樂漣漪之樂。鳥獸禽魚，自來親人，其以是乎？"故又爲之題其坊曰"濠濮間想"。蓋《易》曰："鴻漸於磐，飲食衎衎。"噫！悠悠濠濮之興，微斯人，吾誰與歸？①

少傅節制李公少保大中丞田公松山績碑記略②

嘉、隆間，賓永、青火等酋徙牧松山、青海、千合沙諸處，營爲三窟，所爲患最大者惟銀、歹諸虜。蟠踞松山，咽喉爲梗，一綫幾絶。所賴前田公以萬曆壬辰渡河，一意廓清。李公赤以乙未來，相與密計機略，兵威震疊。松酋日夜皇皇，率驚且疑，謀糾衆趨青海，并力大逞。會兩公熟計密畫，調集將兵攻虜，大敗，統計斬虜首及死傷者無算。捷，僅奏馘七百有奇，俘獲溢巨萬。而又設法招降番僧柴隆黃金榜什、虜首著什吉等萬餘人。虜僅僅餘殘孽，遂屏息賀蘭山後，而松疆空矣。又躬率諸道將蓐食扒沙七晝夜，經畫邊垣，西起涼之泗水，東抵靖之黃河，廣袤一千餘里，移兵將戍守。只今莊、紅無梗咽之虞，蘭、靖無剥膚之患，朔方無疥癬之疾，安、會、關、隴無震鄰之恐。萬曆四十二年四月，兵部尚書黃嘉善撰。

軍門防秋定邊剿虜捷疏記略③

萬曆四十三年秋，總督劉敏寬親提標兵秉障，駐防花馬池調度。於時節報合套大頭目吉能、火落赤等會事，因見順義三年併市熱中乞討八年之賞，要挾未遂，聲言要東至黃甫川、西至鹽場堡一千二百餘里，各分定地方，沿邊圍城、掏墩、犯搶等情。隨經飛檄延、寧、陝三鎮撫鎮道將等官，嚴加防範間，諸酋果傾巢句虜盡地入犯。延鎮兵馬地廣力分，勢難敵衆。故自閏八月十九日以至

---

① 《〔乾隆〕銀川小志·古迹》於本句後有"知止軒，在南塘，今廢"句。

② 據《〔萬曆〕固原州志》卷下《文藝志第八·記》録文。

③ 據《〔萬曆〕固原州志》卷下《文藝志第八·記》録文。

九月初一日,三路受敵,警報時聞。敏寬義主討賊,裂眥擣心,恨不能滅此而後朝食。初二日寅時,忽報虜復擁衆四五千騎,從定邊西沙梁入犯。即簡各鎮精銳,屬其事於寧夏總兵官杜文煥與軍門標下中軍副總兵吳繼祖,矢之曰:“勝衰存亡,在此一舉。有如縱虜,勿復相見。”二將亦以矢衆,忠義激發,奮迅以往,督率偏裨將士與賊鏖戰。又陝西總兵官祁繼祖等統兵從西,定邊副總兵蕭捷等統兵從東,各飛集夾擊,大行剿殺。虜遂潰亂,披靡遁北。共計斬獲首級二百四十八顆,內恰首四顆,奪獲達馬三十三匹,坐纛三桿,盔甲六十一頂副,器械三千五百餘件。

是役也,釋攻圍之擾,寢深入之謀,伸華夏之威,雪將士之恥,誠自來秋防所罕覯者。隨具捷書入告。是時飭戎兵給芻餉,則固原道董國光、寧夏河東道張崇禮、河西道趙可教、靖邊道李維翰。是年九月,總督劉敏寬題。自是以至四十四年三月,屢獲捷功十一次,共斬虜首二千三百九十有奇,零級不與焉,無非定邊之餘烈也。

防秋過預望城①

　　邊程催客騎,曉起攬征衣。
　　野逕隨山轉,紅塵傍馬飛。
　　天連雲樹遠,霜冷幕庭微。
　　極目南歸雁,雙勞憶故扉。

溪　　上②

　　杖策尋幽境,石頭看水流。
　　何來成浩淼,望去即滄洲。
　　依岸群飛鷺,狎波亂沒鷗。
　　坐深涼月滿,應似五湖秋。

---

①　據《〔萬曆〕固原州志》卷下《文藝志第八・詩》錄文。
②　據《〔同治〕即墨縣志》卷一〇《藝文志》錄文。

參 考 文 獻

一　古代文獻

（一）地方舊志

《〔萬曆〕朔方新志》：（明）楊壽等編，《朔方文庫》影印明萬曆刻本，國家圖書館出版社 2018 年版；中國社會科學出版社 2015 年版胡玉冰校注本。簡稱《朔方新志》。

《〔萬曆〕固原州志》：（明）劉敏寬、董國光纂，《朔方文庫》影印藏明萬曆四十四年（1616）刻本，國家圖書館出版社 2018 年版；上海古籍出版社 2018 年版韓超校注本。簡稱《萬曆固志》。

《〔乾隆〕寧夏府志》：《朔方文庫》影印乾隆四十五年（1780）刻本，國家圖書館出版社 2018 年版；中國社會科學出版社 2015 年版胡玉冰、韓超校注本。簡稱《寧夏府志》。

《〔乾隆〕銀川小志》：（清）汪繹辰纂，《朔方文庫》影印乾隆十二年（1755）稿本，國家圖書館出版社 2018 年版；中國社會科學出版社 2015 年版柳玉宏校注本。

《〔同治〕即墨縣志》：（清）林溥修、周翕鐄纂，成文出版社 1976 年影印本。

（二）史部

《皇明九邊考》：（明）魏煥撰，嘉靖二十年（1541）刻本。《原國立北平圖書館甲庫善本叢書》影印明嘉靖刻本，國家圖書館出版社 2014 年版。

《明實録》：臺灣"中央研究院"歷史語言研究所校印，1962 年版。

《明史》：（清）張廷玉等撰，中華書局 1974 年版。

《明會典》：（明）李東陽等修，影印文淵閣《四庫全書》本，臺灣商務印書館

1986 年版。

　　《歷代名臣奏議》：(明)黃淮、楊士奇撰，上海古籍出版社 1989 年版。

　　《大明一統志》：(明)李賢等撰，影印明天順監刻本，三秦出版社 1990 年版。

　　《明史紀事本末》：(清)谷應泰撰，中華書局 1997 年版。

（三）集部

　　《明經世文編》：(明)陳子龍，中華書局 1962 年版。

　　《文體明辨序説》：(明)徐師曾著，人民文學出版社 1962 年版。

二　現當代文獻

（一）著作

　　《公牘通論》：徐望之著，檔案出版社 1988 年版。

　　《寧夏歷史地理考》：魯人勇等編著，寧夏人民出版社 1993 年版。

　　《寧夏歷史人物研究文集》：胡迅雷著，寧夏人民出版社 1993 年版。

　　《明兵部尚書黃嘉善》：即墨市文史資料研究委員會編印，青島市新聞出版局 2008 年版。

　　《明清山東仕宦家族與家族文化》：朱亞非撰，山東人民出版社 2009 年版。

　　《即墨史乘》：孫鵬撰，方志出版社 2010 年版。

（二）論文

　　《清即墨黃守平纂稿本〈黃氏詩鈔〉考述》：王曉兵撰，《山東圖書館學刊》2009 年第 5 期。

　　《黃宗昌家世生平考》：苑秀麗撰，《東方論壇》2010 年第 6 期。

　　《明清之際即墨黃氏家族的政治劫難及其詩風轉變》：王小舒撰，《文史哲》2016 年第 3 期。

　　《即墨黃氏家族之家學、家風》：林東梅撰，《山東青年政治學院學報》2016 年第 5 期。

　　《奏疏體的起源及其文體生成》：夏德靠撰，《中華文化論壇》2016 年第

8 期。

《論兵部尚書黃嘉善的儒者人格》：林東梅撰，《濟寧學院學報》2017 年第 6 期。

《明代洪武年間奏議研究》：方麗華撰，中南大學 2011 屆碩士學位論文。

《黃垍的家族及其詞研究》：曹亞瓊撰，西南大學古代文學專業 2013 屆碩士學位論文。

《明清山左即墨地區望族文化與詩歌研究》：韓梅撰，山東大學古代文學專業 2013 屆博士學位論文。

《明代公文理論研究》：肖虹撰，南京師範大學 2017 屆博士學位論文。

《明代膠東地區家族作家研究》：張茜撰，上海師範大學 2018 屆碩士學位論文。

《奏議類文獻研究》：崔傳軍撰，武漢大學 2018 屆碩士學位論文。

《明朝黃嘉善及〈撫夏奏議〉整理與研究》：姚玉婷撰，寧夏大學中國古典文獻學專業 2016 屆碩士學位論文，指導教師趙彥龍教授。